国家出版基金项目
NATIONAL PUBLICATION FOUNDATION

"十三五"国家重点图书出版规划项目

城市安全风险管理丛书

编委会主任:王德学　总主编:钟志华　执行总主编:孙建平

城市建设风险防控

Construction Risk Prevention and Control in Urban Areas

刘 军　主编　高 欣　副主编

同濟大學出版社
TONGJI UNIVERSITY PRESS

图书在版编目(CIP)数据

城市建设风险防控 / 刘军主编.—上海:同济大学出版社,2019.12

(城市安全风险管理丛书)

"十三五"国家重点图书出版规划项目

ISBN 978-7-5608-8456-1

Ⅰ.①城… Ⅱ.①刘… Ⅲ.①城市建设—风险管理—研究—中国 Ⅳ.①F299.2

中国版本图书馆CIP数据核字(2019)第277138号

"十三五"国家重点图书出版规划项目

城市安全风险管理丛书

城市建设风险防控

Construction Risk Prevention and Control in Urban Areas

刘 军 主编 高 欣 副主编

出 品 人: 华春荣

策划编辑: 高晓辉 吕 炜 马继兰

责任编辑: 马继兰 高晓辉

责任校对: 徐春莲

装帧设计: 唐思雯

出版发行 同济大学出版社 www.tongjipress.com.cn

(地址:上海市四平路1239号 邮编:200092 电话:021-65985622)

经 销 全国各地新华书店、建筑书店、网络书店

排版制作 南京文脉图文设计制作有限公司

印 刷 上海安枫印务有限公司

开 本 787mm×1092mm 1/16

印 张 16.25

字 数 406 000

版 次 2019年12月第1版 2019年12月第1次印刷

书 号 ISBN 978-7-5608-8456-1

定 价 88.00元

国家出版基金项目
NATIONAL PUBLICATION FOUNDATION

“十三五”国家重点图书出版规划项目

城市安全风险管理丛书

编委会主任：王德学　总主编：钟志华　执行总主编：孙建平

城市建设风险防控

Construction Risk Prevention and Control in Urban Areas

刘军 主编　高欣 副主编

同济大学出版社
TONGJI UNIVERSITY PRESS

内容简介

本书定义了城市建设风险的内涵，介绍了城市建设风险的基本防控手段，从城市建设各参与方角度梳理了不同管理角色的风险防控策略，按照城市建设全生命周期，依次从城市规划、勘察、设计、施工以及城市更新改造各阶段进行城市建设技术风险防控。结合保险实践经验，阐明了保险在城市建设风险防控中的重要作用并进行前瞻展望，提出城市建设新险种需求，以深化保险机制，提高城市建设风险防控效率。积极探索风险防控新手段，包括建立第三方专业风险管理机构，结合 BIM、大数据等信息技术手段，构建城市建设预警系统。结合上海松浦大桥等案例，详细讲解城市建设风险防控的实务操作，力求理论与实践紧密结合。

本书是城市决策者、管理者及相关技术人员了解、学习、掌握风险管控的必备读物，尤其为城市建设行业与企业的管理及相关从业人员提供理论与技术指导。

作者简介

刘 军

教授级高级工程师，现任同济大学城市风险管理研究院常务副院长。曾任上海市建设工程安全质量监督总站副站长、站长，上海市建筑材料质量监督站站长，上海市重大工程建设办公室常务副主任，上海市建设交通委建设处处长、副巡视员，上海市交通委副主任等职。长期从事城市建设管理工作，主持和参与本市500多个重大工程建设推进，在建设工程质量安全风险管理上拥有丰富经验，曾获1995年上海市科技成果奖，2007年上海市决策咨询研究成果三等奖。

高 欣

工学博士，教授，现任同济大学资产与实验室管理处处长、工程管理研究所副所长、城市风险管理研究院副院长。长期从事城市管理与建设工程管理、项目管理、大型建设工程进度规划与控制、建设工程风险管理与保险等领域的教学与科研工作，并具有丰富的建设项目管理实践经验。曾承担或参与“上海市交通系统引入保险机制的研究”“交通港航保险抵御机制建设”等多项课题，曾获建设部2001年度上海市科学技术进步奖三等奖。

“城市安全风险管理丛书”编委会

《城市建设风险防控》编撰人员

主　　编　刘　军

副 主 编　高　欣

执行主编　黄国斌

编撰人员　陈琳彦　刘　坚　武景林　金磊铭　王跃全
钱国辉　陶为农　蔡乐刚　罗玲丽　龚是滔
黎　舟　皮宗婕　苏文鑫　王　瑜　李清芸
李锦荣　姜宇堃　李　婧　杨　军　伍永飞
任晓崧　黄国珍　曹同成　周　晔　谈兴卓
薛　萌

总序

浩荡40载，悠悠城市梦。一部改革开放砥砺奋进的历史，一段中国波澜壮阔的城市化历程。40年风雨兼程，40载沧桑巨变，中国城镇化率从1978年的17.9%提高到2017年的58.52%，城市数量由193个增加到661个(截至2017年年末)，城镇人口增长近4倍，目前户籍人口超过100万的城市已经超过150个，大型、特大型城市的数量仍在不断增加，正加速形成的城市群、都市圈成为带动中国经济快速增长和参与国际经济合作与竞争的主要平台。但城市风险与城市化相伴而生，城市规模的不断扩大、人口数量的不断增长使得越来越多的城市已经或者正在成为一个庞大且复杂的运行系统，城市问题或城市危机逐渐演变成了城市风险。特别是我国用40年时间完成了西方发达国家一二百年的城市化进程，史上规模最大、速度最快的城市化基本特征，决定了我国城市安全风险更大、更集聚，一系列安全事故令人触目惊心，北京大兴区西红门镇的大火、天津港的"8·12"爆炸事故、上海"12·31"外滩踩踏事故、深圳"12·20"滑坡灾害事故等等，昭示着我们国家面临着从安全管理1.0向应急管理2.0乃至城市风险管理3.0的方向迈进的时代选择，有效防控城市中的安全风险已经成为城市发展的重要任务。

为此，党的十九大报告提出，要"坚持总体国家安全观"的基本方略，强调"统筹发展和安全，增强忧患意识，做到居安思危，是我们党治国理政的一个重大原则"，要"更加自觉地防范各种风险，坚决战胜一切在政治、经济、文化、社会等领域和自然界出现的困难和挑战"。中共中央办公厅、国务院办公厅印发的《关于推进城市安全发展的意见》，明确了城市安全发展总目标的时间表：到2020年，城市安全发展取得明显进展，建成一批与全面建成小康社会目标相适应的安全发展示范城市；在深入推进示范创建的基础上，到2035年，城市安全发展体系更加完善，安全文明程度显著提升，建成与基本实现社会主义现代化相适应的安全发展城市。

然而，受制于一直以来的习惯性思维，当前我国城市公共安全管理的重点还停留在发生事故的应急处置上，突出表现为"重应急、轻预防"，导致对风险防控的重要性认识不足，没有从城市公共安全管理战略高度对城市风险防控进行统一谋划和系统化设计。新时代要有新思路，城市安全管理迫切需要由"强化安全生产管理和监督，有效遏制重特大安全事故，完善突发事件应急管理体制"向"健全公共安全体系，完善安全生产责任制，坚决遏制重特大安全事故，提升防灾减灾救灾能力"转变，城市风险管理已经成为城市快速转型阶段的新课题、新挑战。

理论指导实践，"城市安全风险管理丛书"(以下简称"丛书")应运而生。"丛书"结合城市安全管理应急救援与城市风险管理的具体实践，重点围绕城市运行中的传统和非传统风险等热点、痛点，对城市风险管理理论与实践进行系统化阐述，涉及城市风险管理的各个领域，涵盖城市建设、城市水资源、城市生态环境、城市地下空间、城市社会风险、城市地下管线、城市气象灾害以及城市高铁运营与维护等各个方面。“丛书”提出了城市管理新思路、新举措，虽然还未能穷尽城市风险的所有方面，但比较重要的领域基本上都有所涵盖，相信能够解城市风险管理人士之所需，对城市风险管理实践工作也具有重要的指南指引与参考借鉴作用。

“丛书”编撰汇集了行业内一批长期从事风险管理、应急救援、安全管理等领域工作或研究的业界专家、高校学者，依托同济大学丰富的教学和科研资源，完成了若干以此为指南的课题研究和实践探索。“丛书”已获批“十三五”国家重点图书出版规划项目并入选上海市文教结合“高校服务国家重大战略出版工程”项目，是一部拥有完整理论体系的教科书和有技术性、操作性的工具书。“丛书”的出版填补了城市风险管理作为新兴学科、交叉学科在系统教材上的空白，对提高城市管理理论研究、丰富城市管理内容，对提升城市风险管理水平和推进国家治理体系建设均有着重要意义。

钟志华

中国工程院院士

2018年9月

前言

城市，让生活更美好。城市是国家政治、经济、文化中心，它的重要地位决定了城市建设的紧迫性。城市建设是以城市规划为依据，通过工程建设对城市的人居环境进行改造，合理布局和建设城市系统内的基础设施。随着我国城市人口规模不断扩大，经济体量快速增长，城市建设面临着严峻的风险问题和管控挑战，包括缺少统筹安全规划、缺乏系统的安全风险评估方法等。现代化城市建设一方面需借助大数据、建筑信息模型(BIM)、地理信息系统(GIS)等现代化风险管控手段，积极消除风险诱因；另一方面需重视保险应用，前瞻性转移风险，做到防控结合，以防为主。

本书定义了城市建设风险的内涵，介绍了城市建设风险的基本防控手段，分别从城市建设参与方角度、全生命周期角度，梳理了不同管理角色的风险防控策略和城市建设各阶段的风险防控措施。同时，本书结合工程保险实践经验，阐明了保险在城市建设风险防控中的重要作用并进行前瞻展望，以期深化保险机制，提高城市建设风险防控效率。本书积极探索风险防控新手段，包括建立第三方风险管理机构，结合 BIM、大数据等信息技术手段，构建城市建设预警系统。通过风险防控的具体工程案例，详细讲解城市建设风险防控的实务操作，力求理论与实践紧密结合。

本书从主体架构上分为五个篇章。第一篇(1—2 章)为总论篇，简要介绍了城市建设与城市建设风险防控的基本概念，概述了城市建设涉及的相关行业，并论述了城市建设风险防控的一般过程。第二篇(3—4 章)为管理篇，从城市建设参与方角度阐明以参与主体为中心的风险防控要点；参与主体包括政府和建设、勘察、设计、施工与监理单位，还包括第三方风险管理机构，如保险经纪、保险代理、保险公司、TIS 机构等。第三篇(5—8 章)为技术篇，从城市建设流程角度，提出城市建设规划、勘察、设计、施工阶段的具体防控措施，并依据全生命周期管理理念，阐述城市更新的风险防控要点，总结了信息技术在风险防控中的应用。第四篇(9—11 章)为保险篇，作为风险分担和转移的重要渠道，保险在城市建设风险防控过程中的巨大潜力还有待挖掘。本篇介绍了工程保险及其具体险种，论述了工程保险与索赔的关系。第五篇(12—13 章)为应用篇，详述了松浦大桥改造工程和某地铁建设工程的具体风险防控方案，可为一线工作人员提供实践指导。

本书是城市决策者、管理者及相关技术人员了解、学习、掌握风险防控的必备读物，尤其为城市建设相关行业与企业的从业人员提供理论指导和技术支持。

本书的编写工作由长期在城市建设一线工作的专家们和从事城市建设研究的学者们共同完成，具体分工如下：前言由刘军、高欣、陈琳彦等编写；第1、2章由陈琳彦等编写；第3、4章由龚是滔、李锦荣等编写；第5章由黎舟、苏文鑫等编写；第6章由陈琳彦、陶为农、罗玲丽等编写；第7、8章由龚是滔、李锦荣等编写；第9至11章由黎舟、苏文鑫等编写；第12章由陈琳彦、李婧等编写；第13章由皮宗婕、黎舟、陈琳彦、苏文鑫等编写。校对由陈琳彦、龚是滔、黎舟等完成；图表绘制由陈琳彦、龚是滔、皮宗婕等完成；全书统稿由高欣、刘坚、陈琳彦等完成。感谢所有编撰人员的辛劳付出。

同时感谢同济大学城市风险管理研究院、同济大学经济与管理学院、上海城投(集团)有限公司、上海市建设工程安全质量监督总站、上海市交通建设工程安全质量监督站、舜杰建设(集团)有限公司等单位对本书编撰的大力支持。

目录

第二篇　管　理　篇

第三篇　技　术　篇

第五篇 应 用 篇

第一篇

总　论

城市与人类文明密不可分，并随着人类文明的进步和社会生产力的进步而不断发展。城市的重要地位决定了城市建设的紧迫性，也决定了城市建设风险防控的重要性。本篇为总论，简要介绍了本书的基本概念。城市建设概论从城市建设出发，论述了固定资产投资对城市建设的重要作用，也对城市建设涉及的相关行业进行了简述。城市建设风险防控概论则从风险角度出发，论述了城市建设风险管控的过程和措施。

1 城市建设概论

城市，让生活更美好。城市是国家政治、经济、文化、社会活动的中心，是社会经济发展和文明进步的标志。改革开放以来，我国城市建设速度加快，人口规模扩大，经济体量快速增长，对经济社会发展的带动作用明显增强。

1.1 城市建设

城市与城市建设密不可分。生产力飞跃带来了城市的发展机遇，城市建设则改造城市的空间布局，是城市发展的必经阶段。

1.1.1 城市建设的发展

1. 古代城市建设

(1) 城市建设与防御。人类最初的固定居民点就需要建设防御设施，如石头垒起的墙、木栅栏等，最初是为了防止野兽侵袭，后来逐渐变为在部落战争时保护城池。春秋战国时期，诸侯国之间攻伐频繁，形成了中国古代历史上的一个筑城高潮，这一时期的《墨子》就记载了有关城市建设与攻防战术的内容。后来，一些城市由一套方城发展成两套城墙，都城则有三套城墙，每层城墙外都有深而广的城壕。同时，兵器技术的进步也影响到了城市建设。在宋代，火药大量用于战争后，城市的城墙普遍进行了加厚处理，或是在土墙外包砖。

在世界历史上，也有许多类似案例。西亚巴比伦城(Babylon)的平面呈矩形，筑有两重墙。两重墙间隔 12 m，四周城墙又高又厚，城墙外有很深的壕沟环绕，有明显的防御目的。欧洲中世纪时期，建设者主要从防御要求出发，将封建主的城堡选在山顶或湖边、河边，或在其外围开挖人工水沟、架设吊桥等。

(2) 城市建设与政治体制。中国的封建社会，自秦始皇统一中国直至清王朝，大多数朝代是统一的中央集权。各朝代都城都规模庞大，布局严整。这些都城都是集中全国的财力、物力，以超经济手段，役使人民在短期内建成的。除了都城外，府、州、县就是行政管辖区的政治和军事中心。欧洲的封建社会，在很长时间内分裂成许多小国，城市规模较小，直至 17 世纪有了君权专制的国家后，城市建设规模才得以扩大。

(3) 城市建设与经济发展。经济制度直接影响城市的建设内容与建设方式。在整个漫长的封建社会发展过程中，小农经济是社会的经济基础。中国是地主所有制，地主可通过其代理人向农民征收实物或货币地租，地主阶级尤其是大中地主可以离开农村，集中居住在城市。商品经济的发展是促进城市发展的主要因素。政治军事中心一般靠近内陆，经济中心则靠近河流或运河，借助水上运输，形成了沿河流或运河的城市带。欧洲是封建领主制，封建主大多数住在自己的城堡或领地的庄园中。中国城市是政治、经济的中心，欧洲则是政治中心在城堡，经济中心在城市。

2. 近代城市建设

18世纪80年代，瓦特改良了蒸汽机，这是第一次工业革命的主要标志。自此，加工工业迅速地在城市发展，并带动了商业和贸易，人口开始向城市聚集。工业化的城市吸纳了大量农业人口，使城市人口数量增大，结果是城市规模大了，城市占用了周围的农业用地，失去土地的农民流入城市成为工人，加速了城镇化进程，也加快了城市建设的步伐。工业化初期，首先是修建了大量工厂，工厂运转吸引了大量工人，因此在工厂外围修建了简陋的工人居住区，也相应增加了供应工人日常生活所需的店铺，如面包房、裁缝铺等。随着工业进一步发展，产品的部类也日益增多，工业生产需要大量原料，产品要运输至外地，原料及产品均需要储运，城市里修建了用于储藏的仓库，等等。

城市人口聚集，生活水平的提高和需求的多样化，催生了许多新类型的商业以及工业建筑。经济活动的增加、金融机构的产生，城市又增加了商务贸易活动的基础设施。火车、轮船出现并成为城市对外交通运输的主要工具，铁路、车站、码头的建设改变了城市的结构布局。19世纪末，汽车逐渐成为城市主要交通工具，改变了原来车马时代的交通系统。科技的发展，促进了市政工程及城市公用设施的发展，供水系统、供电系统、交通系统、污水处理系统等不断更新，学校、剧院、图书馆、博物馆、娱乐设施等公共建筑不断增加，扩充了城市建设的内容，使城市建设再上新台阶。

至1840年鸦片战争后，资本主义生产方式及现代工业随着帝国主义势力的入侵进入中国，这影响了我国的工业化进程。东南沿海的一些城市面貌变化明显，如香港、大连、青岛、上海等。这些城市建设了铁路、港口及一些现代化的城市市政工程及公用设施。

3. 当代城市建设

第二次世界大战后，很多城市遭受战火毁损，战后一段时间，城市首先面临的是恢复重建。经过了一段时间的经济恢复，到了20世纪50年代，城市建设迈进了新的发展阶段。工业的进一步发展加快了城镇化进程，大量人口由农民转变为工人，进入城市生活。城市规模的快速扩张虽然促进了经济发展，提升了人们的物质、文化生活质量，但也带来了许多生态问题，如大气污染、水质恶化、热岛效应等。在城市建设时，人们开始注重人居环境与自然环境的协调并采取了一系列措施，如兴建公园等。

城市的交通系统建设也发生了很大变化。在这一阶段，飞机、汽车超越了火车及轮船的地位。机场和航空港与火车客运站一样成为城市的“大门”。经济的全球化使海上货运也得到了很大的发展，船体的大型化、集装箱化，使码头、港口的建设规模达到历史最高。城市建设的外延扩展是城市发展的主要表现。但对大型城市而言，城市的空间扩展不仅包括城市外围延伸，还包括中心城区更新改造。

1.1.2　城市建设与城镇化

城镇化(或城市化)是工业革命后的重要现象,是指农业人口和农用土地向非农业人口和城市用地转化的现象及过程,具体包括以下几个方面。

(1) 人口职业的转变,即由农业转变为非农业的第二、第三产业,表现为农业人口的不断减少,非农业人口不断增加。

(2) 产业结构的转变,工业革命后,工业不断发展,第二、第三产业的比重不断提高,第一产业的比重相对下降,工业化的发展也带来农业生产的现代化,农村多余人口转向城市的第二、第三产业。

(3) 土地及地域空间的变化,农业用地转化为非农业用地,由比较分散、低密度的居住形式转变为较集中成片的、密度较高的居住形式,从与自然环境接近的空间转变为以人工环境为主的空间形态。城市拥有比较集中的用地和较高的人口密度,便于建设较完备的基础设施,包括铺装的路面、上下水道、其他公用设施,可以有较多的文化设施。

近年来,我国城镇化取得了重大成就,一些城市以其崭新的面貌,在广袤国土上相继崛起,不少老城区也在不同程度上得到了开发和改造。新型城镇化不但推动了城市建设的发展,而且对于国家经济与社会的发展,也起到了良好的推动作用。据《中国统计年鉴(2018)》,至2017年,全国地级及以上城市共有298个。随着人口规模不断扩大,越来越多的人进入城市生活。2007—2017年间,城镇人口数量与城镇人口比重变动情况如图1-1所示。截至2017年年底,城镇人口数量已达8.1亿,占全国总人口的58.52%。

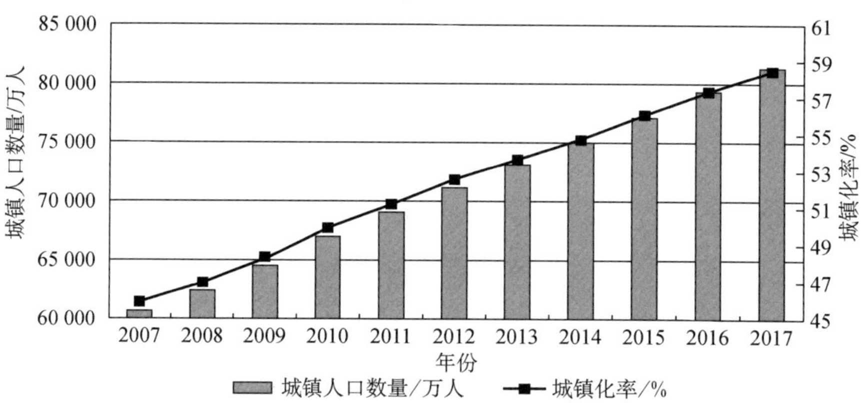

图1-1　2007—2017年城镇人口数量与城镇人口比重

为了更好地实施人口和城市分类管理,满足经济社会发展需要,2014年10月,国务院发布了《关于调整城市规模划分标准的通知》(国发〔2014〕51号),重新调整城市规模划分标准,新标准以城区常住人口为统计口径,将城市划分为五类七档,如表1-1所示。

统计年鉴数据显示(表1-2),城市建设规模一直在扩张,截至2017年年底,全国城区面积接近20万平方公里,占全国国土面积的2.06%。在城市建设指标中,全国城区面积、建成区面积、城市建设用地面积、城市人口密度均逐年上升,只有征用土地面积略有起伏。

表 1-1　城市规模划分标准

城市类型	超大城市	特大城市	大城市		中等城市	小城市	
			Ⅰ型大城市	Ⅱ型大城市		Ⅰ型小城市	Ⅱ型小城市
人口数量/万人	[1 000，+∞)	[500，1 000)	[300，500)	[100，300)	[50，100)	[20，50)	[0，20)

表 1-2　2013—2017 年城市建设情况总览

年度	全国城区面积/km^2	建成区面积/km^2	城市建设用地面积/km^2	本年征用土地面积/km^2	城市人口密度/(人・km^{-1})
2013 年	183 416.1	47 855.3	47 108.5	1 831.6	2 362
2014 年	184 098.6	49 772.6	49 982.7	1 475.9	2 419
2015 年	191 775.5	52 102.3	51 584.1	1 548.5	2 399
2016 年	198 178.6	54 331.5	52 761.3	1 713.6	2 408
2017 年	198 357.2	56 225.4	55 155.5	1 934.4	2 477

城市建设在取得许多成就的同时，也面临着一系列严峻挑战。一方面，虽然我国城镇化率逐年提高，但距离发达国家，还有很大差距；另一方面，城市规模扩张过快，导致城市内生矛盾严重，造成了一系列的城市病，如人口拥挤、交通拥堵、环境污染、住房困难、城中村及棚户区问题、城市安全问题等。这些问题日益凸显，对城市建设提出了新的要求。

城市人口规模应与城市承载能力相适应，城市建设规模应与城市经济规模相适应。现代城市首先是一个物质载体。城市的承载容量是由城市基础设施、文化设施、交通设施、服务设施、环境设施等的承载容量决定的。若城市的各类设施数量多、质量高，而且布局合理、配套齐全，则城市的负荷能力强；反之则弱。城市的人口规模必须和城市的负荷能力相适应。如果城市人口盲目膨胀，超过城市的负荷能力，就会出现各种“拥挤”和“病态”。而城市建设，主要是城市基础设施的建设。城市经济发展规模，很大程度上受制于城市自身的建设规模。如果城市经济发展不顾城市建设的发展可能，就会产生负效益。同时，城市建设规模亦受制于城市经济规模，它一方面必须以城市经济规模为规划基础，另一方面又必然受制于城市经济规模所提供的资金能力。这两种建设规模若相互协调，则能相互促进、共同发展；若分割开来，单纯片面地强调任何一方面，都会造成比例失调，既有害于城市自身建设，又阻碍城市经济发展。

1.1.3　城市建设的原则

人类对美好生活的向往引领城市建设。随着生产力的发展，城市建设的理念在不断进步，城市建设的内容与重点也在不断更新，但是无论如何变化，人们追求和谐美好城市生活的共同愿景始终如一。在城市建设过程中,必须重新审视城市化过程中人、城市与地球家园的关系,实现可持续发展。城市建设的目标是建设在可持续发展基础之上的合理有序、自我更新、充满活力的城市生命体,同时也是建设生态环境友好、经济集约高效、社会公平和睦的城市综合体。为实现以上目标,城市建设应遵循以下原则。

(1) 坚持面向未来的生态文明。城市建设应尊重自然,优化生态环境,加强综合治理,促进建设方式转变;推广可再生能源利用,建设低碳的生态城市;大力倡导资源节约、环境友好的生产方式,共同创造人与环境和谐相处的生态文明。

(2) 追求包容协调的建设方式。城市应统筹经济和社会的均衡发展,注重公平与效率的良性互动,创造权利共享、机会均等和公平竞争的环境条件,平衡人口规模与建设规模,使每个居民都能分享城市经济发展成果,充分实现个体成长。

(3) 坚持科技创新的建设道路。城市建设应加强科学研究和技术创新,建立和完善科技创新和应用体系;加快科技成果转化,提高建设效率,创造新的产业和就业岗位;通过科学研究和技术创新,增强城市的防灾减灾能力;减少资源浪费和环境污染,实现集约式城市建设。

(4) 应用智能便捷的信息技术。城市建设应进一步加大对信息技术的投入,通过信息化来提高诸多领域的生产与服务水平,促进信息与知识的有效传播;构建以信息网络为基础的城市建设系统,实现城市建设的信息化管理。

(5) 鼓励开放共享的多元文化。城市建设过程中应积极保护和修复历史建筑,保护非物质文化遗产,鼓励发展繁荣多元文化,鼓励形成城市建设区域特色,在尊重文化传统和保护文化多样性的基础上进行文化创新,杜绝千篇一律的城市面貌。

(6) 构筑亲睦友善的宜居社区。城市建设应构建和谐友好的社会环境,通过合理规划,营造文明、安全、宜居的城市社区,在就业、医疗、教育、住房等方面提供平等和高质量的基础设施服务;关注城市移民的物质需求与精神需求,消除社会隔阂与冲突。

(7) 促进均衡协调的城乡关系。城市建设应兼顾与乡村的协调发展,推动区域结构的调整和优化。特别注重推动欠发达地区的发展,加强城市功能向农村的辐射,努力缩小城乡差距,实现城乡和谐互动。

(8) 重视高空与地下空间的利用。土地属于稀缺资源,城市建设使土地问题日益严峻,这就对合理利用有限的土地提出了迫切要求。高空和地下技术的发展,为城市建设带来了新的思路,在集约土地资源的基础上,扩大了人类活动空间。这对于人口众多而土地资源相对短缺的我国来说意义尤其重大。

1.2 固定资产投资

1.2.1 固定资产投资的概念及性质

固定资产投资,实质是指国民经济各部门固定投资再生产的投资活动,由投资单位组织,包括项目立项、可行性研究、筹措资金、购置土地、组织设计、购置设备、施工发包、设备安装调试、竣工验收、试运行等过程。统计意义上，固定资产投资是全社会建造和购置固定资产的活动，即固定资产再生产活动。固定资产再生产过程包括固定资产更新、改造、扩建、新建等活动。固定资产投资反映了固定资产再生产过程中的资金、货物、技术、人力等有形资产和无形资产的价值量和运动过程。

一般而言，固定资产投资需要经历三个阶段：第一阶段是前期准备，其主要任务是进行可行性研究和资金筹措；第二阶段是投资实施，其主要任务是通过编制设计委托书、委托设计、委托施工和竣工验收等活动，形成具有生产能力的固定资产；第三阶段是投资回收，其主要任务是回收前期垫付的投资并实现投资目标。

固定资产投资包括城乡建设项目投资，房地产开发投资，国防、人防建设项目投资及农户投资，其中城乡建设项目投资、房地产开发投资与人防建设项目投资都与城市建设密切相关。

1.2.2　固定资产投资现状

三十多年来，我国的固定资产投资基本上处于年年增长的状态。我国的固定资产投资额由1980 年的 910.9 亿元上升到 2017 年的 641 238.4 亿元，其中 1993 年达到了固定资产投资增长率峰值，为 61.8%，2003—2012 年，保持了 20%～30%的高速增长，之后逐渐下滑至 2017 年的 7.0%，总体增长趋于平缓。为应对全球经济危机，2008 年 11 月我国推出了进一步扩大内需、促进经济平稳较快增长的十项措施，计划到 2010 年年底共投资 4 万亿元，这带动了固定资产投资的较快增长。但是 2010 年后，随着“四万亿计划”的结束，固定资产投资增长率随之滑落，中国经济进入“新常态”。

2011—2017 年的固定资产投资如表 1-3 所示，由表中数据可知，农村农户的固定资产投资只占固定资产投资总额的一小部分；2017 年，98.51%的投资都用于非农户建设。其中，按构成

表 1-3　　2011—2017 年固定资产投资　　单位：亿元

年份	投资总额	投资额（不含农户）	按构成分			按建设性质分		
			建筑安装工程	设备工器具购置	其他费用	＃新建	＃扩建	＃改建和技术改造
2011	311 485.1	302 396.1	193 644.6	63 580.0	45 171.4	143 604.9	42 242.3	41 696.4
2012	374 694.7	364 854.1	236 601.1	75 938.3	52 314.8	251 045.6	47 983.1	52 413.6
2013	446 294.1	435 747.4	290 334.0	89 296.4	56 117.1	302 909.1	54 024.0	62 332.8
2014	512 020.7	501 264.9	341 154.9	99 387.5	60 722.5	350 782.8	60 391.3	71 061.4
2015	561 999.8	551 590.0	379 728.4	109 522.8	62 338.9	380 958.9	67 268.8	81 857.7
2016	606 465.7	596 500.8	415 196.3	111 859.9	69 444.6	421 160.3	68 981.9	85 391.5
2017	641 238.4	631 684.0	441 771.5	114 057.5	75 854.9	452 483.3	67 597.4	91 873.3

注：资料来源于《中国统计年鉴(2018)》，“＃”表示其中的主要项。

分，可分为建筑安装工程、设备工器具购置和其他费用；按建设性质可分为新建工程、扩建工程、改建和技术改造工程。建筑安装工程占投资的比重连年上升，2017 年已接近 70％，新建工程依旧占据投资主流，在 2017 年，约有 71.6％的工程为新建工程。

1.2.3 固定资产投资的作用

固定资产投资是国民经济再生产的一个重要组成部分。通过固定资产投资，可以增加全社会的固定资产总量，扩大社会再生产规模，提高社会生产的技术水平，调整经济结构，改变生产力的区域布局，提升国家经济实力，改善和提高人民的物质和文化生活水平。

固定资产投资对国民经济调节作用显著，与城市建设密切相关。在市场经济条件下，由于固定资产投资的特殊地位和自身性质，它能灵敏地反映国民经济的繁荣和萧条。当国民经济处于繁荣时期时，全社会对固定资产和住宅产品的消费需求增加，城市建设处于兴旺时期；当国民经济处于不景气时期时，社会对投资和消费的需求都萎缩，城市建设也相应停滞。因此，城市建设的兴旺和停滞，在一定程度上反映了国民经济的繁荣与萧条。

鉴于固定资产投资与国民经济的关联效应，当国民经济处于萧条时期时，国家可以通过对公共事业和基础设施的投资，如市政工程、水利工程、交通工程等，推进基础设施建设，刺激建筑市场的发展，带动与城市建设有密切联系的行业的发展，缓解国民经济萧条并摆脱萧条。当国民经济出现过热时，国家可以通过控制对公共事业投资的规模、放慢基础设施建设速度、取消建设优惠政策等方式来抑制城市建设，克服经济过热现象和因经济过热可能出现的通货膨胀，使国民经济健康、稳定、有序发展。

同时，固定资产投资可以改善人民生产、生活物质条件，还能促进文化繁荣。衣、食、住、行是人类生活的基本需要。其中，“住”所需要的房屋建筑属于固定资产，“行”所需要的铁路、公路、码头、桥梁等也属于固定资产。人类不仅居住、休息需要空间，而且劳动、工作也需要空间。随着生活水平的提高，人们对生活空间、生活质量提出了越来越高的要求，各种各样的文化、娱乐设施和体育场所通过固定资产投入得以实现。更重要的是，社会生产离不开固定资产投入，它是保障社会生产稳定进行、社会生活和谐运转的基础条件。

1.3 城市建设涉及的行业

城市建设涉及国民经济的许多行业，如制造业为城市建设提供物质基础，电力、热力、燃气及水生产和供应业为城市建设提供生产条件，科学研究和技术服务业为城市建设提供智力支撑，等等。本部分将对与城市建设联系最为密切的行业进行简要介绍，包括建筑业、房地产业和工程咨询业等。

1.3.1 建筑业

1. 建筑业的概念及性质

建筑业是以建筑产品为生产对象的物质生产部门，是国民经济体系中专门从事建筑活动的行业。《辞海》对建筑业的解释是:"国民经济的一个物质生产部门。包括从事矿山、铁路、公路等土木工程和房屋建筑活动的土木工程建筑业,从事各种线路、管道和各类机械设备、装置安装活动的线路、管道和设备安装业,从事建筑物和车、船等装修和装饰的装修和装饰业三大类。建筑业的生产活动主要由相应的专门企业通过招投标方式以总包、分包或其他形式承包进行。"

建筑产品是能满足人们生活和生产需要的物质产品,因此,建筑生产活动是一种物质生产活动。建筑产品具有与其他产品不同的特点,如建筑产品的固定性,生产的单件性、流动性、多样性,室外生产受气候等自然条件影响较大,体积大、消耗多、价值高等,这些使建筑业成为国民经济中一个独立的物质生产部门。

中华人民共和国成立以来,与人民群众生活密切相关的市政、公用、文教、体育、卫生设施等的建设迅速增加,城市人民的物质和精神生活条件都得到了极大的改善,从侧面体现了建筑业对城市建设的重要性。建筑业对国民经济也十分重要,不仅是国民经济的支柱产业,还是国民经济各行业赖以生存和发展的物质基础。

在发达国家相当长的历史时期中,建筑业曾与钢铁、汽车工业等并列为重要支柱产业。新中国成立以后,在物质产品平衡表体系(the System of Material Product Balance, MPS)的国民经济核算体系中,长期将建筑业与工业、农业、运输邮电业、商业饮食业合称为五大物质生产部门。在后来实施的国民账户体系(the System of National Accounts, SNA)的国民经济核算体系中,将建筑业与工业并列,共同构成第二产业。

任何生产活动都是在一定的空间中进行的,国民经济各物质生产部门所需要的厂房、仓库等建筑物和炉、槽、池、罐、道路、码头、堤坝等构筑物都是建筑业的产品。工业企业的机器设备也必须经过建筑企业的安装才能形成最终的生产能力。另外,现代生产是扩大再生产,而扩大再生产归根结底必须以固定资产尤其是生产性固定资产的扩大再生产为前提,这一切都必须以建筑业为手段并依靠建筑业的建筑活动加以实现。因此,没有建筑业就不可能有整个国民经济的扩大再生产,也就不可能有国民经济的不断发展、积累,扩大社会财富也就成了一句空话。建筑业除了为国民经济各部门提供物质基础外,还直接为人民生活提供消费品,满足人们对住宅的需求。

除此之外,建筑业还能提供大量就业机会,带动相关产业发展。就整个世界范围来看,不论是绝对数还是相对数,建筑业所容纳的就业人口都比较大。建筑生产过程复杂使建筑业产生了多层次的劳动结构,为不同素质的劳动者提供了就业机会。目前,建筑业还属于劳动密集型产业,为社会提供了大量的就业机会,尤其是为农业的剩余劳动力提供一条简单便捷的就业途径。据《中国统计年鉴(2018)》统计显示,2017 年我国建筑业从业人口已达到 5 529.63 万人,由此可见,城市建设对于缓解我国严峻的就业形势的作用是不言而喻的。

城市建设的过程,也是物质资料的消费过程。在国民经济体系中,各部门都需要建筑产品,而几乎所有的部门也都向建筑业提供不同的材料、设备、生活资料、知识或各种服务。统计资料表明,建筑产品成本中,物资材料消耗占总成本的 60%~70%,消耗数量大、品种多,与 50 多个生产部门有着密切关系，与建材、冶金、木材及木材加工业、化工、金属结构及制品生产等部门的关系尤为密切，这些部门提供的建筑物资材料占建设所需物资材料的 3/4 左右。我国建筑业耗用的钢材占我国钢材产量的 20%～30%，木材约占 40%，水泥约占 70%，油漆涂料约占 50%，玻璃约占 70%，塑料制品约占 25%。建筑业所需要的运输量约占总运输量的 8%。因此，建筑业前后关联度大，能带动关联产业的发展，以建筑业为依托的城市建设，对于国民经济的发展具有强大的带动作用。

2. 建筑业的行业界定及分类

按照三次产业分类法，建筑业属于第二产业，是物质生产部门。依据国家标准《国民经济行业分类》(GB/T 4754—2017)，整个社会经济活动划分为门类、大类、中类、小类四级，其中，行业门类 20 个，行业大类 96 个，行业中类 432 个，行业小类 1 094 个。建筑业为 E 门类，包括 47～50 大类，即房屋建筑业，土木工程建筑业，建筑安装业，建筑装饰、装修和其他建筑业共四个大类，见表 1-4。

表 1-4　　建筑业（E 门类）分类

代码				类别名称
门类	大类	中类	小类	
E				建筑业
	47			房屋建筑业
		471	4710	住宅房屋建筑
		472	4720	体育场馆建筑
		479	4790	其他房屋建筑
	48			土木工程建筑业
		481		铁路、道路、隧道和桥梁工程建筑
			4811	铁路工程建筑
			4812	公路工程建筑
			4813	市政道路工程建筑
			4814	城市轨道交通工程建筑
			4819	其他道路、隧道和桥梁工程建筑
		482		水利和水运工程建筑
			4821	水源及供水设施工程建筑
			4822	河湖治理及防洪设施工程建筑
			4823	港口及航运设施工程建筑
		483		海洋工程建筑

（续表）

代码				类别名称
门类	大类	中类	小类	
			4831	海洋油气资源开发利用工程建筑
			4832	海洋能源开发利用工程建筑
			4833	海底隧道工程建筑
			4834	海底设施铺设工程建筑
			4839	其他海洋工程建筑
		484	4840	工矿工程建筑
		485		架线和管道工程建筑
			4851	架线及设备工程建筑
			4852	管道工程建筑
			4853	地下综合管廊工程建筑
		486		节能环保工程施工
			4861	节能工程施工
			4862	环保工程施工
				建筑业
			4863	生态保护工程施工
		487		电力工程施工
			4871	火力发电工程施工
			4872	水力发电工程施工
			4873	核电工程施工
			4874	风能发电工程施工
			4875	太阳能发电工程施工
			4879	其他电力工程施工
		489		其他土木工程建筑
			4891	园林绿化工程施工
			4892	体育场地设施工程施工
			4893	游乐设施工程施工
			4899	其他土木工程建筑施工
	49			建筑安装业
		491	4910	电气安装

（续表）

代码				类别名称
门类	大类	中类	小类	
		492	4920	管道和设备安装
		499		其他建筑安装业
			4991	体育场地设施安装
			4999	其他建筑安装
	50			建筑装饰、装修和其他建筑业
		501		建筑装饰和装修业
			5011	公共建筑装饰和装修
			5012	住宅装饰和装修
			5013	建筑幕墙装饰和装修
		502		建筑物拆除和场地准备活动
			5021	建筑物拆除活动
			5022	场地准备活动
		503	5030	提供施工设备服务
		509	5090	其他未列明建筑业

3. 建筑行业现状

建筑企业通常是指从事建筑产品生产、流通、服务性工作等的经济活动，通过满足社会对建筑产品的需求以获取盈利的经济组织。建筑企业实行独立核算，自主经营，具有法人资格，是建筑市场的主体和建筑经济活动的微观基础。建筑企业是市场经济条件下建筑劳动者与生产资料相结合的主要形式，是建筑生产力和建筑技术发展进步的重要力量，也是组成国民经济的基本单位。

根据建设部《建筑业企业资质等级标准》(建市〔2014〕159 号)，建筑企业资质分为施工总承包、专业承包和施工劳务三个序列，施工总承包和专业承包序列下设不同类别，分不同等级。在《中国统计年鉴》中，建筑业企业的统计范围也只包括具有以上资质的独立核算的企业，不包括与建筑产品生产密切相关的勘察设计单位、工程监理单位、工程管理单位等。

据国家统计局发布的《2018 年国民经济和社会发展统计公报》，2018 年，我国建筑业增加值 61 808 亿元，比上年增长 4.5%。全国具有资质等级的总承包和专业承包建筑业企业实现利润 8 104 亿元，增长 8.2%，其中国有控股企业 2 470 亿元，增长 8.5%。在 2017 年，我国建筑业总产值达到 213 943.56 亿元，比上年增长 10.53%，建筑业的利润总额达到 7 491.78 亿元，税金总额达到 6 367.32 亿元，分别比上年增长 7.24%和 6.12%，为社会积累了大量资金。随着我国经济的稳定发展、人民生活水平的不断提高以及建筑市场的不断完善，社会对城市建设的需求越来越旺盛,城市建设与建筑业的关系愈加紧密。2011—2017 年建筑业各项指标如表1-5 所示,在各项指标中,建筑企业个数和从业人数略有波动。

表 1-5 2011—2017 年建筑业各项指标

指标	2011 年	2012 年	2013 年	2014 年	2015 年	2016 年	2017 年
建筑业总产值/亿元	11 646	137 218	160 366	176 713	180 758	193 567	213 944
建筑业增加值/亿元	22 071	26 583	33 072	35 270	36 065	37 627	39 765
利润总额/亿元	4 168	4 776	5 575	6 407	6 451	6 986	7 492
税金总额/亿元	3 864	4 389		5 547	5 673	5 977	6 367
建筑企业数目/个	72 280	75 280	78 919	81 141	80 911	83 017	88 074
从业人数/万人	3 853	4 267	4 528	4 537	5 094	5 185	5 530
按总产值计算的劳动生产率/(元·人$^{-1}$)	233 104	296 424	324 842	317 633	324 026	336 991	347 963
按增加值计算的劳动生产率/(元·人$^{-1}$)	43 951	57 427	62 737	63 396	64 650	65 507	64 675
产值利润率	3.6%	3.5%		3.6%	3.6%	3.6%	3.5%
产值利税率	6.9%	6.7%		6.8%	6.7%	6.7%	6.5%

注:资料来源于历年《中国统计年鉴》。

1.3.2 房地产业

1. 房地产业的概念及性质

房地产也称不动产,是房产和地产的合称,指土地、建筑物及其地上的附着物,包括物质实体和依托于物质实体的物权。房产是指各种房屋,包括住宅、仓库、厂房、商厦、写字楼、医院和体育用房等;地产则包括土地和地上、地下的各种基础设施(如地面道路,停车场,供热、供水、消防、通信、网络、供电、供气、排水和排污等管网设施)。

房地产业是经营房地产的产业,在我国国民经济核算体系中,房地产业是指以土地和建筑物为经营对象,从事房地产的开发、经营、买卖、租赁、经纪、代理、评估、物业管理以及维修和服务等一系列相关经济活动的综合性产业。房地产业的经济活动主要限于流通领域,不包括房屋工程、土木建筑工程、安全建筑工程等建筑生产领域,因此,房地产业被严格定义为第三产业,即服务业。我国对房地产业的范围界定与国际通用的标准较接近。

土地和房屋承载了人类的生活与工作空间,是城市空间重要的组成部分。房地产业为城市各项活动的开展提供了基本要素,也为许多产业部门提供了不可或缺的空间物质条件。

2. 房地产业的行业界定及分类

按照三次产业分类法,房地产业属于第三产业。依据国家标准《国民经济行业分类》(GB/T 4754—2017),房地产业为 K 门类,包括 70 大类,划分为房地产开发经营、物业管理、房地产中介服务、房地产租赁经营、其他房地产业 5 个小类，如表 1-6 所示。

表 1-6　　房地产业分类

代码				类别名称	说明
门类	大类	中类	小类		
K				房地产业	
	70			房地产业	
		701	7010	房地产开发经营	指房地产开发企业进行的房屋、基础设施建设等开发，以及转让房地产开发项目或者销售房屋等活动
		702	7020	物业管理	指物业服务企业按照合同约定，对房屋及配套的设施设备和相关场地进行维修、养护、管理，维护环境卫生和相关秩序的活动
		703	7030	房地产中介服务	指房地产咨询、房地产价格评估、房地产经纪等活动
		704	7040	房地产租赁经营	指各类单位和居民住户的营利性房地产租赁活动，以及房地产管理部门和企事业单位、机关提供的非营利性租赁服务，包括体育场地租赁服务
		709	7090	其他房地产业	

3. 房地产行业现状

据国家统计局发布的《2018 年国民经济和社会发展统计公报》，2018 年我国房地产开发投资 120 264 亿元，比上年增长 9.5%。其中住宅投资 85 192 亿元，增长 13.4%；办公楼投资 5 996 亿元，下降 11.3%；商业营业用房投资 14 177 亿元，下降 9.4%。全年全国棚户区住房改造开工 626 万套，基本建成 511 万套。2011—2017 年的房地产业各项指标如表 1-7 所示，在各项指标中，土地购置面积呈下降趋势，房屋新开工面积略有波动，其余指标基本稳定或呈上升趋势。

表 1-7　　2011—2017 年房地产业各项指标

指标	2011 年	2012 年	2013 年	2014 年	2015 年	2016 年	2017 年
企业数目/个	88 419	89 859	91 444	94 197	93 426	94 948	95 897
平均从业人数/万人	226	239	259	276	274	275	283
土地购置面积/万 m^2	44 327	35 667	38 814	33 383	22 811	22 025	25 508
本年完成投资/亿元	61 797	71 804	86 013	95 036	95 979	102 581	109 799
住宅/亿元	44 320	49 374	58 951	64 352	64 595	68 704	75 148
房屋施工面积/万 m^2	506 775	573 418	665 572	726 482	735 693	7 589 755	781 484
房屋竣工面积/万 m^2	92 620	99 425	101 435	107 459	100 039	106 128	101 486
房屋新开工面积/万 m^2	191 237	177 334	201 208	179 592	154 454	166 928	178 654
住宅/万 m^2	147 163	130 695	145 845	124 877	106 651	115 911	128 098
商品房销售面积/万 m^2	109 367	111 304	130 551	120 649	128 495	157 349	169 408

注：资料来源于历年《中国统计年鉴》。

1.3.3 工程咨询业

1. 工程咨询业的概念

城市建设本质上属于物质生产，在这个过程中，离不开各种技术服务的支撑，包括勘察设计、工程监理、招投标等工程咨询服务。根据2017年12月6日起施行的《工程咨询行业管理办法》，工程咨询是遵循独立、公正、科学的原则，综合运用多学科知识、工程实践经验、现代科学和管理方法，在经济社会发展、境内外投资建设项目决策与实施活动中，为投资者和政府部门提供阶段性或全过程咨询和管理的智力服务。

我国真正意义上的工程咨询业始于20世纪80年代初期，其中最早的是1982年8月由原国家计委组建的中国国际工程咨询公司。1994年国家颁布了《工程咨询业管理暂行办法》，我国工程咨询的产业化进程不断加快，工程咨询市场逐步发育，行业的业务范围也渐渐多样化。然而，长期以来工程咨询业被割裂为招投标代理、工程造价咨询、工程监理、工程咨询、勘察设计等行业，互不沟通。同属于工程咨询范畴，却由多头主管，组织管理碎片化，导致工程咨询服务产业链条松散化和碎片化。这种相互割裂的状态，并不利于项目建设的集成化管理，业主迫切需要无缝隙且非分离的整体型服务。因此，全过程工程咨询应运而生。

在2017年12月6日起施行的《工程咨询行业管理办法》中，将工程咨询的服务范围调整为：

(1) 规划咨询：含总体规划、专项规划、区域规划及行业规划的编制。

(2) 项目咨询：含项目投资机会研究、投融资策划，项目建议书（预可行性研究）、项目可行性研究报告、项目申请报告、资金申请报告的编制，政府和社会资本合作(PPP)项目咨询等。

(3) 评估咨询：各级政府及有关部门委托的对规划、项目建议书、可行性研究报告、项目申请报告、资金申请报告、PPP项目实施方案、初步设计的评估，规划和项目中期评价、后评价，项目概预决算审查，及其他履行投资管理职能所需的专业技术服务。

(4) 全过程工程咨询：采用多种服务方式组合，为项目决策、实施和运营持续提供局部或整体解决方案以及管理服务。有关工程设计、工程造价、工程监理等资格，由国务院有关主管部门认定。

2019年3月，国家发展和改革委员会、住房和城乡建设部颁发了《关于推进全过程工程咨询服务发展的指导意见》，要在项目决策和建设实施两个阶段，着力破除制度性障碍，重点培育发展投资决策综合性咨询和工程建设全过程咨询，为固定资产投资及工程建设活动提供高质量智力技术服务，全面提升投资效益、工程建设质量和运营效率，推动高质量发展。

2. 工程咨询业的行业界定及分类

在建筑产品生产过程中，勘察设计、工程监理、造价咨询、项目管理等业务不可缺少，但是依据产业分类原则，这些企业提供的是技术服务，归类于第三产业。在《国民经济行业分类》(GB/T 4754—2017)中，这些工程技术与设计服务属于M门类科学研究和技术服务业的中类，具体分类如表1-8所示。

表 1-8　　工程咨询业分类

代码				类别名称	说明
门类	大类	中类	小类		
M				科学研究和技术服务业	
	74			专业技术服务业	
		748		工程技术与设计服务	
			7481	工程管理服务	指工程项目建设中的项目策划、投资与造价咨询、招标代理、项目管理等服务
			7482	工程监理服务	
			7483	工程勘察活动	指建筑工程施工前的工程测量、工程地质勘察和咨询等活动
			7484	工程设计活动	
			7485	规划设计管理	指对区域和城镇、乡村的规划，以及其他规划
			7486	土地规划服务	指开展土地利用总体规划、专项规划、详细规划的调查评价、编制设计、论证评估、修改、咨询活动

3. 工程咨询行业现状

虽然这些企业隶属于第三产业，但因与建筑业关系密切，每年统计年鉴都会在建筑业部分将勘察设计机构、工程招标代理机构和建设工程监理企业的基本情况单独列出，如表 1-9 所示。这三种类型企业盈利能力强，占据着主要的市场份额。随着全过程工程咨询的逐步推进，工程咨询企业将模糊类型界限，为建设项目提供集成化的工程咨询服务。

表 1-9　　2011—2017 年工程咨询业基本情况

分类	指标	2011 年	2012 年	2013 年	2014 年	2015 年	2016 年	2017 年
勘察设计机构	营业收入/亿元	1.29	1.62	2.14	2.72	2.709	3.33	4.34
	单位数/个	16 482	18 280	19 231	19 262	20 480	21 983	24 754
	从业人数/万人	172.85	212.34	244.42	250.28	304.26	320.23	428.56
工程招标代理机构	营业收入/万元	17 120 481	21 733 974	24 366 218	25 305 908	25 627 363	25 441 758	22 770 880
	单位数/个	5 113	5 522	5 731	5 950	6 102	6 495	6 209
	从业人数/人	388 632	445 445	485 771	535 322	549 568	581 700	604 173
建设工程监理企业	营业收入/万元	14 925 360	17 173 111	20 460 378	22 210 826	24 749 424	26 955 884	32 817 218
	单位数/个	6 512	6 605	6 820	7 279	7 433	7 483	7 945
	从业人数/人	763 454	822 042	890 620	941 909	946 466	1 000 489	1 071 780

注：资料来源于历年《中国统计年鉴》。

1.3.4　其他相关产业

除了建筑业、房地产业和工程咨询业外，还有许多产业与城市建设密不可分，例如：采矿业为城市建设提供动力支持；制造业为城市建设提供基础材料；电力、热力、燃气及水生产和供应业为城市建设提供环境条件；交通运输、仓储和邮政业为城市建设提供运输服务；信息传输、软件和信息技术服务业为城市建设提供信息技术；保险业为城市建设提供风险分担途径；科学研究和技术服务业为城市建设提供创新技术；等等。城市建设离不开各行各业的鼎力支持，也与每位市民息息相关，只有大家携手共进，才能将城市建设得更加美好。

2 城市建设风险防控概论

在城镇化进程中，城市发展具有多样性和复杂性的特点，城市人流、物流、信息流、资金流高度集聚，城市建设面临着严峻的风险问题和管控挑战：一是城市空间上的密集发展加大了事故灾难的发生概率和后果严重度；二是城市时间上的快速发展导致事故灾难多发；三是城市建设缺少统筹安全规划，对城市公共安全造成巨大威胁；四是城市建设风险水平较低，缺乏系统的安全风险辨识评估方法及统一的安全风险点分级标准体系。

根据应急管理部、国家减灾委办公室发布的《2018 年全国自然灾害基本情况》，2018 年我国各种自然灾害共造成全国 1.3 亿人次受灾，589 人死亡，46 人失踪，524.5 万人次紧急转移安置；9.7 万间房屋倒塌，23.1 万间严重损坏，120.8 万间一般损坏；直接经济损失 2 644.6 亿元。据统计，2018 年国内生产安全事故类型分布如表 2-1 所示，交通事故伤亡人数最多，其次是火灾。尽管相较于往年，2018 年度安全形势已有好转，但从整体进行分析，城市安全依旧任重而道远。

表 2-1　　2018 年国内生产安全事故类型分布

事故类型		交通	矿业	爆炸	火灾	毒物泄漏与中毒	其他	总计
事故数量/起	1—2 月	36	3	12	15	5	15	86
	3—4 月	30	5	6	10	4	14	69
	5—6 月	55	6	5	6	5	21	98
	7—8 月	39	3	9	8	8	20	87
	9—10 月	30	9	4	5	3	17	68
	11—12 月	35	5	16	7	8	15	86
	总计	225	31	52	51	33	102	494
死亡人数/人	1—2 月	128	10	21	35	22	49	265
	3—4 月	128	15	16	45	7	30	241
	5—6 月	246	26	19	25	15	135	466
	7—8 月	139	16	36	38	14	54	297
	9—10 月	114	43	9	8	12	46	232
	11—12 月	144	23	65	31	28	42	333
	总计	899	133	166	182	98	356	1 834

注：资料来源于《安全与环境学报》。

为了更好地实现城市安全，应将城市建设重点放在城市风险防控上。现代化的城市应具有现代化的风险管理水平，应具有前瞻性的城市风险治理体系，并将各类潜在风险因素的防范整合到城市管理工作中，消除风险诱因，将城市建设风险防控到最低程度。积极控制城市风险是维护人民群众的生命和财产安全的必然要求。

2.1　城市建设风险

作为城市安全风险的重要组成部分，城市建设风险强调在建设过程中城市遇到的风险情况。本部分将对城市建设风险的基本内容进行简要介绍。

2.1.1　城市建设风险内涵

国际标准组织 ISO 发布的《风险管理——术语》(ISO Guide 73：2009)中将风险定义为“不确定性对目标的影响”，注释中标明“影响是指偏离预期，可以是正面的或负面的”。以往对风险的定义更多关注风险的负面影响，但这一注释将风险中性化，使风险内涵具有了两重性。所以，风险是未来损失或收益的不确定性，这里的损失或收益是指对人、企业和政府等经济主体的生存权益或者财产权益产生不利或有利影响的结果。对于风险的含义，目前国内外学术界有多种解释与规定，概括来说，风险的含义应包含：

(1) 风险是损失或收益发生的可能性。可能性指客观事物存在或者发生机会的多少或大小，这种损失或收益的可能性可以用概率来度量。

(2) 风险是导致损失或收益产生的不确定性。决策理论家把风险定义为损失或收益的不确定性，这种不确定性又可分为客观不确定性和主观不确定性。客观不确定性指实际结果和预期结果的偏离。主观不确定性是个人对客观风险的评估，与个人的知识、经验、精神以及心理状态等方面的因素有关。

(3) 风险是实际结果与预期结果的离差。统计学家把风险定义为实际结果与预期结果的离差度。这种偏差可以用统计学中的相关方法来计算和度量。

(4) 风险是潜在损失的变化范围和幅度。潜在损失或收益是指可能发生但尚未发生甚至永远也不会发生的损失或收益。这是一种非故意的、非计划性的、非预期的经济价值的减少或增加。潜在损失或收益与现实损失或收益的可能性不同，前者侧重于损失或收益的非预期性，后者则强调损失或收益的存在性。

尽管风险具有中立性，但按照加强城市安全的初始目的及意义，书中所指“风险”偏重于负面影响，是活动或事件发生并产生不良后果的可能性。“城市建设风险”这一概念，目前还未有统一的明确定义。本书认为，城市建设风险是指在城市建设过程当中，各项城市建设活动或事件发生并产生不良后果的可能性。

2.1.2 城市建设风险特征

1. 客观性

在城市建设过程中,风险是客观存在的,不以人的意志为转移。也就是说风险无处不在、无时不有,人们无法回避和消除它,只能通过各种技术手段来应对风险,从而避免产生损失或获得收益。这表明风险的存在独立于人们的主观意识之外。风险的发生,无论是范围、程度、频率还是形式、时间、地点等都可能不同,但它总是会以各自独特的方式证明自己的存在,是一种必然会出现的事件。同时,风险的发生具有一定的规律性,人们通过长期的观察和分析,就有可能发现各种风险遵循的运动轨迹和运动规律。这种规律性为人类认识风险、估计风险、避免风险和管理风险提供了现实的可能性;相反,如果没有这种规律性的存在,人类就无法有效地进行风险管理。在城市建设过程中,台风、地震、水灾等自然灾害的发生是客观存在的,不可能完全排除。但是经过长期的经验积累与建设实践,人类对这些风险有了一定的应对措施,能够尽量减少或者避免这些损失的产生。

2. 不确定性

风险所带来损失的后果往往是以偶然或不确定的形式呈现在人们面前的。风险活动具有不确定性这一特性也是研究城市建设风险的基本出发点,关注重心不仅仅是不确定性的统计规律,同时还关注不确定性的作用及其影响效应。虽然从单个的城市建设风险来看,它是一种偶然的杂乱无章的运动轨迹,但是大量风险的发生则具有一定的必然性和规律性。城市建设中的不确定性主要是指在建设过程中,风险事件是否发生、何时发生、发生之后会造成什么样的后果等均是不确定的。一般情况下,可根据历史数据和经验,对城市建设风险发生的可能性和损失的严重程度做出一定程度上的分析和预测。

3. 可变性

世间万物是具有普遍联系的,可以进行相互作用。风险的可变性是指当引起风险的因素发生变化时,风险也随之改变,这种改变可能体现在风险数量上,也可能体现在风险的本质上。在城市建设过程当中,风险的可变性是一个重要特征。这是由于城市本身为大型综合体,人口密集化、建筑楼林化、路桥高架化、管网隐蔽化,在建设过程中,一旦风险因素发生变动,极易产生连锁反应,或者产生各风险因素的耦合关联,若管控不及时、不到位,极有可能发生重特大安全事故,对城市安全造成重大威胁。

4. 相对性

风险的相对性主要指两方面:①风险主体是相对的;②风险大小是相对的。风险的主体相对性是指风险的存在与严重程度总是相对于事件的主体而言的,同样的不确定事件对不同的主体有不同的影响。风险的大小相对性是指人们对风险活动或实践都有一定的承受能力,但是这种能力因活动、人和时间而异。在城市建设过程中,从整个社会系统和城市安全的角度上讲,风险事件对人民群众的生命财产安全造成了损害,无论风险的相对性如何体现,风险依旧是不受欢迎的，需要进行全方位的风险预警和控制工作，以保障城市建设安全。

5. 阶段性

风险的阶段性是指风险的发展具有一定的阶段特征。通常认为，风险的发生主要包括三个阶段。

（1）潜在风险阶段，是指风险正在酝酿或风险因素在逐步累积，但尚未发生的阶段。该阶段是没有损失的，但是潜在风险可以逐步发展变化，最终进入风险发生阶段。该阶段是城市建设风险预警工作的重点，城市建设风险预警工作就是对潜在的风险因素进行识别、分析与评估，试图在风险从潜在阶段进入发生阶段前，对其进行警报，及时消除风险隐患，达到防患于未然的目的。

（2）风险发生阶段，是指风险已变成现实，事件正在发展的阶段。此时风险正在发生，但其后果还没有形成。若不正确应对，风险就会造成后果。一般认为这一阶段持续时间较短。

（3）造成后果阶段，是指已经造成了人身伤害、财产或其他损失。通常这一后果的产生是无法挽回的，只能设法减少损失或降低伤害的程度。这一阶段是城市建设风险的被动控制阶段，也是人们最不愿意看到的阶段。为减少风险事件的后果与损失，在日常工作中，政府应加强应急管理体制建设，建立全面的应急预案体系，同时加快应急救援队伍建设和应急救援设备更新。在整个救援过程中，要切实做到有力、有序、有效施救，尤其不能发生次生事故。

2.1.3 城市建设风险分类

不同的风险在性质、形态、成因及损失状况上表现出不同的特点。划分风险的类型，有助于更好地识别风险、度量风险和控制风险，以实现风险管理目标。可按照不同标准，对城市建设风险进行分类。

1. 按照风险产生的原因分类

按照风险产生的原因分类，城市建设风险可以分为自然风险、社会风险、政治风险、经济风险和技术风险。

（1）自然风险，指在城市建设过程中，由于自然力的非规则运动所引起的自然现象或物理现象导致的风险，如火灾、洪水等导致的物资损毁、人员伤亡的风险。

（2）社会风险，指在城市建设过程中，由于反常的个人行为或不可预料的团体行为所造成的风险，如盗窃、罢工等。

（3）政治风险，又称国家风险，指在城市建设过程当中，由于政治环境发生重大改变而造成的风险，如暴乱、恐怖袭击等。

（4）经济风险，指在城市建设过程中，由于宏观经济形势不利导致经济损失的风险，如物价不正常上涨、投资环境的恶化、外汇汇率变动或通货膨胀等。

（5）技术风险，指在城市建设过程中，因科学技术的创新与进步带来的某些不利因素而导致的风险，如核物质泄漏所致损失的风险。

2. 按照风险的损害对象分类

按照城市建设风险的损害对象分类，可以分为财产风险和人身风险。

（1）财产风险，指在城市建设过程中，有形财产或无形财产发生毁损、灭失或贬值的风险，如上海轨道交通 4 号线旁越江隧道坍塌，引起隧道部分结构损坏及周边地区地面损坏，直接经济损失约 1.5 亿元。

（2）人身风险，指在城市建设过程中，对人民群众的人身健康和生命安全造成损害的风险，如上海莲花南路在建楼盘发生楼体倒塌事件，致使 1 名工人死亡。

3. 按照应急事件的性质分类

《国家突发公共事件总体应急预案》中将突然发生且造成或者可能造成重大人员伤亡、财产损失、生态环境破坏和严重社会危害，危及公共安全的紧急事件分为四类，分别为自然灾害、事故灾难、公共卫生事件和社会安全事件。

（1）自然灾害。主要包括水旱灾害、气象灾害、地震灾害、地质灾害、海洋灾害、生物灾害和森林草原火灾等。

（2）事故灾难。主要包括工矿商贸等企业的各类安全事故、交通运输事故、公共设施和设备事故、环境污染和生态破坏事件等。

（3）公共卫生事件。主要包括传染病疫情、群体性不明原因疾病、食品安全和职业危害、动物疫情以及其他严重影响公众健康和生命安全的事件。

（4）社会安全事件。主要包括恐怖袭击事件、经济安全事件和涉外突发事件等。

4. 按照发生事故的结果分类

在《生产安全事故报告和调查处理条例》中，根据事故造成的人员伤亡或者直接经济损失，生产安全事故一般分为以下等级：

（1）特别重大事故，是指造成 30 人以上死亡，或者 100 人以上重伤（包括急性工业中毒，下同），或者 1 亿元以上直接经济损失的事故。

（2）重大事故，是指造成 10 人以上 30 人以下死亡，或者 50 人以上 100 人以下重伤，或者 5 000 万元以上 1 亿元以下直接经济损失的事故。

（3）较大事故，是指造成 3 人以上 10 人以下死亡，或者 10 人以上 50 人以下重伤，或者 1 000 万元以上 5 000 万元以下直接经济损失的事故。

（4）一般事故，是指造成 3 人以下死亡，或者 10 人以下重伤，或者 1 000 万元以下直接经济损失的事故。

注："以上"包括本数，"以下"不包括本数。

2.2 城市建设风险管控理念

风险意识是构建风险管理体系的首要条件。要想做好城市建设风险管理工作，首先要增强社会各界的风险意识和风险管理理论的教育，加强社会风险管理责任的宣传和公众安全风险知识的科普，鼓励市民学习自救互救知识，提高全社会的主动参与程度，将城市安危融入市民的情感认同。其次，要完善责任机制，为城市建设的风险管理工作形成组织与制度保障，强调以政府管控为主导、多元力量积极参与。最后，要加强能力建设，主要是增强风险防控体系的回应能力和提高风险治理的制度化能力。

具体来讲，就是要坚持“一个理念”“两个平台”“三个机制”的指导思想，完善城市风险管理体系建设。同时，城市建设风险管理的工作重心应从“以事件为中心”转向“以风险为中心”，从单纯“事后应急”转向“事前科学预防”“事中有效控制”“事后及时救济”，从根本上解决问题、筑牢底线。

“一个理念”指的是居安思危，强化风险意识。“两个平台”是指搭建综合预警平台，健全综合管理平台，实现共享互通，统筹风险管理。其中，综合预警平台着力于建设集风险管理规划、识别、分析、应对、监测和控制于一体的全生命周期的风险评估系统，构建覆盖全面、反应灵敏、能级较高的风险预警信息网络，从而形成城市运行风险预警指数实时发布机制，及时公布风险信息。综合管理平台是指在风险预警平台基础上，强化城市管理各相关部门的风险管理职能，完善城市管理各部门内部运行的风险控制机制，建立跨行业、跨部门、跨职能的“互联网＋”风险管理大平台，并以平台为核心引导相关职能部门和运营企业进行常态化风险管理工作。

“三个机制”是指“三位一体，健全风险共治机制”“精细化管理，完善风险防控机制”以及“多管齐下，健全风险保障机制”。风险共治机制需要充分发挥政府、市场、社会在城市风险管理中的优势，构建以政府为主导、市场为主体、社会主动参与的城市风险长效管理机制。政府主导城市风险管理，做好公众安全统筹规划、搭建风险管理综合平台、主动引导舆情等工作，同时对相关社会组织进行统一领导和综合协调，加大培育扶持力度，积极推进风险防控专业人员队伍建设；运营企业规范行业生产行为，提供专业技术和信息资源，充分发挥市场在资源配置方面的优势，形成均衡的风险分散、分担机制；社会公众主动参与，鼓励社会组织、基层社区和市民群众充分参与，如加强社区综合风险防范能力的建设，在已有的社区风险评估和社区风险地图绘制试点基础上，进一步推广和完善社区风险管理模式，真正实现风险管理社会化。

要实现风险的精细化管理，完善风险防控机制，其一要完善城市风险源发现机制，通过社会参与途径多元化，结合移动互联等时代背景，应对城市风险动态化带来的管制难点，如补齐风险源登记制度短板，对责任主体、风险指数、应对措施做到“底数清”“情况明”；其二是促进低影响开发、智能物联网、人工智能等先进技术的推广应用，形成系统、适用的“互联网＋”风险防控成套技术体系；其三是提升各领域的安全标准，建立统一规范的风险防控标准体系，为全市综合风险管理奠定基础。

最后是多管齐下，健全风险保障机制。一方面，完善法律法规保障机制，借鉴国外城市建设安全管理经验，根据我国城市运行发展的新形势、新情况、新特点，加强顶点设计和整体布局，提高政策法规的时效性和系统性，建立高效的反馈机制，简化流程，提高效率，进一步强化城市建设、运行及生产安全的防范措施和管理办法；另一方面，通过引入保险机制，创新保险联动举措，促进保险公司主动介入到投保方的风险管理中，防灾止损，控制风险，并通过保险费率浮动机制等市场化手段，形成监控结果与保险费挂钩的制度，要求企业和个人进行行业规范和行为约束，从而建立起以事故预防为导向的保险新机制，达到政府管理、保险公司、投保方"三赢"的效果。

2.3 城市建设风险管控过程

《风险管理 原则与实施指南》(GB/T 24353—2009)参考了国际标准《风险管理原则与指南》(Risk Management—Guidelines)(ISO/DIS 31000)，由国家质量监督检验检疫总局与中国国家标准化管理委员会联合发布，是我国风险管理系列标准中的指导性标准，为社会各界风险管理工作提供通用方法。本书在编写过程中，借鉴了《风险管理 原则与实施指南》(GB/T 24353—2009)的风险管理理论框架，并在此基础上结合城市建设风险管理实践略做调整，以更适于城市建设风险防控工作的具体实施。

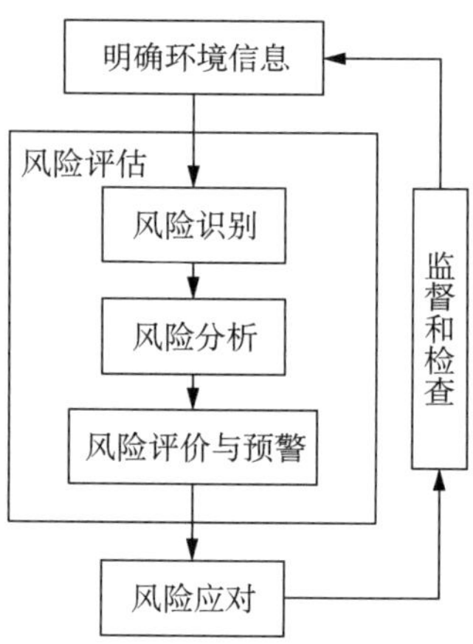

图 2-1 风险管控过程

风险管理通过考虑不确定性及其对目标的影响，采取相应措施，为有效应对各类突发事件提供支持。风险管理目的在于恰当地应对风险，提高风险应对的效率，提高行动的合理性，有效地配置资源。风险管理意识应当融入到城市建设的规划理念、管理程序、方针政策以及社会文化等各个方面。

城市建设风险管控过程由明确环境信息、风险评估、风险应对、监督和检查等活动组成，如图 2-1 所示。其中，风险评估包括风险识别、风险分析和风险评价与预警三个步骤。沟通和记录应贯穿于风险管理过程中的各项活动中。

1. 明确环境信息

通过明确城市建设环境信息，可确定其风险管控目标，确定与城市建设相关的内部和外部环境参数，并设定风险管控的范围和有关风险准则。环境信息指城市建设过程中所面临的环境的历史、现在和未来的各种相关信息，分为外部环境信息和内部环境信息。外部环境信息以城市建设所处的整体环境为基础，包括法律和监管要求、利益相关者的诉求以及与具体风险管理过程相关的其他方面的信息等。内部环境信息要与社会文化、建设规划和结构相适应，包括城市建设过程中影响其风险管理的任何事物。在分析内部、外部环境信息的同时，还要确定风险准则。

风险准则是组织用于评价风险重要程度的标准。因此，风险准则需体现组织的风险承受度，应反映组织的价值观、目标和资源。有些风险准则直接或间接反映了法律和法规要求或其他需要组织遵循的要求。风险准则应当与组织的风险管理方针一致，具体的风险准则应尽可能在风险管理过程开始时指定，并持续不断地检查和完善。

2. 风险评估

风险评估包括风险识别、风险分析和风险评价与预警三个步骤。这三个步骤按照先后顺序逐步展开。风险识别是通过识别风险源、影响范围、事件及其原因和潜在的后果等，生成一个全面的风险列表。风险分析是根据风险类型、获得的信息和风险评估结果的使用目的，对识别出的风险进行定性和定量分析，为风险评价和风险应对提供支持。风险评价与预警是将风险分析的结果进行评价，或者在各种风险的分析结果之间进行比较，确定风险等级，对等级高的风险进行预警，以便及时进行风险应对。

3. 风险应对

风险应对是选择并执行一种或多种改变风险的措施，包括改变风险事件发生的可能性或后果的措施。风险应对应当考虑各种环境信息，考虑城市本身的风险承受度，以及法律、法规和其他方面的要求等。风险应对措施的制订和评估是一个递进的过程，在过程中要对风险进行动态评估，确保剩余风险可以承受。如果剩余风险不可承受，应调整或制订新的风险应对措施，并评估新的风险应对措施效果，直至剩余风险可以承受。执行风险应对措施会引起风险的改变，需要跟踪、监督风险应对的效果。

4. 监督和检查

监督和检查包括：①监测事件，分析变化及其趋势并从中吸取教训；②发现内部与外部环境信息的变化，包括风险本身的变化、可能导致的风险应对措施及其实施优先次序的改变；③监督并记录风险应对措施实施后的剩余风险，以便在适当时做出进一步处理；④使用时，对照风险应对计划，检查工作进度与计划的偏差，保证风险应对措施的设计和执行有效；⑤报告关于风险、风险应对计划的进度和风险管理方针的遵循情况；⑥实施风险管控绩效评估。

5. 沟通和记录

(1) 沟通。在城市建设过程中，风险管理的每一个阶段都应当进行及时、有效沟通，保证实施风险管理的责任人和各方利益相关者能够理解风险管理决策的依据，以及需要采取某些行动的原因。由于利益相关者的诉求、假设、认知和关注点不同，其风险偏好也不同，并可能对决策有重要影响。因此，在风险管理决策过程中应当与利益相关者进行充分沟通。

(2) 记录。在风险管理过程中，记录是实施和改进整个风险管理过程的基础。在记录过程中应当考虑以下内容：①出于管理的目的而重复使用信息的需要；②进一步分析风险和调整风险应对措施的需要；③风险管理活动的可追溯要求；④沟通的需要；⑤法律、法规和操作上对记录的需要；⑥城市建设过程中持续学习的需要；⑦建立和维护记录所需的成本和工作量；⑧获取信息的方法、读取信息的容易程度和储存媒介；⑨记录保留期限；⑩信息的敏感性。

2.4 城市建设风险评估

《风险管理 风险评估技术》(GB/T 27921—2011)参考了国际标准《风险管理 风险评估技

术》(*Risk Management—Risk Assessment Techniques*)(ISO/IEC 31010：2009)，为依据《风险管理 原则与实施指南》(GB/T 24353—2009)开展风险管理的组织提供支持，用于指导组织选择和应用风险评估技术。

作为风险管理的重要组成部分，风险评估提供了一种结构化的过程以识别目标如何受各类不确定性因素的影响，并从后果和可能性两个方面来进行风险分析，然后确定是否需要进一步防控。城市建设风险评估活动适用于各个层级，评估范围可涵盖项目、单个活动或具体事项等，但是在不同的情境中，所使用的评估工具和技术可能会有差异。

因不同类型的城市建设风险差异较大，风险评估通常涉及多学科方法的综合应用。风险评估活动的开展形式，不仅依赖于城市建设风险管理过程的背景，还取决于所使用的风险评估技术与方法。

2.4.1 风险识别

风险识别是发现、列举和描述风险要素的过程，目的是确定可能影响系统或组织目标实现的事件或情况。风险识别过程包括对风险源、风险事件及其原因和潜在后果的识别。

风险识别的方法包括：①基于证据的方法，例如检查表法以及对历史数据的评审；②系统性的团队方法，例如一个专家团队遵循系统化的过程，通过一套结构化的提示或问题来识别城市建设风险；③归纳推理技术，例如危险与可操作性分析方法(hazard and operability study)等。各种支持性技术可被用于提高风险识别的准确性和完整性，包括头脑风暴法和德尔菲法等。无论实际采用哪种技术，关键是在城市建设风险识别过程中要认识到人的因素和组织因素的重要性。

2.4.2 风险分析

风险分析是要增进对风险的理解。它为风险评价、决定风险是否需要防控以及选择最适当的应对策略和方法提供信息支持。风险分析需要考虑导致风险的原因和风险源、风险事件的正面和负面的后果及其发生的可能性、影响后果和可能性的因素、不同风险及其风险源的相互关系以及风险的其他特性。在某些情况下，风险可能是一系列事件叠加产生的结果，或者由一些难以识别的特定事件所诱发。在这种情况下，风险评估的重点是分析系统各组成部分的重要性和薄弱环节，检查并确定相应的防护和补救措施。

用于风险分析的方法可以是定性的、半定量的、定量的或以上方法的组合。风险分析所需的详细程度取决于特定的用途、可获得的可靠数据以及决策的需求。定性的风险分析可通过重要性等级来确定风险后果、可能性和风险等级，如“高”“中”“低”3 个重要性程度，可以将后果和可能性二者结合起来，并对照定性的风险准则来评价风险等级。半定量法可利用数学评级量表来测度风险的后果和发生可能性，并运用公式将二者结合起来，确定风险等级，量表的刻度可以是线性的，或者是对数的，或者是其他形式。定量分析可估计出风险后果及其发生可能性的实际数值，并产生风险等级的数值。由于相关信息不够全面、缺乏数据、人为因素影响等，或因为定量分析难以开展或没有必要，全面的定量分析未必都是可行的或值得的。在此情况下，由具有专业知识和经验的专家对风险进行半定量或者定性的分析可能已经足够有效。即使已实现全面的定量分析，还应注意到，此时计算获得的风险等级值是估计值，应谨慎地确保其精确度不会与所使用的原始数据及分析方法的精确度存在偏差。

2.4.3 风险评价与预警

风险评价与预警包括将风险分析的结果与预先设定的风险准则相比较，或者在不同风险的分析结果之间进行比较，确定风险等级，对风险等级高的进行预警。风险评价与预警利用了风险分析过程中所获得的对风险的认识，是未来行动的决策基础。在明确环境信息时，需要作出的决策的性质以及决策所依据的准则都已确定，但是在风险评价阶段，需要对以上问题进行更深入的分析，毕竟此时对于已识别的具体风险有更为全面的了解。如果该风险是新识别的风险，则应当制定相应的风险准则，以便评价该风险。最简单的风险评价结果是仅将风险分为两种：需要应对与无须应对。这样的方式无疑简单易行，但是其结果通常难以反映出风险估计时的不确定性，而且两类风险的准确界定也绝非易事。

依据风险的可容许程度，可将其划分为 3 个区域：①不可接受区域，在该区域内，无论相关活动带来什么收益，风险等级都是无法承受的，必须不惜代价进行风险应对；②中间区域，对该区域内风险的应对需要考虑实施防控措施的成本与收益，并权衡机遇与潜在后果；③广泛可接受区域，该区域中的风险等级微不足道，或者风险很小，无须采取任何风险应对措施。

安全工程领域的“最低合理可行”或 ALARP(As Low As Reasonably Practicable)准则即遵循了这一风险分级方式。在中间区域(或称 ALARP 区域)中，对于较低的风险可以直接进行风险应对措施的成本收益分析，如果增加安全的投入对安全效益的贡献不大，则可认为风险是可容许的；对于其中较高的风险，则需进一步实施防控措施，以使风险尽量向广泛可接受区域靠拢，直至风险降低的成本与获得的安全收益完全不成比例。

2.4.4 常用的风险评估技术

1. 德尔菲法

德尔菲法(Delphi)是依据一套系统的程序在一组专家中取得可靠共识的技术，可用于风险管理过程或系统生命周期的任何阶段。尽管该术语经常用来泛指任何形式的头脑风暴法，但是在形成之初，德尔菲法的根本特征是专家单独、匿名表达各自的观点。即在讨论过程中，团队成员之间不得相互讨论，只能与调查人员沟通。通过让团队成员填写问卷，集结意见，整理并分享，周而复始，最终获取共识。

德尔菲法使用半结构化问卷对一组专家进行提问。专家无须会面，保证其观点具有独立性，具体步骤有：①组建专家团队，可能是一个或多个专家组；②编制第一轮问卷调查表；③将问卷调查表发给每位专家组成员，要求定期返回；④将第一轮答复的信息进行分析、对比和汇总，并再次下发给专家组成员，让专家比较自己同他人的不同意见，修改或完善自己的意见和判断，在此过程中，只给出各种意见，但并不提供发表意见的专家姓名；⑤专家组成员重新做出答复；⑥循环以上过程，直至达成共识。

德尔菲法的优点包括：①由于观点都是匿名的，因此成员更有可能表达出那些不受欢迎的看法；②所有观点都获得相同的重视，以避免某一权威占主导地位和话语权的问题；③便于展开工作，成员不必一次聚集在某个地方。德尔菲法的缺点是费力、耗时。

某项目欲采用预制混凝土结构。因施工时，预制混凝土结构与现浇结构的安全文明措施不同，新增项目有堆场设置和地基加固、构件临时支撑、构件驳运等，删减项目有围护体系、粉尘污染、噪声控制、垃圾排放等。为准确估计该项目的安全文明措施费，减少施工风险，保障工人安全，该项目成立 8 人专家小组，根据施工经验预估安全文明措施费，经过 3 次反馈后，得到结果如表 2-2 所示。

表 2-2　德尔菲法示例　万元

专家编号	第一次判断			第二次判断			第三次判断		
	最低	最可能	最高	最低	最可能	最高	最低	最可能	最高
1	15	75	90	60	75	90	55	75	90
2	20	45	60	30	50	65	40	50	65
3	40	60	80	50	70	80	50	70	80
4	75	90	150	60	75	150	50	60	125
5	10	20	35	22	40	50	30	50	60
6	30	50	75	30	50	75	30	60	75
7	25	30	40	25	40	50	40	50	60
8	25	30	50	35	40	60	37	41	61
平均值	30	50	72.5	39	55	77.5	41.5	57	77

在预测时，最终一次判断是综合前几次的反馈做出的，因此在预测时一般以最后一次判断为主。如果按照 8 位专家第三次判断的平均值计算，则预测的该装配式建筑的安全文明施工措施费为：(41.5＋57＋77)/3＝58.5(万元)。

2. 风险矩阵

风险矩阵(risk matrix)是用于识别风险和对其进行优先排序的有效工具。风险矩阵可以直接地显现风险的分布情况，有助于管理者确定风险管理的关键控制点和风险防控方案。一旦风险被识别以后，就可以依据其对组织目标的影响程度和发生的可能性等维度来绘制风险矩阵。风险矩阵通常作为一种筛查工具用来对风险进行排序，根据其在矩阵中所处的区域，确定哪些风险需要更细致的分析，或是应首先处理哪些风险。风险矩阵也可以用于帮助在系统内沟通对风险等级的共同理解。

对风险发生可能性的高低和后果严重程度进行定性或定量评估后，依据评估结果绘制风险图谱。绘制矩阵时，一个坐标轴表示结果等级，另一个坐标轴表示可能性等级。图 2-2 是一个风险矩阵示例，该矩阵含有 5 点结果等级和 5 点可能性等级。

可能性等级	1	2	3	4	5
E	Ⅱ	Ⅲ	Ⅲ	Ⅳ	Ⅳ
D	Ⅱ	Ⅱ	Ⅲ	Ⅳ	Ⅳ
C	Ⅱ	Ⅱ	Ⅱ	Ⅲ	Ⅲ
B	Ⅰ	Ⅰ	Ⅱ	Ⅱ	Ⅲ
A	Ⅰ	Ⅰ	Ⅱ	Ⅱ	Ⅱ
	结果等级				

图 2-2 风险矩阵示例

风险矩阵的优点包括：①方法简单、易于使用；②显示直观，可将风险很快划分为不同的重要性水平。

风险矩阵的缺点包括：①必须设计出适合具体情况的矩阵，因此，很难有一个适用于组织各相关环境的通用系统；②很难清晰地界定等级；③该方法的主观色彩较强，不同决策者之间的等级划分结果有明显的差别；④无法对风险进行累计叠加。

在本书应用篇松浦大桥改造工程风险防控实例中就运用了此方法。

3. 风险指数

风险指数(risk indices)是对风险的半定量测评，是利用顺序尺度的计分法得出的估算值。风险指数可以用来对使用相似准则的一系列风险进行比较。尽管是风险评估的组成部分，风险指数主要用于风险分析。风险指数可以获得量化的结果，但本质上还是一种对风险进行分级和比较的定性方法，使用数字完全是为了便于操作。

如果充分理解系统，可以用数字对活动相关的不同风险分级。风险指数允许将影响风险等级的一系列因素整合为单一的风险等级数字。风险指数可作为一种范围划定工具用于各种类型的风险，以根据风险水平划分风险。这可以确定哪些风险需要更深层次的分析以及可能进行的定量评估。

风险指数的第一步是理解并描述系统。一旦系统得到确认，就要确定各组件得分，再将这些得分结合起来，以提供综合指数。例如，在环境背景中，来源、途径及接收方将被打分。在有些情况下，每个来源可能会有多种路径和接收方。根据考虑系统客观现状的计划将单个得分进行综合。关键是系统各部分的得分(来源、途径及接收方)应在内部保持一致，同时保持其正确关系。对风险要素(如概率、暴露及后果)或是增加风险的因素打分。可以设计合适的指数模型对单个因素的得分进行加、减、乘、除运算，通过将得分相加来考虑累积效果。严格地讲，将数学公式用于顺序得分是无效的，因此，一旦打分系统得以建立，必须将该模型用于已知系统，以便确认其有效性。确定指数是一种迭代方法，在分析人员得到满意的确认结果之前，可以尝试几种不同的系统并将得分进行综合。

风险指数的优点包括：①可以提供一种有效的划分风险等级的工具；②可以将影响风险等级的多种因素整合到对风险等级的分析中。风险指数的缺点包括：①如果过程(模式)及其输出结果未得到很好的确认，那么可能结果毫无意义。输出结果是风险值这一点可能会被误解或误用。②在很多使用风险指数的情况下，缺乏一个基准模型来确定风险因素的单个尺度是线性的、对数的还是某个其他形式，也没有固定的模型可以确定如何将各因素综合起来。在这些情况下，评级本身是不可靠的，对实际数据进行确认就显得尤其重要。

某工地附近有某单位运输部汽油库。汽油库内有储油罐 6 个，其中 4 罐装汽油 20 t，1 罐装柴油 8 t，1 罐装柴油 4 t。以常见的道氏法火灾爆炸指数为例，计算邻近汽油库某工地的火灾风险。根据具体情况，参照道氏法有关系数选择及确定标准，确定参数 F_1 为 3.30，F_2 为 2.70，F_3 为 8，查询汽油物质系数 MF 为 16，故而可计算出影响区域的面积为 3 277 m^2，影响区域内设备财产价值约 450 万元。

4. 故障树分析

故障树分析(Fault Tree Analysis，FTA)是用来识别和分析造成特定不良事件(称作顶事件)的可能因素的技术。造成故障的原因因素可通过归纳法进行识别，也可以将特定事故与各层原因之间用逻辑门符号连接起来并用树形图进行表示。树形图描述了原因因素及其与重大事件的逻辑关系。

故障树可以用来对故障(顶事件)的潜在原因及途径进行定性分析，也可以在掌握原因事项概率的相关数据之后，定量计算重大事件的发生概率。故障树分析可以在系统的设计阶段使用，以识别故障的潜在原因并在不同的设计方案中进行选择，也可以在运行阶段使用，以识别重大故障发生的方式和导致重大事件的各类路径的相对重要性；故障树还可以用来分析已出现的故障，以便通过图形来显示不同事项如何共同作用造成故障。

构建故障树的步骤包括：①界定分析对象系统和需要分析的各对象事件(顶事件)；②从顶事件入手，识别造成顶事件的直接原因或失效模式；③调查原因事件，对每个原因或失效模式进行分析，以识别造成故障的原因；④分步骤识别不良的系统操作方式，沿着系统自上而下分析，直至进一步分析不会产生任何成效为止，处于分析中系统最低水平的事项及原因因素称作基本事件；⑤定性分析，按故障树结构进行简化，求出最小割集和最小径集，确定各基本事件的结构重要度；⑥定量分析，找出各基本事件的发生概率，计算出顶事件的发生概率，计算出概率重要度和临界重要度，对于每个控制节点而言，所有的输入数据都必不可少，并足以产生输出事项。

对于故障树中逻辑冗余部分，可以通过布尔代数运算法则来进行简化。除了估算顶事件发生的可能性之外，还要识别哪些形成顶事件独立路径的最小分割集合，并计算它们对顶事件的影响。除了简单的故障树之外，当故障树存在几处重复事件时，需要使用软件包正确处理计算，并计算最小割集。软件工具有助于保证一致性、正确性和可检验性。

故障树分析的优点包括：①它提供了一种系统、规范的方法，同时有足够的灵活性，可以对各种因素进行分析，包括人际交往和客观现象等；②运用简单的“自上而下”方法，可以关注那些与顶事件直接相关的故障的影响；③对具有许多界面和相互作用的分析系统特别有用；④图形化表示有助于理解系统行为及所包含的因素；⑤对故障树的逻辑分析和对分割集合的识别有利于识别高度复杂系统中的简单故障路径。

故障树分析的缺点包括:①如果基础事件的概率有较高的不确定性,那么计算出的顶事件概率的不确定性也较高;②有时很难确定顶事件的所有重要途径是否都包括在内;③故障树是一个静态模型,无法处理时序上的相互关系;④故障树只能处理二进制状态(有故障/无故障);⑤虽然定性故障树可以包括人为错误,但是一般来说,各种程度或性质的人为错误引起的故障无法包括在内;⑥分析人员必须非常熟悉对象系统,具有丰富的实践经验。

某工程项目建设阶段的故障树分析如图 2-3 所示,建设过程中各节点表示的底事件和概率如表 2-3 所示。

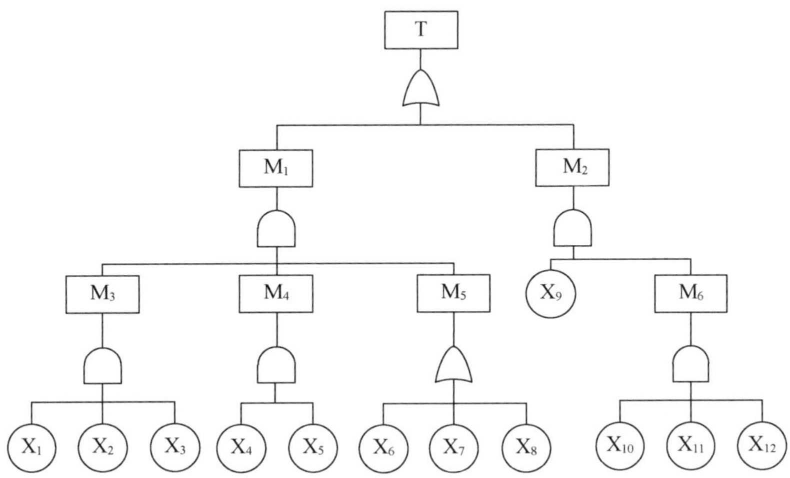

图 2-3 项目建设阶段故障树分析

表 2-3 建设过程中各节点表示的底事件和概率

顶事件	中间事件	中间事件	底事件	概率
项目实施失败	内部原因	人员安排	监理工程师素质低(X_1)	0.2
			施工工人技术不合格(X_2)	0.2
			工人之间不协调(X_3)	0.1
		现场施工	施工事故(X_4)	0.2
			施工管理混乱(X_5)	0.2
		工期延误	合同变更(X_6)	0.05
			设计图纸变更(X_7)	0.05
			资金不到位(X_8)	0.2
	外部原因	金融市场变动	意外灾害(X_9)	0.08
			原材料价格变更(X_{10})	0.5
			工人工资变动(X_{11})	0.5
			银行利率变更(X_{12})	0.5

2.5 城市建设风险应对

在风险成本最低的情况下，城市建设风险防控措施的目标分为两种：一是降低事故的发生概率；二是将损失减小到最低限度。这两个目标都是为了改变城市建设风险暴露状况，从而规避风险，减少损失，在风险发生时努力降低风险对城市建设的负面影响。这个目标在实践过程中，可以用图 2-4 所示的链式过程来说明。

图 2-4 城市建设风险防控措施的目标

这个链式过程遵循了“发生”“发展”“结果”的顺序。首先，控制损失根源着眼于损失发生的最根本原因，意在从损失的源头入手进行控制。其次，除了控制损失根源之外，我们还可以减少已有的风险因素，如强调对可能受损的标的物进行持续检查，监督员工遵守安全规章制度等。最后，如果损失根源和风险因素都没有控制住，风险事故发生了，还可以做一项工作，就是减轻损失。值得注意的是，上述所有工作都是在风险事故发生前完成或设计好的。

2.5.1 风险防控理论基础

1. 海因里希法则

海因里希法则（Heinrich's Law）又称“海因里希安全法则”“海因里希事故法则”或“海因法则”，是美国著名安全工程师海因里希（Herbert William Heinrich）提出的。

1941 年，海因里希统计了 55 万件机械事故，其中，死亡、重伤事故 1 666 件，轻伤事故 48 334 件，其余则为无伤害事故，从而得出一个重要结论，即在机械事故中，死亡/重伤事故、轻伤事故和无伤害事故的比例为 1∶29∶300，这个法则说明，每一起严重事故的背后，必然有 29 起轻微事故和 300 起未遂先兆，因此，也称为 1∶29∶300 法则。这是用科学的方法，通过大数据挖掘来寻求安全事故的内在规律。

对于不同的生产过程，不同类型的事故，上述比例关系不一定完全相同，但这个统计规律说明了在进行同一项活动中，无数次意外事件，必然会导致重大伤亡事故。要防止重大事故的发生，必须减少和消除无伤害事故，要重视事故的苗头和未遂事故，否则终会酿成大祸。

2. 多米诺理论

1959 年，海因里希对事故的因果关系、人与机械的相互作用、不安全行为的潜在原因等进行了研究，在此基础上，提出了经典的多米诺理论，他将这个理论应用于雇员伤害风险中，这也是最早的针对雇员事故的理论。多米诺理论指出，雇员事故可通过以下五个步骤考察：①遗传和环境；②个人过失；③不安全的行为或存在某种有形的危险；④事故；⑤伤害。这五个步骤被形象地以五张竖立的骨牌表示，骨牌排列的顺序恰好与风险的发展顺序相吻合，前面一张骨牌倒下，后面的骨牌就会相继倒下，如图 2-5 所示。对风险进行控制相当于抽走前面四张骨牌中的某张骨牌，这样最后的伤害就不会发生。

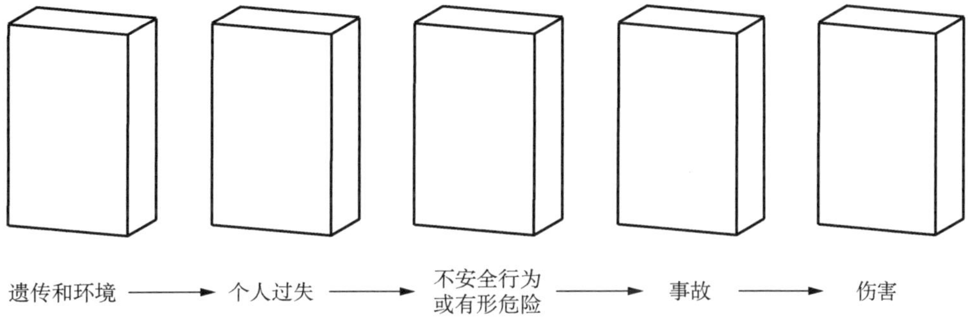

图 2-5 骨牌形式的多米诺理论

在多米诺理论中，遗传和环境指的是先天的遗传和后天的环境，这会决定一个人的性格以及行为的方式，是不良性格形成的根源。如果第一张骨牌倒下，就意味着这个人有鲁莽、轻率、急躁等不良性格，这可能使他对给定的环境没有做出适当的反应，即发生个人过失。如果个人过失这张骨牌倒下，则错误的反应就会使他做出某种不安全的行为或暴露于某种有形危险之中，这会导致事故的发生并最终造成伤害。多米诺理论指出，在五张骨牌中，第三张是最关键的。通过排除有形危险和消除员工的不安全行为，员工受伤的频率就会降低。

3. 能量释放理论

1970 年，美国公路安全保险学会会长哈顿(W. Haddon)提出了一种能量破坏性释放理论。能量释放理论并没有从工程或非工程的角度考察风险防控措施的出发点，而是着眼于风险事故的形式，它指出，大多数事故是由于能量的意外释放或危险材料(如有毒气体、粉尘等)导致的。表面上看，这些能量和危险物质的释放是由风险因素引起的，但究其根源，不外乎以下四个根本原因：

(1) 管理因素：与安全有关的管理目标；人员录用方法、安全标准等。

(2) 人的因素：行为人的动机、能力、知识、训练、风险意识、对分配任务的态度、体力、智力状态等。

(3) 环境因素：工作环境中的温度、湿度、通风、照明等。

(4) 机械因素：机器的安全性等。

这四个因素可能会产生相互影响。控制风险的重点是通过控制这四个根本原因，对能量进行限制及防止能量散逸。

工程性理论和多米诺理论都只强调损失控制的某个方面，但人与物质世界很难截然分开，人的行为影响了物质世界，物质因素又贯穿于人的行为之中。因此，能量因素更具有普遍性和综合性，能量释放理论更能够体现风险事故发生的本质。

2.5.2 风险防控措施

在风险评估结束后，需要考虑进一步选择风险防控手段，以达到减少城市建设事故损失的目的。一般来说，风险防控措施有风险规避、风险转移、风险控制、风险自留，下文将对此逐一进行介绍。

1. 风险规避

风险规避是指当某个方案潜在的风险发生的可能性大，不利后果十分严重，又无其他策略来减轻时，主动放弃或改变该方案的目标与行动方案，从而免除可能产生风险损失的一种控制风险的方式。风险规避是一种最彻底、最有力的控制风险的技术，当然也是最简单、最消极的。它能够在风险事故发生之前，将风险因素完全消除，也完全排除了某一特定风险可能造成的各种损失。而其他技术，则只能降低损失的严重程度。

风险规避是要设法躲避，而不是去直接担当和控制风险。风险规避的方式主要有两种：消极的规避和积极的规避。消极的规避是将特定的风险单位予以根本撤除；积极的规避是指针对未来的风险提前做好规划与准备，以图躲避或抵消非预期的意外因素导致的变故。

风险规避适用的情形主要有以下几个方面：①某种特定风险所致的损失概率和损失程度相当大；②采取其他风险处理技术的成本超过其产生的效益，采用风险规避方法可使企业受损失的可能性等于零；③客观上不需要的项目，没有必要冒险；④风险太大，一旦造成损失，企业无力担当后果。

2. 风险转移

风险转移是将不想要的风险转嫁出去，可以分为两种类型，一种是保险转移，一种是非保险转移。

1）保险转移

保险是常见的风险转移办法，保险人提供转移风险的工具给被保险人或者投保人。保险也是一种分摊风险和意外损失的方法，一旦发生保险责任范围内的损失，保险人就可以补偿被保险人的经济损失。保险公司设计推出各种各样的保险产品提供给风险管理单位选择、购买，风险管理单位通过投保商业保险，将一些人身、财产和责任风险转移给了保险公司。

保险是风险转移的一种方式，但不是所有的风险都可以用保险的方式来转移的。一般来说，保险人承保的是纯粹风险，然而，不是所有的纯粹风险都具有可保性，风险具有可保性是风险转移的重要条件。不可保的风险需要通过非保险转移手段进行风险转移。

2）非保险转移

非保险转移风险是指风险管理单位将损失的法律责任转移给非保险业的另一个单位担当和管理的技术，签订合同是非保险转移风险的有效方法。非保险风险转移的担当者不是保险人，而是合同的受让人。常见的非保险转移风险的方式有：

（1）转移风险源。从风险事故发生的原因分析，风险一般有两种情况：一是拥有的财产遭受损失；二是在从事生产或经营活动中，使他人的财产遭受损失或人员受到伤害。因此，转移风险源的所有权或管理权，就可以部分或全部地将损失转移给他人担当。

(2) 签订转移风险的合同。一般来说，在签订转移风险的合同时，一般有签订免除责任条款、签订转移责任条款和签订保证合同。签订免除责任条款是指合同一方运用合同履行中可能发生的对他人造成人身伤害和财产损失的责任转移给另一方担当，即运用合同中的条款来实现风险的转移。签订转移责任条款是指通过合同中的某些条款起到转移财产或人身损失风险的作用。签订保证合同是指保证人对被保证人因其行为不忠实或不履行某种规定的义务而导致权利人的损失予以赔偿的一种书面合同。

3. 风险控制

风险控制是对不愿意放弃也不愿转移的风险，通过降低其损失发生的可能性，降低其后果不利影响的损失程度来达到控制目的的各种控制技术和方法。相对于风险规避而言，风险控制措施是一种积极的风险处理手段。这类措施是对付无预警信息风险的主要应对措施之一。采取风险控制技术，通常需要做好以下两方面的工作：①风险预防，风险事故发生之前，消除引发风险事故的根源，可以减小致损事故发生的概率；②损失抑制，风险事故发生以后，采取事故控制措施，可以减轻损失的程度、控制损失。

从图 2-6 可以看出，风险预防是针对风险因素采取的积极预防措施，旨在消除引发风险事故的根源；而损失抑制是针对风险事故损失的应急性对策，是风险管理单位采取的临时性措施。但是，在引起损失事故的主要风险因素找到之前，为减少损失的扩大而采取的有关措施，并不能防止损失的再次发生，损失抑制并不能解决引发风险事故的直接原因。

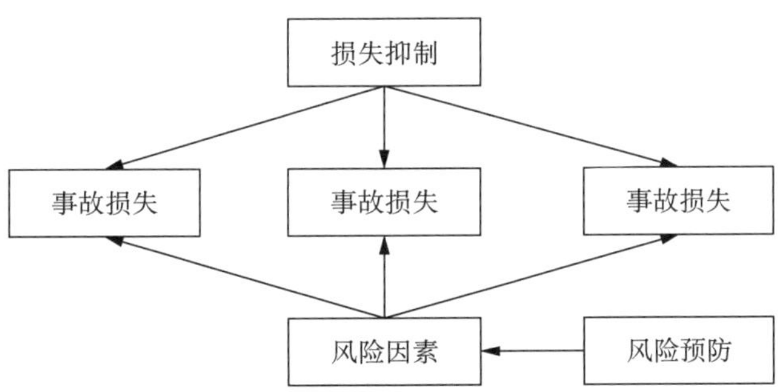

图 2-6 风险预防和损失抑制

风险控制与风险规避的共同之处是，二者都以处理风险单位为对象，都未采取转移风险的方法。二者的不同之处是：①风险控制是处理风险主体不愿放弃与不愿转移的风险，是风险管理者主动采取的风险管理技术；风险规避是风险管理者主动放弃或者中止风险。②风险控制的目的是积极改善风险单位的特性，使风险事故被控制在安全的界限内；风险规避是消极地放弃或中止风险。

4. 风险自留

有些风险管理单位预测到所面临的风险比较小，通过保险或者其他工具进行风险转移或风险规避的成本大于自己担当风险的成本时，将会考虑风险自留。风险自留是指风险管理单位自己承担风险事故造成的损失，是处理风险最普遍、最省事的风险规避方法。当采取其他风险规避方法的费用超过风险事件造成的损失数额时，可采取风险自留的方法。它既可以是被动的，又可以是主动的；既可以是无意识的，又可以是有意识的；既可以是无计划的，又可以是有计划的。

风险自留是在风险事故发生后处理其财务损失，而风险规避、转移、预防、抑制则是在风险事故发生前采取措施，以改变风险事件发生的可能性以及发生时引起损失的严重程度。风险自留适用的条件有：①与购买保险相比，当各类保险服务不是那么有效时，自我担当风险，所节省的附加保费是值得的；②公司需要的保险，在现有的保险市场中买不到；③风险程度远超过保险人愿意担当的额度；④为了应对保险人的规定和要求；⑤风险无从辨识时，只好担当可能的风险。

第二篇

管理篇

新时期城市建设风险防控需转变风险管理理念，以更为系统的视角看待风险，从以单个孤立事件为中心转向以风险管理体系为中心，重视风险管理主体建设。本篇为管理篇，先从城市建设参与方角度，论述了政府、建设单位、勘察单位、设计单位、施工单位与工程监理单位的风险防控工作，然后简要介绍了第三方风险管理机构，包括保险经纪、保险代理、保险公司和建设工程质量风险管理机构，阐明以主体为中心的风险防控要点。

3 城市建设参与方风险防控

人是城市发展的驱动力，人的行为也在很大程度上决定了城市的风险水平。城市建设是一个多层次问题，包括宏观层面的政府顶层设计和微观层面的项目建设，涉及的参与方包括政府、建设单位、勘察单位、设计单位、工程监理单位及施工单位（图 3-1），各个参与方的风险防控是城市建设风险防控的重要组成部分，对于保障城市安全意义重大。

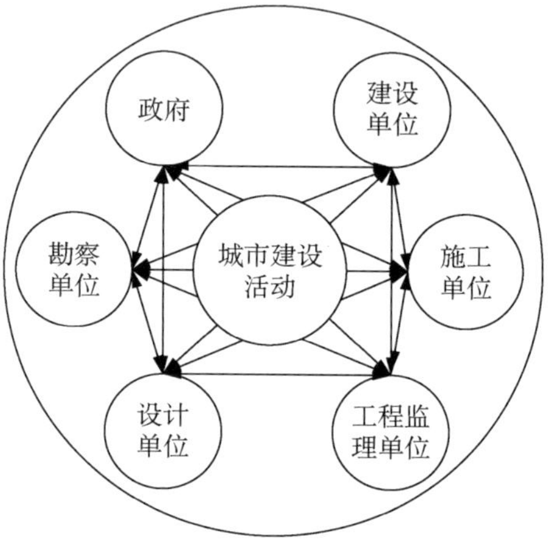

图 3-1 城市建设参与方

3.1 政府的风险防控

作为城市建设的主导力量，政府在基础设施建设、公共产品与服务提供等方面担负着重要责任与义务。完善的公共服务基础设施是一个国家（地区）社会经济活动正常进行、国民经济及各项事业稳步发展的物质基础条件，对推动和刺激地区经济发展起着重要作用。现代社会经济越发展，对交通、供水供电、环境保护、卫生事业等市政公用基础设施和公共生活服务设施的要求越高。传统的基础设施及公共服务供给多采用政府直接投资模式，在该模式下，政府主要承担了政策法律风险、决策失误风险、完工风险、公众反对风险等。

近年来，由于各类基础设施建设普遍具有高投资、高风险、技术复杂等特点，地方政府缺乏相关操作经验，加之各级政府财力不足，资金和效率成为制约基础设施供给的主要因素。为突破资金瓶颈，提高项目运作效率，满足建设需求，公私合营（Public-Private Partnership，PPP）投融资模式被地方政府广泛运用于各类基础设施项目的融资与建设。据统计，截至 2019 年 5 月，列入我国财政部政府和社会资本合作中心 PPP 项目库中的各类项目共计 9 000 个，总投资额达 13.6 万亿元。因此，厘清 PPP 模式下政府的风险防控机制十分迫切。

PPP 模式是指由政府发起、在政府公共部门与私营合作方之间针对特定新建公共项目所形成的长期性合作伙伴关系。作为基础设施及公共服务供给方面增长最快的一种融资方式，PPP 模式能够减轻政府财政压力、推进公共基础设施建设和提高投资管理效率。PPP 模式可以分为狭义 PPP 模式和广义 PPP 模式。狭义 PPP 模式可以理解为各种项目投资建设模式的总称，包含 BOT、TOT、DBFO 等模式，狭义 PPP 模式强调的是项目合作双方的风险分担机制以及项目的衡量值原则。广义 PPP 模式则聚焦于政府公共部门与私营合作方为提供某种公共产品或服务而建立的合作关系。

由于外部环境的不确定性，PPP 项目在特许经营期内可能会受到各类风险因素的影响，如果风险防控不当，很容易导致项目不能实现预期目标，甚至失败。项目失败一方面会影响城市建设的良性运行；另一方面会损害政府的公信力，引发政府信任危机。

3.1.1　政府职能分析

与普通建设项目相比，政府在 PPP 项目中的地位和作用都十分特殊。政府根据规划立项，在项目立项之初，主持招投标，监督招投标，促成或担保项目公司贷款融资。在项目建设、运行管理中主要起监督作用，同时也要协调推进项目。特许经营期结束后，政府自行运行和管理项目，确保项目的顺利移交和后续的运行。

在 PPP 模式中，政府注重的是如何有效促进公共服务和利用私营融资来缓解政府财政压力。建设基础设施的公共资金有限是政府邀请私营合作方参与资本密集项目建设及运营的主要原因。此外，政府还注重社会经济效益，诸如创造就业机会和提供更多社会服务，完成更多基础设施建设以及减轻其对经济发展的阻碍，或者避免因基础设施不足而造成的经济损失。通过 PPP 模式建设的公共事业基础设施建设项目，政府不是简单地将所有建设运营风险转嫁给私人投资者，而是通过参与各个环节的经营和管理，确保项目顺利，保证公共产品及公共服务的提供。政府职能如图 3-2 所示。

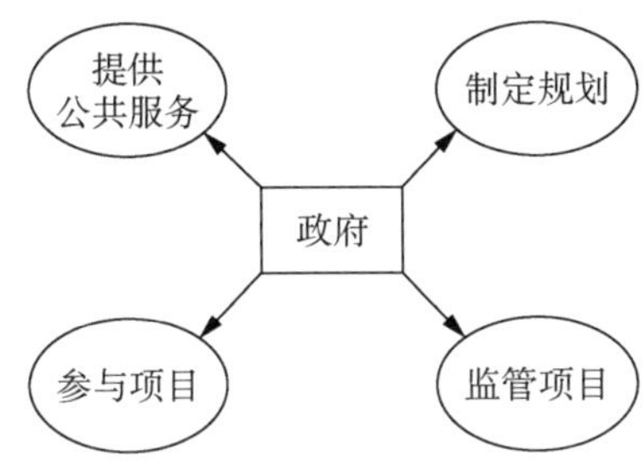

图 3-2　政府职能

1. 提供公共服务

公用事业项目建设，是经济社会发展的必然选择，也是为了满足公众需要。向公众提供更好的公共产品，是政府的本职工作。政府是公共服务的提供者，所有的制度安排都应该基于这个定位。这样即使在 PPP 项目中，政府各个阶段管理分工不同，重点工作不同，但行为都会以提供公共服务为中心，保障基础设施建设的顺利进行。

2. 制定规划

新公共管理理论主张将企业的先进技术和管理经验引入公共部门，打破政府部门的垄断地位，提高政府的运行效率和服务水平，实现公共产品和服务供给的市场化和公共利益最大化。在这种情况下，政府要在构建基础设施体系前，做好规划工作。这个规划中要包括需要形成一个怎样的公共产品或服务，政府和私营企业如何合作、如何分工、如何实施、如何运用，以及项目的投资回收方案等。因此，同样一项公共产品或服务项目，在不同的地区，标准都是不一样的。政府必须因地制宜给予相应的规划和设计，扮演好规划者的角色。

3. 参与项目

传统公共产品和服务的供给实施职责是由政府承担，而在与社会资本合作时，政府部门作为公共产品和服务项目的发起人，应从传统的建设者和管理者的角色中脱离出来。公共产品和服务的标准确定要和国家的经济社会发展程度、公众的需求以及政府财政能力相匹配。标准太高，政府财政无力承担；标准太低，又无法满足公众对基本公共服务的需求，可能导致公众不满，甚至失去公共产品或服务的意义。因此，政府需要对公共产品或服务的具体实施方案进行决策，确保社会投资人投资该公共产品或服务能获得合理的利益，引导社会投资者进行投资。

4. 监管项目

在政府进行了一系列比较择优，将公共服务的生产经营责任交给某个社会投资人后，政府要对公共产品或服务的生产过程是否符合合同要求进行监督管理。公共服务市场化并非一劳永逸的事情，并不是通过 PPP 模式这种市场化的途径来提供，公共产品或服务的供给成效就一定优于政府直接提供。社会投资人在生产公共产品和服务的过程中是否遵循了合同约定，使用的生产材料和技术是否能够满足质量要求，是否符合合同标准等，都需要政府部门进行密切监管。

3.1.2 政府风险识别与分析

政府的最终目的是通过保证 PPP 项目的顺利进行，进而保证公共产品和服务的有效供给。对于政府而言，承担的风险不仅仅包括项目本身的技术、合作、道德等风险，还包括由政治、经济、社会、法律等外部环境变化所产生的风险。从政府管理的角度出发，将政府在城市建设中承担的所有风险(包括与私人部门共同承担的几类风险)归纳起来，总结为法律风险、政治与政策风险、经济风险、管理技术风险、合作风险、社会风险、道德风险等几大类。

1. 法律风险

法律风险是指由于不完善的相关政策、法律法规及项目运营期间法律法规变动等原因给项目造成不确定因素。相关利益人众多、利益关系复杂是 PPP 项目重要的特点之一，其能否成功运行很大程度上取决于在法律体系中 PPP 项目有关制度与规范是否确立。因此，法律风险是影响 PPP 项目在我国私人投资社会基础设施和公共事业领域应用的重要因素。完善的法律体系将避免项目运行中的各种漏洞，降低政府信用风险及建设风险的发生概率，提高投资收益预测的准确性。

在一个 PPP 项目的运作过程中，不仅项目本身涉及诸多的法律法规条款，各参与方之间还通过合同、协议等形式形成了复杂的法律关系。任何一对法律关系的变动都可能影响整个项目。政府在 PPP 项目中所需要承担的法律风险大致可以分为两部分：

(1) PPP 项目依据的法律法规发生变化产生的建设风险。PPP 项目一般周期较长，有的项目周期甚至会长达20～50年。在项目周期中，有可能遇到法律法规变动，尤其是PPP项目涉及的法律法规种类多、内容多，更是增加了法律法规变更给项目带来的风险。这一部分风险原则上由政府承担，即在公私部门双方签订合同时，规定法律环境改变造成企业方损失时，政府对其进行一定补偿，补偿的方式可以是税收减免、服务收费上调等。但是如果私人部门对某类法律条款变更带来的风险更有应对能力，则应承担起相应的风险控制责任。

(2) 政府所涉及的法律关系发生变化所产生的建设风险。政府与私人部门的法律关系主要体现在双方签订的合同中，合同中应规定双方对于项目的权利和义务以及风险分摊机制。以政府名义签订的合同大致包括行政合同以及民事合同两大类。毫无疑问，当政府作为当事人一方签订某种合同，尤其是民事合同时，政府享有某些“特权”。这种特权的存在是基于“公共利益的实现”，政府享有这些特权是为了更好地维护公共利益免遭侵害，具体表现在行政合同中享有“优益权原则”。公私部门在法律关系上的“不平等”客观上要求政府应当对法律关系变动所造成的风险承担更多的责任。

2. 政治风险

政治风险描述的是可能会影响项目正常进展的政府行为，而政府的行为可以发生在中央政府、省级政府或是当地政府中的任何一级。政府在PPP项目中承担的政治风险主要有以下几方面：货币政策发生变动、重大突发事件、国内地区不稳定导致的社会动乱、政府腐败、政府干预、政府信用以及政府换届选举对项目产生的影响等。

3. 政策风险

在PPP项目中经常发生政策法规不连续、中央与地方政策不连续等情况，干扰着项目的顺利进行。政策风险是指项目在实施过程中，由于政府政策变化而导致项目盈利能力发生变化的可能性。政府是公共政策的制定主体，对政策风险具有最大的控制力。政策风险的科学性、连续性和公开透明性与政府官员的政策制定能力、项目管理经验等密切相关，将决定着政策风险的大小。

4. 经济风险

对于政府而言，经济风险是指因融资、资金调度、资金周转、利息、通货膨胀、贷款利率变动、外汇汇率变动、外汇自由兑换和汇出、资产评估等经济现象引起的风险。首先，国家宏观经济政策的调整对项目的融资与建设会产生很大的影响；其次，融资风险也是PPP项目中重要的经济风险，政府必须承担一部分风险。政府不是把项目风险全部转移给私人部门，而是本身也承担其中的部分风险，有利于提高投资者完成项目的信心，保证项目顺利实施。政府主要承担的融资风险包括因汇率波动、利率上涨、通货膨胀等因素导致实际投资额与约定投资额之间发生偏差所造成的影响。

5. 管理技术风险

PPP项目中，一般情况下，工程技术风险主要由工程的承建方，即私人部门承担。政府只需要对政府项目风险管理中所实施的管理技术承担相应的风险。PPP 项目融资模式涉及招投标、谈判、融资、监督等诸多过程，程序复杂，专业性强。政府作为项目的参与方和监管者，相应职能部门的管理人员对项目的认知度、专业人才的数量和质量是项目顺利实施的根本和保障。然而，由于 PPP 模式是一种较为新型的公私合作模式，专业管理人才的缺失直接影响到政府与其他项目参与方的合作。尤其是与专业中介公司谈判时，政府将处于信息劣势地位，可能造成风险分担不均，会影响到整个项目的风险管理过程。

6. 社会风险

社会风险是指由社会公众对项目本身以及由项目所产出的公共产品和服务的反应所产生的风险。公众对项目的态度会对项目的成败产生一定的影响。例如，在污水处理厂、垃圾焚烧发电厂等具有"邻避效应"的城市基础设施建设中，经常会遇到周边居民强烈反对的情形，如果处理不当，则项目将难以推进。PPP 模式广泛运用于公用基础设施项目建设中，涉及水、电、煤气、交通运输、环保等与社会生产生活息息相关的部门和行业。在 PPP 项目运行过程中，尤其是在环保和产品定价方面，应当适时召开听证会，听取社会公众的意见和建议，制订出合理的解决方案。政府在应对社会风险时既要充分发挥基层政府的作用，做好宣传动员工作，又要协调好政府、私人部门及公众的利益分配问题，平衡政府物有所值（Value for Money，VFM）、私人部门利润最大化及民众福利最大化目标之间的矛盾。

3.1.3 政府风险防控策略

随着 PPP 模式的广泛运用，必然会对地方政府的项目管理工作提出更高的要求。将风险管理作为其管理内容的重要组成部分是未来政府在 PPP 项目管理发展进程中的必然趋势。要加强和改进地方政府在 PPP 项目中的风险管理工作，主要应从目标、制度等方面入手，加强专业人员的培训等。

1. 将项目风险管理纳入到项目的前期规划

PPP 项目风险的管理活动贯穿于整个项目的始终，是一个动态的管理过程，管理的内容随着项目运作的推进而不断变化。面对复杂的管理活动，将风险管理作为项目前期规划的一部分，对其进行详细和明确的计划，是整个项目风险管理有效实施的基础。在项目规划中，应当对项目风险管理的重要性进行说明，明确项目风险管理所要达到的目标和实施的步骤。

2. 建立和健全 PPP 项目的法律法规体系

PPP 项目对私人部门的吸引力在于政府政策法律的稳定性、透明度、担保安排、相应的税收及其他费用和预期的投资回报率等。PPP 模式的法律架构问题涉及 PPP 模式运作的多个方面，触及包括金融、公司、行政、工程等多个领域。完善的制度环境是合作关系得以持续的重要保证，PPP 模式只有在成熟且完善的立法架构中才能发挥重要作用。

建立健全PPP项目的法律法规体系，应当从以下几个方面入手：

(1) 从宏观层面来说，完善PPP模式运作的法律法规和制度环境是保证公私双方形成良好合作关系的基础，同时能够从立法层面降低项目的法律风险。

(2) PPP模式作为一种合同式的投资方式，涉及担保、税收、外汇、合同、特许权等诸多方面，内容复杂，文件繁多。政府作为PPP项目规则的制定者，应该从"源头"尽量降低法律纠纷的风险。这要求政府在制定地方性法规时，尽量保证法规的科学性、合理性、前瞻性和可操作性。

3. 建立结构明晰的政府风险管理机制

地方政府在对项目风险进行管理时，要顺利地实现项目风险管理的目标，确保项目圆满完成，必须要有结构明晰的项目风险管理机制来落实项目风险管理目标，具体包括：

(1) 明确各级政府在项目风险管理中的职责和功能。政府职能主要分为宏观和微观两大方面。宏观职能是指国家或者省级政府为PPP项目的实施所发挥的作用，主要包括降低政治风险、完善法律法规、推广PPP融资模式和培养专门的项目风险管理人才。微观职能是指省级或者地方政府为PPP项目的具体实践和操作所承担的责任，主要包括提供支持、进行合作与监督。

(2) 建立权责明晰的地方政府项目风险管理体制。首先要建立自上而下的项目风险管理决策机制，其次要设立项目风险管理专员，再次要按照"权责匹配"的原则将项目风险管理分配给相应的各职能部门，最后要充分发挥中介组织和专业机构在风险管理中的作用。

4. 培养专业化项目风险管理人才

PPP模式涉及招投标、谈判、融资等诸多过程，程序复杂，专业性强，高质量的专业人才储备是项目顺利建设和实施的根本和保障。政府作为项目的参与者与管理者，对政府项目风险管理人员的要求是双重的，既要满足项目管理本身的需求，也要符合政府管理的其他要求。专业人才必须具备以下素质：

(1) 熟悉和掌握国家关于项目的各项法律法规及方针政策。

(2) 熟悉PPP模式的工作流程，并具有相关工作经验。

(3) 熟练应对政务活动中所包含的各类风险，掌握先进的风险管理手段和方法，能够解读风险分析的相关资料和内容。

(4) 具备较强的沟通协调能力。

(5) 具备法律、经济、管理等方面的综合素质。

(6) 具有较强的谈判能力和决策能力。

(7) 作为政府工作人员，应当具备的职业道德，做到勤政廉洁，奉公守法。

5. 加强政府项目风险管理的文化建设

在PPP项目开展过程中，总结经验发现，有时缺乏的不仅仅是技术和方法，还有风险管理理念。政府风险管理的可持续发展，要求政府培育风险管理的文化，用风险文化营造政府风险管理的良性环境。建设政府项目风险管理文化的具体措施有以下几个方面：

（1）积极倡导学习型和弹性化的风险管理文化。

（2）积极争取政府高层领导对项目风险管理的理解与重视。

（3）加强宣传，提高社会公众对项目风险的防范意识等。

3.2 建设单位的风险防控

城市建设由各个项目组成，在项目层面，建设单位引领项目的推进，是项目实施的“发动机”。建设单位的风险防控是项目风险防控的核心，是项目成败的关键。作为项目管理的范畴之一，风险防控主要致力于更好地实现项目目标，进而促进城市安全、健康发展。

3.2.1 建设单位风险识别与分析

建设单位作为建设项目的发起者，在整个项目建设生命中发挥着重要作用，是联系项目建设各参与方的核心纽带。工程建设项目建设周期长，涉及各种风险因素，建设单位在与各方沟通合作过程中，需要正确识别各类风险因素，采取有效的风险管理措施，确保建设项目目标顺利实现。

1. 开发决策阶段

（1）城市规划方案发生变动。城市规划是百年大计，城市建设项目的选址与定位要与城市规划相契合，城市规划方案的稳定与否决定了城市建设项目使用寿命的长短。相对稳定的城市规划方案能有效预防建设项目因城市规划方案变动而引起的拆除，避免不必要的经济损失。

（2）政策变动。对于不同的建设项目，国家的支持力度不同，一座城市的功能定位，影响着这座城市的产业结构。在发展的不同阶段，城市的产业结构会不断调整优化，不同类型建设项目的支持政策也会发生变化。若支持类政策发生变动，将直接影响建设项目的可行性。

2. 设计阶段

设计阶段是建设项目成本控制的关键阶段。只有充分认识设计阶段的各类风险，才能对建设项目进行科学合理的设计，优化建设项目结构部署，以实现在源头上控制项目的建设成本，提高项目的经济效益。

（1）勘察资料与实际情况有出入。勘察资料是建设项目设计的重要依据。实地勘察是为项目设计收集一手资料，提供实证参考，避免因为勘察缺失不足引起的设计方案错误。在勘察过程中，由于勘察人员的失误或受限于技术设备条件造成勘察不全面，地质资料不详尽，会给后续的设计、施工带来潜在风险。

（2）设计单位资质不足。设计单位不具备相应资质，缺乏相应规模等级建筑项目的设计经验,设计单位内部管理、沟通协调存在问题,对建设单位的项目要求理解不到位,在设计过程中存在设计错误、设计遗漏、细节冲突和结构缺失,影响招投标阶段,给施工阶段留下了工程变更隐患。

(3) 设计单位对建设项目设计缺乏长远考虑。现阶段城市开发朝立体化发展,高层建筑与地下工程层出不穷。以地铁项目为例,地铁在规划建设过程中,若规划路线上遇见高层建筑桩基础,将不得已进行线路变更。若在项目设计时,充分考虑城市发展规划,选用合理的结构,为未来的地下空间利用留有余地,能有效避免不必要的经济损失。

3. 建设阶段

建设阶段是整个项目落地实施的过程,也是整个建设项目生命周期中,风险最多、事故频发的阶段。在开发决策阶段、设计阶段遗留的风险隐患,在此阶段逐渐显露,给建设单位造成经济损失。因此,正确识别建设阶段的各个风险,采取有效的风险管控措施,实时保障建设项目目标实现十分重要。

(1) 合同风险。合同作为有法律效力的协议,明确了合同双方的权利和义务。不同的计价合同模式,建设单位承担的风险不同,根据建设项目特点,采用合理的合同模式,明确双方权责,既能有效转移部分建设单位风险,又能有效避免纠纷出现时不必要的麻烦。

(2) 施工单位资质不足与技术风险。施工单位资质不足,缺乏管理经验,在协调施工各参与方之间存在问题,导致各施工队进场之间、材料设备进场之间存在冲突,导致工期延误等;实际施工能力不足以完成投标文件中的技术方案,投标文件中的技术方案未落实,采用其他技术方案给项目的质量安全带来隐患;未按标准施工,非法分包,施工人员素质存在较大差异,安全文明施工不到位,存在违规操作、偷工减料等所造成的质量风险和安全隐患。

(3) 自然灾害风险。因恶劣天气或者地质灾害导致的建设项目工期延后或工程财产损失,非人力所能预测。

4. 竣工验收阶段

竣工验收阶段是整个建设项目完工到交付使用的过渡阶段,是整个项目生命周期的重要时间节点。项目能否如期竣工,影响着建设单位能否按计划将建设项目投入生产运营。若竣工验收不合格造成返工,导致建设项目投入使用预期推迟,影响收益。

3.2.2 建设单位的风险防控策略

建设单位的常用风险应对方式包括风险规避、风险转移、风险控制和风险自留。其中,风险转移中的保险转移是最重要的风险转嫁方式,它是指通过购买保险的办法将风险转移给保险公司或保险机构。在建筑工程及城市建设领域,投保建筑工程一切险最广泛。

建筑工程一切险是指承保施工过程中工地范围内因自然灾害或意外事故导致物质损失及第三者责任的综合性保险,涵盖了财产保险及巨灾保险的范畴。建筑工程一切险属于财产险,应由财产的所有权人进行投保,对于建筑工程来说,即由建设单位进行投保。《建设工程施工合同(示范文本)》(GF—2017—0201)对此也作出了规定:发包人应投保建筑工程一切险或安装工程一切险;发包人委托承包人投保的,因投保产生的保险费和其他相关费用由发包人承担。建设单位通过投保建筑工程一切险能有效降低由作业过程中遇到的风险所导致的财产损失,而保险公司则能利用其丰富的数据资源及过往事故经验,结合完备的专业人才库为被保险标的提供一系列风险管理建议,从而帮助建设单位更好地进行风险防控。

3.2.3 工程总承包模式下建设单位的风险防控

工程总承包模式(Engineering-Procurement-Construction, EPC)作为国际通行的建设项目组织实施方式,目前已被作为深化建设项目组织实施方式改革的重要抓手,它因具备集成度高、风险可控的优势,在我国建筑市场上逐渐获得了越来越多的认可。但总的来说,EPC 模式在我国的发展尚处于初级阶段,为了充分发挥 EPC 模式的优势,首先需要探讨该模式下的风险防控策略。

EPC 总承包模式下建设单位将工程的设计、采购、施工等任务一揽子全部交付给一个具备相应的总承包资质条件和能力的总承包单位,即将工程项目质量管理的大部分控制权交给了总承包单位,同时也将大部分风险转嫁给了总承包单位。因此,一旦工程质量出现问题,总承包单位要承担相应的风险责任,若工程质量出现不可补救的问题时,按照合同约定,建设单位可拒收工程,并且可向总承包单位进行反索赔。但是,由于总承包项目投资巨大,有些风险总承包单位无力承担,加上国内建设市场风险保险、担保等制度并不完善,最终工程质量的风险依然会回流至建设单位。

就建设单位而言,这种现象不仅造成了极大的损失,而且没有实现总承包模式下承担较小工程质量风险的优势。因此,为了预防这一现象的发生,在 EPC 模式下建设单位必须对项目工程质量进行管控。然而,矛盾的是,一旦建设单位管控太细,虽然会防止严重的质量事故出现,但会给总承包单位造成干扰,与之产生纠纷;如果管控粗略,又达不到保证质量的目的。因此,出现了建设单位工程质量管控的困境。为了破解这一困境,以 EPC 总承包合同条款作为切入点,将国内总承包合同文本与 FIDIC 银皮书中建设单位在质量管控方面的权利义务进行对比,根据对比结果对建设单位质量控制模式进行分析,从而为建设单位在不同的条件下选择不同的质量控制模式提供借鉴。

1. EPC 总承包模式下建设单位质量控制的权利与义务

要分析建设单位质量控制模式,首先需要对建设单位的权利进行分析。关于总承包模式下建设单位权利的问题,已有学者对其进行了研究,主要集中在国内和国外 EPC 总承包模式下的建设单位权利的对比。研究结果显示,相较于国外总承包模式下的建设单位:首先,国内总承包模式下的建设单位不愿意放弃部分管理权,例如选择分包单位的权利;其次,国内建设单位与总承包单位权利不对等更加明显,例如单方履约保证、建设单位有权随时终止合同等;最后,国内外 EPC 总承包合同实施环境存在较大差距。已有研究表明,鲜有学者对建设单位在质量管控方面的权利进行分析。

国际咨询工程师联合会发布的《设计采购施工(EPC)/交钥匙工程合同条件》(以下简称FIDIC银皮书)是目前国际上最权威的EPC总承包合同范本,因此,将FIDIC银皮书与国内《建设项目工程总承包合同示范文本(试行)》(以下简称示范文本)中建设单位的质量控制条款进行比较,从而分析国内总承包模式下建设单位在质量控制方面的权利与义务。由于EPC总承包模式包含设计、采购、施工三个阶段,因此对这三个阶段分别进行对比。

1) 设计阶段的条款对比

(1) 合同条款框架对比。FIDIC银皮书中关于设计管理的条款共8方面,示范文本中关于设计管理的条款共5条13款。以其中的质量责任为视角对二者的条款进行对比,归纳如表3-1所示。

表3-1　设计阶段质量条款对比

比较项目	FIDIC银皮书	示范文本	备注
基础资料的准确性	5.1	5.2.1	二者责任不同
技术标准	5.4	5.2.3	二者责任相同
设计错误	5.8	5.3	二者责任相同

通过对以上条款进行梳理分析发现,相同之处是总承包单位若没有按照相关技术标准和法律法规进行设计从而导致质量问题,或者是设计文件中出现错误、遗漏等都应由总承包单位自身承担;而不同之处则是基础资料的准确性由不同的人来负责。

(2) 基础资料的准确性。国外EPC总承包项目基础资料的准确性由总承包单位负责,国内EPC总承包项目基础资料的准确性由建设单位负责。FIDIC银皮书规定,建设单位提供的项目基础资料(不可变的部分除外)、现场障碍资料包括地质、水文、地理环境和气象资料等,都仅供总承包单位参考,由总承包单位负责核实并对其准确性负责。由此可见,在FIDIC银皮书条件下,总承包单位完全承担了基础资料准确性的风险。而示范文本规定,发包人应按照合同约定、法律或者行业规定,向总承包单位提供设计所需要的项目基础资料和现场障碍资料,并对其真实性、准确性、齐全性和及时性负责。由此可见,很多项目模仿国际工程实行了工程总承包制,但是并没有对FIDIC银皮书的合同条件照抄照搬,而是结合我国工程项目的特点进行了适当的修改,使风险分担更加合理,以便顺利地开展总承包项目。

在基础资料准确性由谁负责这个条款上,二者差别较大的原因在于,FIDIC银皮书产生于西方国家的判例法,而示范文本则是在成文法体系下产生的,必须与我国的《合同法》和《建筑法》等上位法衔接。根据《合同法》第285条规定:“因发包人变更计划、提供的资料不准确,或者未按照期限提供必需的勘察、设计工作条件而造成勘察、设计的返工、停工或者修改设计,发包人应当按照勘察人、设计人实际消耗的工作量增付费用。”由此可见,示范文本与《合同法》条款内容相衔接。此外,这与《建筑法》规定也相呼应,即建设单位应当向总承包单位提供与施工现场相关的地下管线资料,建筑施工企业应当采取措施加以保护。

2）采购阶段的条款对比

（1）合同条款框架对比。在EPC总承包模式下，采购阶段的主要工作是材料、设备、备件、其他消耗品的采购及检查和供应商、分包单位的选择。因此，从质量管控角度出发对两个合同中关于这几个方面的条款进行对比，归纳如表3-2所示。

表3-2　　采购阶段质量条款对比框架

比较项目	FIDIC银皮书	示范文本
工程物资的提供	有(4.20)	有(6.1.1)
供应商的选择	无	有(6.1.3)
分包商的选择	有(4.4)，不详细	有(3.8)，详细
材料和设备的检验	有(7.3)，不详细	有(6.2)，详细

通过上述条款对比可知，在工程物资的提供方面，两者是相同的，即建设单位也可以提供相应的工程物资，但建设单位需要对自身提供的工程物资的质量负责；在供应商、分包单位的选择以及材料、设备的检验方面有所区别。由此可见，在示范文本中，建设单位在采购阶段质量方面的管理更加宽泛和细致。

（2）供应商的选择。在FIDIC银皮书中，没有关于总承包单位对材料或设备供应商选择的相关条款。而在示范文本中规定，总承包单位应通过竞争性方式选择材料或设备的供应商，除非某种材料或设备只有唯一厂家，否则建设单位和总承包单位都不得指定相应的供应商。由此可见，在材料设备供应商的选择上，国内总承包项目相较于国外项目更加严格，对质量的控制更加严格。

（3）分包单位的选择。在分包单位资质要求上，二者不同。FIDIC银皮书规定，总承包单位不得将整个工程分包出去，且对分包单位的行为或违约负责。但是，对分包单位没有作出具体要求。相比之下，我国的总承包示范文本中则对分包单位的主体要求有严格规定。根据示范文本，不仅要求总承包单位不能将整个工程分包出去和对分包单位的工作负连带责，而且明确规定了分包单位应该符合法律规定的企业资质等级。这与我国的《合同法》和《建筑法》等上位法也是衔接的。《合同法》规定，禁止承包人将工程分包给不具备相应资质条件的单位。《建筑法》中有两项条款对分包单位资质等级也作了严格限定。

在建设单位是否有权干涉分包单位的选择上，二者也不同。FIDIC银皮书明确规定总承包单位有权自行雇用分包单位，当专用条款有规定时，总承包单位也只是有义务将拟选择的分包单位的名单及详细资料在规定时间内呈报给建设单位。而《建筑法》规定，除总承包合同约定的分包单位外，其他的分包单位必须经建设单位的认可。二者对比可以看出，国内建设单位对于分包单位选择的管控更加严格，这样有利于在源头进行质量控制。

在分包范围上，二者也不同。FIDIC银皮书规定，总承包单位不得将整个工程分包出去，即可以将设计、采购或者施工中的一部分工作分包出去。而根据住建部颁布的《关于进一步推进工程总承包发展的若干意见》第十条规定，工程总承包企业自行实施设计的，不得将工程总承包项目工程主体部分的设计业务分包给其他单位；工程总承包企业自行施工的，不得将工程总承包项目工程主体结构的施工业务分包给其他单位。

(4) 材料和设备的检验。在材料和设备的检查权利上，二者是相同的。根据 FIDIC 银皮书和示范文本的规定，建设单位有权对工程设备、材料、部件和备品备件等工程物资进行检查、检验、监测和试验，此类活动并不能解除总承包单位对其提供工程物资的质量负责的义务。此外，对需要覆盖和包装的工程物资需要经建设单位检验后方可执行，否则建设单位有权要求总承包单位除去覆盖物，由此造成的费用损失由总承包单位自行承担。

但是，相较之下，示范文本的规定更全面、详细。建设单位若缺席了总承包单位约定的参检时间，总承包单位可自行组织检查，其结果应认为是真实的。同时，建设单位也有权要求总承包单位除去覆盖物进行检查，若工程物资经质检合格，所发生的费用由建设单位承担，造成工程关键路径延误的，竣工日期也相应顺延；反之，则由总承包单位自身承担。由此可见，国内示范文本中对工程质量方面设置了更为详细的条款内容，从而督促建设单位增强对合同中这些权利的重视。

3) 施工阶段的条款对比

施工阶段是形成工程项目实体的过程，是对设计和采购阶段的工作成功与否的检验，也是形成最终产品质量的重要阶段。施工阶段的质量控制主要体现在施工技术方法的保证、工程质量的检验以及隐蔽工程的验收等方面。因此，对两个合同中关于这几个方面的条款进行对比，归纳如表 3-3 所示。

表 3-3　施工阶段质量条款对比框架

比较项目	FIDIC 银皮书	示范文本
人力和机具资源	无	有(7.4)
施工技术方法	无	有(7.3)
质量与检验	无	有(7.5)
隐蔽工程的验收	无	有(7.6)

通过上述条款对比可知，在施工阶段，FIDIC 银皮书和国内示范合同文本有很大的区别。国外以 FIDIC 银皮书为示范合同文本的工程总承包项目，在施工阶段，建设单位通常不介入总承包单位的具体工作。而在国内总承包项目中，建设单位对工程项目施工阶段的质量控制仍然比较严格，对施工阶段对工程质量影响较大的五个因素(4M1E)都设置了相应的控制条款。

2. 基于合同范本对比的建设单位质量控制模式分析

(1) 质量控制权配置。根据上述合同条款对比可知，建设单位可以初步判断其适合拥有项目质量控制权的范围，据此将项目质量控制权在建设单位与总承包单位之间进行明确划分，以保证总承包单位可以充分发挥其能力，其控制权配置如表 3-4 所示。

表 3-4　　　　项目质量控制权配置

项目控制权配置指标		FIDIC 银皮书	示范文本
设计阶段	设计原则及标准的制定权	无	无
	设计文件的审核权	无	无
采购阶段	工程物资的供应权	无	无
	工程物资质量的检查权	无	无
	分包商的选择权	有	无
竣工阶段	建设过程的管理权	有	无
	建设各方的协调管理权	有	有
	竣工验收权	无	无

注：表中“有”表示该资料涉及该项控制权分配，反之则为“无”。

（2）风险分担匹配。项目所有权的配置与项目风险分担方式和收益分配方式是三位一体的关系，即“权、责、利”是内在统一的关系。因此，应充分考虑项目所有权配置下风险分担中权、责、利的统一。根据表 3-4 中建设单位与总承包单位之间所配置的项目质量控制权的大小来分配双方应承担的风险，具体如表 3-5 所示。

表 3-5　　　　质量控制中的风险分担

风险来源	风险因素名称	FIDIC 银皮书	示范文本
项目勘察设计风险	现场基础资料的不完整、不正确	有	无
	设计文件的错误	有	有
采购阶段	设备、材料质量不合格	有	有
竣工阶段	各专业协调不利	有	有
	工程质量事故及风险责任	有	有
	监理工作失误	—	无

注：表中“有”表示该资料涉及该项控制权分配，反之则为“无”。

（3）质量风险管控模式分类。通过上述总承包项目质量控制权的配置和承担相应风险的分析，根据建设单位所拥有项目质量控制权的大小，可将质量风险管控模式归纳为两种，各自特点见图 3-3。

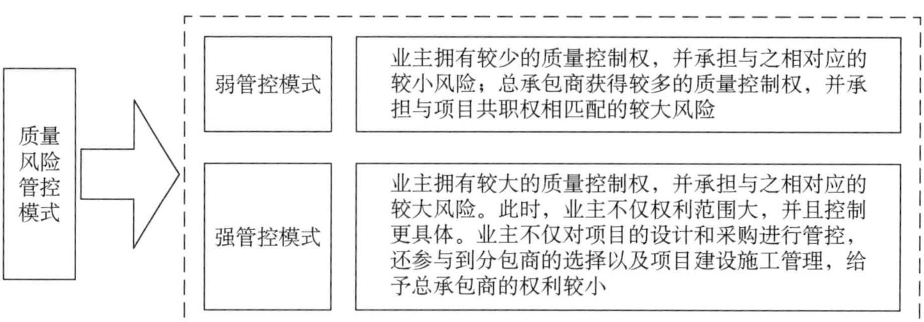

图 3-3　不同质量风险管控模式的特点

3. EPC 项目质量管控模式选择的影响因素分析

（1）项目类型。项目类型是决定建设单位采取何种管控模式的重要因素。当项目的最终产品能够用某一具体指标来衡量其功能时，适宜采用弱管控模式，反之则适宜采用强管控模式。例如，当项目为工厂、发电厂、石油开发项目以及大型基础设施项目时，适宜采用弱管控模式。这类项目有个明显特点，即可以用某一指标来衡量其功能，工厂项目可以用产量衡量，发电厂可以用发电量衡量，石油开发项目可以用石油开采量衡量。因此，建设单位可以采用弱管控模式，最终验收产品的生产水平即可。这类项目的建设单位一般要求：合同价格和工期具有高度的确定性，因为固定不变的价格和工期对建设单位来说至关重要；总承包单位始终需要全面负责设计、采购和施工，建设单位很少参与到项目的具体执行过程中。

当项目为房屋建筑工程时，这类项目无法用某一具体指标来衡量其功能，适宜采用强管控模式。在房屋建筑工程项目中，最终功能很难定义，建设单位所关心的也不仅仅是最终能承载多少人，有多大建筑面积之类的内容，还包括建筑的外观，装修的工艺，材料、设备的品牌等。对于这些要求的实现，就要做到过程中的控制，图纸的审核、材料的选择、施工工艺的监控往往在所难免。因此，此类无法强调产品最终功能的项目，只能控制其生产过程，故建设单位应加强对总承包单位实施过程的监控，采用强管控模式。

（2）项目融资情况。项目的融资情况也是影响建设单位采取何种管控模式的重要因素。当项目为融资项目时适宜采用弱管控模式，当项目为非融资项目时适宜采用强管控模式。根据 FIDIC 银皮书序言中的描述，“拟定这一合同格式，目的不仅要适用于 BOT 项目或类似投资模式下的设计采购施工（EPC）合同”。出于人的本性和固有习惯，建设单位很难做到将项目的管理工作全部移交给总承包单位，而相比于非融资项目，在融资模式下总承包单位同时又是建设单位中的一员，总承包单位的话语权更大，容易推进 EPC 模式的实施。

（3）地下隐蔽工程情况。地下隐蔽工程情况也是影响建设单位采取何种管控模式的重要因素。当项目地下隐蔽工程较多时适宜采用强管控模式，反之则适宜采用弱管控模式。首先，根据 FIDIC 银皮书序言中规定，“如果建设工程内容涉及相当数量的地下工程，或投标人未能调查的区域内的工程不适用于《设计采购施工（EPC）/交钥匙工程合同》”，FIDIC 银皮书的合同条件属于弱管控模式，因此，当地下隐蔽工程数量较多时，则适合采用强管控模式。其次，工程所包含的地下隐蔽工程太多，会使总承包单位无法判定具体的工作，无法给出比较准确的工程项目报价单，在项目实施过程中容易造成大量的变更，因此需要建设单位加强对地下隐蔽工程的管理，并且在计价方式上做特殊处理，例如深圳市住房和建设局关于印发《EPC 工程总承包招标工作指导规则（试行）》中规定，“地下工程不纳入总价包干范围，而是采用模拟工程量的单价合同，按实计量”。

4. 建设单位质量控制要点分析

（1）弱管控模式下的建设单位质量控制要点分析。建设单位在整个设计阶段管理中的首要工作就是给总承包单位提出设计要求，包括项目总体目标、项目建设条件、详细的项目定义和功能需求等。因此，建设单位在设计阶段的质量控制应主要体现在对总承包单位设计接口与界面管理的监督和对设计图纸的验收上。建设单位设计负责人与 EPC 总承包单位的设计负责人一起协调好设计专业之间、设计与供货商之间、设计与施工之间的接口管理，提升设计方案的可施工性，从而减少设计变更，最终缩短工程建设周期，发挥总承包模式的优势。

图纸的验收首先是初步设计图纸验收，其重点是所采用的技术方案是否符合总体方案的要求，能否达到项目总体目标，是否满足建设单位功能需求；其次是技术设计图纸验收审核，技术设计是初步设计技术方案的具体化，审查重点是各专业设计是否符合预定的质量标准和要求；最后是施工图设计验收审查，施工图是对设备、设施、建筑物、管线等工程对象的尺寸、布置、选材、构造、相互关系、施工及安装质量要求的详细图纸和说明，是指导施工的直接依据，也是设计阶段质量控制的重点。

在采购阶段的质量控制应主要体现在监督总承包单位选择一个合适的材料设备供应商和对供应商提供的材料设备进行进场验收。建设单位应监督总承包单位编制相应供应商选择方案，重点依据供应商编制的供应方案以及初步计划是否能够满足总承包单位的设计要求，从而进行供应商的选择，这样更好地衔接设计与采购的接口，有利于采购顺利进行。进场材料的验收，建设单位可以组织相关技术人员，也可以委托第三方进行质量检查，确保进入现场的材料设备全部合格，确保用于工程的材料设备符合相应的标准规范。

在弱管控模式下，建设单位的质量管控主要体现在设计和采购方面，因此，在施工阶段的质量控制应主要体现在最终产品的质量验收上。

（2）强管控模式下的建设单位质量控制要点分析。强管控模式下建设单位拥有更多质量管理权力，因此在弱管控模式的基础上，管理更加宽泛和细致。在设计阶段不仅需要对总承包单位设计接口与界面管理进行监督和对设计图纸进行验收，还需要检查各类设计成果文件是否符合有关工程建设及质量管理的法律和法规，若对同一问题的规定和标准不一致，总承包单位则应按照最严格的规定和标准执行。另外，还需要监督总承包单位在规定时间内核实基础资料以确保其准确性。因为基础资料是设计工作的基础，并且示范文本中明确规定基础资料的准确性由建设单位负责，所以建设单位更应该监督总承包单位对其进行核实。

在采购阶段，相较于弱管控模式，强管控模式下的管理会更加细致。根据上述合同条款对比，在强管控模式下，建设单位对供应商和分包单位的选择更具有话语权。因此，建设单位需要对总承包单位选择的分包单位的资质和分包范围内的工作进行监督。

施工阶段是强管控模式的主要体现，建设单位不仅仅要验收最终产品，并且在施工过程中也需要进行监督。因此，建设单位需监督总承包单位在关键工序及隐蔽工程等关键节点、部位的施工质量，派遣专业人员负责现场的质量管理工作。建设单位代表需进行施工巡查，并督促监理正确全面地行使好工程质量的监督审查权，现场巡查、旁站检查、平行检测到位。从而实现建设施工质量全过程、全视角管控。

3.3 勘察单位的风险防控

工程勘察是指为满足建设工程的规划、设计、施工、运营及综合治理等的需要，对地形、地质及水文等状况进行测绘、勘探测试，并提供相应成果和资料的活动。实施勘察过程中遇到的工程内部、外部及组织、技术等各个维度的风险因素无疑将影响勘察活动的进度、质量和安全等，作为工程勘察的实施主体，有必要对勘察单位的风险防控进行探索。

3.3.1 勘察单位的风险识别

按照工程勘察活动的目标，勘察单位的风险可以归结为进度、技术、成本、安全与管理 5 个方面，各方面可进一步细分具体的风险因素。

(1) 进度风险。包括临时变更施工计划、组织不当效率低、制订进度计划及监督、施工手续不齐全等风险因素。

(2) 技术风险。包括人员综合素质、勘察工艺及检验方法、勘察机械及设备、成果内部审查、法律规范变更、施工环境等风险因素。

(3) 安全风险。包括安全生产规章制度落实不充分、安全管理组织不完善、安全生产费用投入不足等风险因素。

(4) 成本风险。包括工程变更引起成本增加、不确定因素引起投标费用增加等风险因素。

(5) 管理风险。包括决策失误、风险监控不当、沟通信息障碍等风险因素。

对勘察单位的风险因素进行结构化，如表 3-6 所示。

表 3-6　勘察单位的风险因素

一级风险	二级风险
进度风险	临时变更施工计划风险
	组织不当效率低风险
	制订进度计划及监督风险
	施工手续不齐全风险
技术风险	人员综合素质风险
	勘察工艺及检验方法风险
	勘察机械及设备风险
	成果内部审查风险
	法律、规范变更风险
	施工环境风险

（续表）

一级风险	二级风险
安全风险	安全生产规章制度落实不充分风险
	安全管理组织不完善风险
	安全生产费用投入不足风险
成本风险	工程变更引起成本增加风险
	不确定因素引起投标费用增加
管理风险	决策失误风险
	风险监控不当
	沟通信息障碍风险

3.3.2 勘察单位的风险应对措施

1. 进度风险应对措施

勘察单位应科学与合理地安排工程进度计划，统筹勘察过程中的各个方面，从整体对勘察工作进行安排，对关键节点应加强施工措施保证工期，坚决避免因前松后紧而导致的工期不合理现象发生。针对具体情况采取应对措施。

(1) 临时变更施工计划风险。项目在进行过程中应减少临时变更，勘察单位在制订进度计划时必须符合勘察工作的流程，满足科学合理的要求，计划一旦批准通过应坚决执行，特别是重大关键节点应保证按时完成，尽量减少更改进度。

(2) 组织不当效率低风险。勘察单位应科学组织施工提高工作效率，项目启动之前应组建高水平的专业技术组，请勘察大师成立顾问组，合理安排人员结构，按照国家标准施工，保证施工质量，提高施工效率。

(3) 制订进度计划及监督风险。勘察单位首先应对工程进度计划的科学性进行论证，一旦确定应按照计划执行，避免后期由于对工期的要求而出现抢进度的现象发生。同时对于进度计划的执行情况，要定期检查形成动态考核，若出现工程延期现象，应及时查明原因并制订挽救方案，适当调整当周或当月的进度计划。

(4) 施工手续不齐全风险。勘察单位应和建设单位一起办理各项施工手续，确保不会因为手续不全而无法按期开工，避免后期为了抢进度而影响勘察结论。

2. 技术风险应对措施

技术是勘察单位的生命，是企业的口碑与品牌，在实施勘察过程中勘察单位应严把勘察技术关，规范勘察流程，监督与审查相结合，针对技术风险可采取以下应对措施。

(1) 人员综合素质风险。勘察单位应提高人员的专业技术水平和综合素质。勘察工作具有高专业性、强综合性的特点，需要专业技术和复合型人才，不仅要具备专业的技术和管理素质，还需要具备基本的法律与经济知识。对新入职的员工进行必要的入职培训，使其尽快了解单位的管理理念和工作流程，尽早了解勘察项目中常见风险和常规防范措施。对于具有一定工作经验的老员工，应为他们提供考察学习的机会，提升人员的综合素质，帮助他们了解行业内其他单位的先进工作理念和专业思维方式，掌握先进的勘察管理体系与行业技术发展的新动态。总之，勘察人员应与时俱进、勇于创新，不断总结工作经验，提升专业技术水平，防范技术风险的发生。

(2) 勘察工艺及检验方法风险。勘察施工过程应严格执行国家工艺标准及检验方法，勘察从业人员应注重自身专业技能及整体素质的提升，及时学习行业内先进的施工技术，确保勘察项目质量。

(3) 勘察机械及设备因素风险。勘察单位为保证项目的顺利实施应投入充足人力、物力、财力。在项目开始前，通过与同类项目对比以及过往的工作经验，应对项目的投入有可靠的预算并适当留有余地。此外，需要专业的检测设备加强对勘察过程的监管。通过对工程不定时的抽查，保证项目质量。

(3) 成果内部审查风险。强化工程勘察施工过程审查制度，严格保证勘察施工质量。在建设单位将勘察成果送往第三方审查机构审查之前，勘察单位应在内部完成内部审查，内部审查应实行三级审查制度(审定、审核、校对)，对于内审不合格的勘察方案，必须严格根据审查意见修改完善，三级审定合格之后方可提供给建设单位。

(4) 法律、规范变更风险。勘察单位技术人员应不断更新自己的知识库，当行业规范、国家法律及地方法规进行补充与修订时，及时学习并执行，保证勘察施工满足最新的规范要求。

(5) 施工环境风险。复杂地质环境对勘察技术要求较高，当项目进行中遇到较为复杂的施工环境时，应对施工环境进行综合评估，提供具有针对性的技术支持，确保项目质量达标。

3. 安全风险应对措施

实践证明，在工程勘察过程中勘察单位因违反管理程序，擅自更改操作章程，同时缺少必要的监督与检查是引发安全事故的重要原因。勘察单位应严格按照操作章程执行勘察施工过程并且实行全过程监控，当事故发生时，应有安全应急预案，具体安全风险的应对防范措施如下。

(1) 安全生产规章制度落实不充分风险。勘察单位应严格落实安全生产的规章制度，依据工程勘察工作的自身特点制定切合实际的安全施工管理章程，根据行业规定成立安全监管机构，聘请通过国家安全生产认证的专业安全监督员指导勘察施工的全过程，发现隐患及时查处纠正，绝不姑息。对于勘察施工过程中的关键环节与施工难点，要重点监管与全面监管相结合，重点审查设备的操作规范，发现问题应及时解决并追究当事人的责任，同时加强对施工人员安全注意事项的培训和机械设备安全使用操作规程的学习，提升人员的自我安全意识及突发事件处理与自救能力，并在施工重点位置设立醒目的安全标识。此外，勘察单位还应与政府监督部门联合，对可能发生的重大安全事故提供有效的应急预案。明确突发事件具体的应对措施，不定期地组织演练，保证重大安全事故发生时，自救应急预案能切实可靠地保证工作人员的财产生命安全，将引发的损失降到最低。

（2）安全管理组织不完善风险。勘察单位应加强组织措施，配备专业的安全管理人员，明确任务与分工、权利和责任，严格执行勘察施工安全行为手册，不定期对施工过程进行抽查，对所发现的安全问题，应及时下达处理意见，如果仍不整改的，坚决要求停工整顿。同时要加强工作日志的记录，对现场原始数据留存归档，在事故发生时，便于事故责任的认定，确保安全目标的实现。

（3）安全生产费用投入不足风险。一方面，勘察单位应积极利用经济措施，在勘察工程费用中设立安全生产基金，保证安全监督经费的投入，并对使用情况给予监管。勘察单位也可通过物质奖励手段来确保安全生产，安全生产责任制、安全生产奖惩制度直接与经济奖励挂钩，对实现者进行及时兑现，提高项目参与人员的积极性，保证安全目标实现。另一方面，开工前应为人员购买人身安全保险，包括工程事故险、施工设备险、责任险等，以转移部分安全风险，降低安全事故造成的损失。

4. 成本风险应对措施

在市场化经营中，勘察单位将利润作为首要目标，以保证企业的正常运行与发展，成本控制成为勘察单位关心的重要问题。勘察单位提供的是技术咨询服务，其结论与人民生命财产安全息息相关，勘察单位要追求综合效益的最大化，更应重视企业的技术质量、行业信誉和社会口碑，因为质量出现问题会造成停工返工、进度延误、增加额外成本等，侵害企业声誉，不利于企业长远发展。工程勘察项目成本风险应对可采取以下具体措施。

（1）工程变更引起的成本增加风险。工程变更是勘察成本升高的重要原因之一。因此，勘察纲要在编制时要充分考虑建设单位的要求，在建设单位基本诉求的基础上，组织技术力量充分论证纲要的科学性、可行性，有效指导勘察工程全过程，减少不必要的工程变更，这样将会大大节约勘察单位的成本。

（2）不确定因素引起的投标费用增加风险。勘察单位在参与竞标过程中应及时与招标代理机构沟通，详细解读招标文件，规范投标程序，避免因为投标程序性错误或文件资料准备纰漏错失竞标资格；丰富投标策略，灵活应对招标活动，降低竞标失败风险。

5. 管理风险应对措施

在项目实施过程中，建设单位出于自身利益的考虑，有时会要求勘察单位变更国家规范与技术规定的内容，勘察单位作为技术咨询服务单位，针对这种情况的变更，一定要建设方出具具有法律效力的证明材料并签订项目变更协议，报有关部门审批，以转移部分风险。针对相关管理风险可采取以下应对措施。

（1）决策失误风险。勘察单位应从计划、组织、目标定位、授权等多方面对项目进行有效管理，并以项目负责人为核心，不断提升项目负责人决策管理的能力，保证决策正确。

（2）风险监控不当。勘察单位应健全风险预警和监控制度，确保制度有效执行，防范和化解风险。勘察单位还应重视勘察报告与图纸文件审查意见的落实。勘察报告需要经过审查认证，合格后才能用于后期施工。勘察工程师要参与报告交底和图纸会审，解决报告中存在的问题，将项目安全、质量隐患消灭在萌芽中。

(3) 信息沟通障碍风险。勘察单位应加强信息沟通，实行定期工作例会制度，风险管理部门应该与企业其他部门密切合作，建立筛选、收集、分析、整理、报告和反馈风险管理信息的信息管理体系，实现单位内部各部门及外部各单位之间信息共享和交互。

3.4 设计单位的风险防控

随着城市建设的不断深入，越来越多的单体建设项目呈现出规模大、设计系统繁杂、设计协调难度大等特点。城市是人口密集区，为保证人民群众的生命财产安全，建设工程的质量要求会更高，这对设计工作提出挑战。但在设计单位中，普遍存在着风险因素识别不全面、风险影响估计不足等问题，设计单位的风险防控工作迫在眉睫。

需要指出的是，本节设计单位的风险防控与“5.3 城市建设工程设计风险”之间既存在区别又相互联系。这两小节均是针对城市建设中的设计风险，但切入的角度不同，5.3 节从特定阶段的视角出发阐述设计风险，更多地侧重于设计阶段内建设单位、设计单位及施工单位等多个主体间的交互、集成作用对设计风险的影响；本节从特定主体的视角阐述设计风险，侧重于说明设计单位在工程全生命周期内的风险防控工作。

3.4.1 设计单位在工程各阶段的风险识别

1. 决策阶段

项目决策阶段与设计相关的工作有项目规模的确定、产品定位的研究、建设标准的评判、工程项目的选址、规划设计方案的征集、总进度计划的设定以及设计和咨询单位的选择等方面的工作。

(1) 建设目标与产品定位的风险。在项目开发前，应以地区发展为目标，聘请咨询公司对项目进行充分调研，以确定如城市形象、主要技术经济指标在内的基本建设目标。即便如此，随着产业结构、政策导向等外部环境的变化，建筑产品的定位在建成运营前均存在调整的可能。

(2) 工程选址及地质情况的风险。开发项目受场地情况和自然环境的影响较大。尤其位于软土地区且邻近水体的项目，随着地下开发强度的增大，土层、地下承压水等地质条件所引发的基坑风险也加大。如果设计阶段不能很好地规避和预判，使风险积聚至施工阶段，将给项目开发的投资和工期带来巨大的损失。

2. 设计阶段

设计阶段不但是决定项目建设品质的关键阶段，也是设计单位参与最多、风险最集中、发生概率最高的阶段。因此，该阶段的风险识别非常重要。

(1) 设计管理团队经验不足的风险。设计单位的设计管理团队作为设计工作的决策者和领导者，对项目的理解最为深入和透彻，对方案理念的把握、总体设计的节点要求以及施工图的质量控制等方面应起主导作用。如果团队的经验不足，缺乏应有的责任心和强有力的管理协调能力，设计工作的开展将面临非常大的困难和不确定性。

（2）设计质量及深度不足的风险。实践证明，对工程质量的控制，在设计阶段通过控制设计质量和深度的办法是代价最小的，取得的效果也是最好的。但是，在工程实践中，往往由于设计时间不足、设计院质量内控不严等原因，设计质量和设计深度常常无法同时满足项目投资、进度和质量的控制要求。导致实施过程中项目不能按计划报批通过、设计审图周期过长、设计变更过多、投资超概算、工期超合同、不能按时竣工等工程风险。

（3）重大风险源的风险。在城市建设中，如果项目地处核心商务区，项目周边的环境也存在很大的不确定性。周边除了已建成的城市道路和城市生命线工程外，往往还伴随地铁线路。加之项目基坑普遍开挖深度较深、面积超大，项目内各地块的开发时序也不尽相同，最早开工项目与最晚开工项目甚至相差几年，无论是周边环境的复杂性还是项目本身都存在着巨大的不确定性。

3. 实施阶段

实施阶段不但是项目质量形成的关键阶段，也是项目能否按既定工期顺利竣工的重要阶段。因此，对该阶段风险的识别，主要集中在对相关设计工作如何在市场、技术和工期的条件下，以控制建设成本增加为前提，保证设计意图的落实。

（1）设计变更的风险。由于设计疏漏、市场需求、功能设定、工期要求等条件的变化，在建设项目实施过程中，不可避免地需要设计单位对已经完成的施工图进行必要的调整，而设计调整又影响到项目投资控制、竣工日期等建设目标的实现。项目实施阶段的设计风险主要来源于设计变更。

（2）地质条件与勘察资料不一致的风险。地层情况的变化是地下工程最大的不确定性。一般来说，详勘可以满足设计和施工要求，但开挖后与勘察资料中不一致的情况也时有发生。一旦发生此类情况，往往会出现施工方案的调整、施工措施的加强、施工工期的延误以及项目投资的增加等情况。因此，实际的地质条件与勘察资料不一致的风险，已成为项目实施中重要的设计风险。

对设计单位在工程各阶段的风险进行总结，如图 3-4 所示。

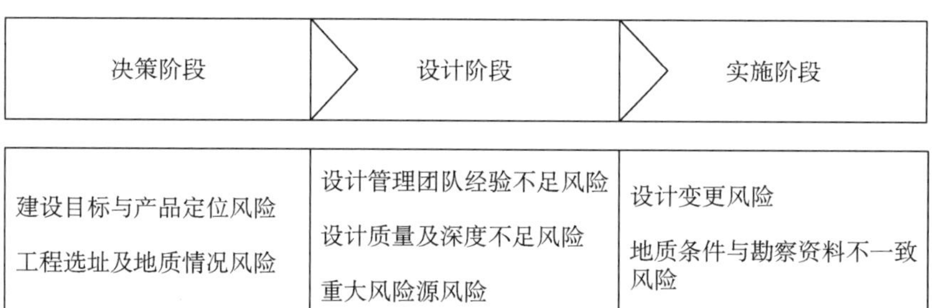

图 3-4　设计单位在工程各阶段的风险

3.4.2　设计单位的风险防控

1. 决策阶段

(1) 建设目标与产品定位风险的应对措施。对于建设目标偏差的风险,可在设计时进行多方案设计,与参建各方进行充分沟通后再进行确定。对于项目产品定位的风险,可在城市设计方案稳定后,聘请富有经验的项目管理顾问、交通顾问、商业顾问、机电顾问、物业顾问等咨询单位,对项目所处的社会环境及市场需求等多方面进行专项调研,为项目定位及设计提供所需资料,从而缓解产品定位对项目的风险。

(2) 工程选址及自然环境风险的应对措施。在项目的可行性研究阶段,除了对所在地的城市总体规划、片区控制性详细规划、周边其他项目情况及交通、市政配套等资料进行系统了解外,还应聘请专业公司对项目进行详细地质情况勘察、环境影响评估、场地地震安全性评价等,尽可能详细地了解项目相关资料,以控制工程选址及自然环境风险对项目实施的影响。

2. 设计阶段

(1) 设计管理团队经验不足风险的应对措施。设计单位在组建设计团队时,应进行多方考量,对设计管理团队的素质、经验及责任心给予格外的重视。设计管理团队要组织架构完整、人员结构合理,形成专业互补、协同合作、沟通顺畅的工作氛围。

(2) 设计质量及深度不足风险的应对措施。对于设计质量的控制,一方面,设计单位应强调组织内部严格执行其质量管理体系相关工作,保证设计成果质量;另一方面,专业的设计监理团队可与设计单位协同工作,对设计的全过程进行跟踪检查,集中评审重要成果,力求在及时向设计单位反馈设计中的“错漏碰缺”及深度不足的基础上,提出有价值的、合理的、可实施的优化建议,并协助设计单位完善设计成果。

(3) 重大风险源风险的应对措施。针对项目重大风险源,一方面,设计单位可从多方收集风险源工程及运营条件资料,以便提出有针对性的保护措施,并计算分析工程实施对其运营的影响是否在可控的范围内;另一方面,与风险源产权单位保持密切联系,及时将设计文件和分析成果提交产权单位,并与产权单位及时沟通工程监控情况,以保证重大风险源在项目实施的全过程中安全可控。

3. 实施阶段

(1) 设计变更风险的应对措施。设计变更在工程实施阶段经常出现,究其原因不外乎以下三种:一是建设方调整建设目标或改变原有功能设置,造成设计变更;二是设计单位设计失误造成设计变更;三是施工单位在施工过程中发现图纸与实际情况不符,提出变更设计。作为设计单位,需要对第二种、第三种情况进行预防控制与及时处理。

第二种设计变更的根源在于设计阶段。设计单位在设计阶段应该对设计成果进行严格的质量内控,还可借助设计监理单位、专业顾问单位、审图单位的技术力量以及专家评审会等形式,对设计成果进行把控,达到控制风险的效果。对于第三种设计变更,可在设计阶段避免的,应在设计阶段由建设方牵头，设计单位积极配合，与施工总包单位和施工监理单位对各专业施工图在施工前进行系统的图纸会审，力求消灭所有的“错漏碰缺”；在现场管理中必须制定严格的设计变更管理制度，明确设计变更审批流程和权限范围，以有效地控制设计变更。此外，目前正在工程建设行业不断推广的建筑信息模型(Building Information Modeling, BIM)技术，也是控制第二种和第三种设计变更的有效手段。

(2) 地质条件与勘察资料不一致风险的应对措施。对于地质条件的风险，从设计角度可以运用两种方法加以控制：一是在充分了解初步地质勘察的情况下，对于地层变化较大且对基坑及结构形式有较大影响的区域，采用加密详细勘察布点密度、进行抽水试验等方法，力争控制项目风险；二是在设计合同中，约定基坑支护施工及开挖过程中设计人员全天驻场服务，随时掌握施工的第一手资料，做到信息化施工，从施工参数入手，及时发现施工中潜在的工程隐患，提出解决处理方案，最大限度地避免工程损失。

3.5 施工单位的风险防控

施工单位是城市建设项目的实施主体，是现场风险防控的直接责任人。施工单位的风险管理能力及风险应对策略的选择直接影响项目的风险防控绩效。因此，非常有必要对施工单位在工程各阶段内将会遇到的风险因素及能够采取的应对策略进行系统性分析。

3.5.1 施工单位在工程各阶段的风险管理

城市建设项目中，施工单位的参与主要集中在签订施工合同阶段、工程实施阶段及竣工结算阶段，以下将重点阐述施工单位在这3个阶段内的风险管理内容。

1. 施工合同签订阶段的施工单位风险分析与控制

在施工合同签订前，施工单位应评价执行每一合同条款的法律后果，评估其中隐含哪些风险，为合同的谈判和签订提供决策依据。

通过对施工合同签订阶段的风险因素分析，通常有以下几方面的风险因素：合同条款遗漏、表达不清、内容含糊、标准约定不明、合同条款过于苛刻和单方面约束性条款。

(1) 合同条款遗漏。出现该项风险的主要原因是合同谈判人员业务素质低、经验欠缺、对招标文件理解不透、对技术要求不清楚，为避免出现此种情况，需从以下方面着手：首先，尽可能采用标准格式合同文本，如果采用自行起草的文件，应与标准格式合同文本进行对照，即可发现缺少或遗漏哪些必要的条款；其次，要检查合同内容和结构完整性，尽可能完善条款内容，当出现遗漏条款时双方协商解决；最后，合同条款应与技术要求相对应，做到有的放矢，不应流于形式。

(2) 合同表述不清，出现矛盾或歧义性解释。依据工程惯例，由于承包方对合同条款理解错误造成的损失，由其自行承担。因此，施工单位必须保证准确领会合同条款，对合同中语义不清、标准不明或前后矛盾之处应及时向建设单位提出质疑，以便正确理解。

(3) 合同条款过于苛刻和单方面约束性的条款。当前的建筑市场竞争日益激烈，加之管理不规范，导致过于苛刻的合同条款和单方面约束性的霸王条款屡见不鲜。对于该类条款，投标人要认真分析，对于苛刻、单方面约束性的条款可以与招标人进行谈判，并结合企业所能承受的风险能力来综合考虑，可以采取风险转移、风险分担、风险规避的方法进行解决。

值得注意的是，由于招标文件已经对合同模式进行了约定，投标人在投标时要认真研究招标文件相关条款，分析其隐含的风险因素，在投标文件中充分考虑到施工合同的索赔因素，为中标后工程实施创造更大利润空间。施工单位要认真审查合同内容，与招标人进行合同谈判，在建设单位认可的范围内不断优化合同方案。对于无法承受又无法协商一致的条款，应采取相应的风险规避策略，如放弃该项目等，宁缺毋滥。

2. 工程实施阶段的施工单位风险分析与控制

通过对工程实施阶段的风险因素分析，工程实施阶段风险因素主要有组织管理、质量管理、安全管理、进度管理、成本控制、索赔管理、分包管理、协调管理等。

工程实施阶段的风险因素具有复杂、叠加的特点，该阶段的风险管理是工程项目风险管理的重要环节，必须认真分析、严格管控，着重从以下方面着手：

(1) 在组织管理风险方面，需要提升项目经理能力素质，设计合理健全的组织结构，提升技术管理人员素质，优选劳务作业队伍。

项目经理素质是项目目标实现的基本因素，必须以专业为依托，懂技术、懂经济、懂管理、懂法规，具备较强的综合素质，这就要求项目经理不断学习、及时汲取新的知识、总结管理经验。

结构合理、功能齐全、运行高效的项目组织是实现项目管理目标的前提和保证，是避免系统风险的一种方法。无论建立何种组织模式，要坚持以下几项原则：目的性原则、精干高效原则、管理跨度和分层次的原则、弹性和灵活性原则、业务系统化原则、一体化原则。

项目经理要根据各岗位职责对管理人员进行考核，做到人尽其才，人尽其能。要择优聘用技术业务水平好、思想素质高的人员，对于不适合岗位的人员要坚决调换、辞退。此外，还应注重管理人员的培训工作，不断提高其技术水平和管理能力。

劳务作业队伍最基层的一线人员，其技术水平高低、管理素质高低，直接影响项目工程质量、安全、成本等目标的实现。在选择劳务人员时，要从其技术水平、管理素质、成本、信誉等方面进行综合分析、考察，了解其以往施工项目的情况，择优选择。

(2) 在质量管理风险方面，需要优化施工组织设计与施工方案，增强质量管理意识。

施工单位应依据投标时确定的施工组织设计，编制科学、合理的施工方案，采用科学合理的技术措施、成熟的施工工艺。同时，还应积极推广新工艺、新材料、新设备和新技术等四新技术，组织技术攻关，进行技术创新，淘汰落后的方案、技术和工艺。

为了应对质量风险，施工单位应建立健全质量管理体系，加强施工人员质量意识，完善质量管理手段，坚持工序，分项、分部工程验收，落实自检、互检、交接检手续。此外，原材料作为质量控制的重要一环，材料采购部门必须严控材料质量，坚持材料进场必须复检，对于复检不合格的材料坚决不用于工程中，并实行质量问责、奖罚制。

(3) 在安全管理风险方面，需要加强安全管理、强化安全教育。

施工单位应着重从安全人员的配备、安全设施的投入、安全方案的编制、安全措施的落实上下功夫、做功课。对于危险性较大的分部分项工程项目必须依据《危险性较大的分部分项工程安全管理规定》的要求编制专项安全方案。

科学合理的安全管理规划，长期坚持不懈的安全培训、教育是安全生产的基本保证，严格遵守安全生产法律、法规，将安全生产措施落实到人，监督、检查落实到位是预防安全事故的重要措施。施工单位应在企业和项目两个层面坚决落实“安全生产、预防为主、综合治理”的方针，做到安全管理全员参与、不留死角。

(4) 在进度管理风险方面，需要优化工程技术管理流程，制订合理的进度计划，采用科学施工工艺与技术方案。

施工单位要对整个工程技术管理进行统筹安排，通过强化技术管理、技术创新、合理化建议、优化方案的措施化解技术管理风险，既能保证工程质量，也可以降低施工难度，为项目顺利进行提供技术保障。

编制科学可行的施工进度计划是保证工期目标的必要手段。开工前编制总体控制性进度计划，在施工过程中针对每一项工作均编制详细的实施性计划，将工序、分项、分部工程详细划分，合理安排施工顺序，保证工序的衔接性。同时，施工单位还需进行每日施工进度调度，对施工所需的人员、机械、材料、方法、环境进行逐项落实。在组织协调时应当周密细致，做好各项工作的衔接、交底。

施工单位应致力于选择科学合理的施工工艺、技术方案，这不仅是保证工程质量的方法，也是保证施工进度的重要手段，更是降低施工风险的必然要求。对于特殊的工艺、技术方案，施工单位应进行技术经济分析，从经济、工期、安全性等方面进行比选。

(5) 在成本控制风险方面，需要分阶段采取不同的成本管理措施，加强施工生产要素控制。

施工单位应根据不同的施工阶段，做好事前成本预测、事中成本分析、事后成本核算，以便及时、有效地掌握成本走向。事前成本预测是在工程开工前根据工程特点、市场行情、工程预算，进行成本预测，及时分析各要素中存在的问题，清楚成本控制的关键点，以便采取技术、经济、合同、组织等管理措施进行控制。事中成本分析是当某一分项工程或某一阶段结束(按月或季)时，将所发生的实际成本及时进行汇总，分析与预测成本的关系，及时发现存在的风险，总结下一阶段的成本控制要点。事后成本核算是当工程完成后进行核算，分析盈利、亏损点，积累经验数据，为下一项目的合同管理、投标决策提供依据。

影响项目成本的因素较多，归根结底应从人员、机械、材料、方法、环境等五要素进行控制：①人员要素。一个管理水平好、素质高的施工队伍是降低成本、提高效益的保障。尤其是对作业队伍的选择，应从信誉、实力、经济等方面考察。②机械要素。合理选择施工机械设备，做好机械设备的维护保养，提高生产效率，避免机械事故。③材料要素。从材料采购环节控制，做到严格控制采购成本，通过货比三家的方法进行市场询价，在优质优价的条件下进行采购。④方法要素。科学、合理、优化的施工组织、方法是节约成本、加快进度的前提条件。施工方法的优化、施工进度的加快，可以节约周转工具租赁费、大型设备的折旧费以及项目管理费。⑤环境要素。施工条件可以通过多种方法进行创造，对于自然环境、社会环境应当通过合同管理进行风险转移。

(6) 在索赔管理风险方面，需要实行规范、全面的合同管理，同时技术联系文件、现场签证文件要准确完整。

施工单位应建立一套完善、高效的合同管理机制，管理人员应对合同进行全面、完整的了解和理解，定期检查合同执行情况。对技术联系文件、现场签证文件要求做到：施工范围明确，符合施工合同要求，技术性强，说服力强，签证及时，保存影像文件。

(7) 在分包管理风险方面，需要严格执行合同管理制度。

建设工程实行总承包时，总承包单位要与分包单位签订合同，严格执行合同管理制度，选择分包单位时要进行多方面考察，对于信誉差、有劣迹的坚决不用。签订合同后，要将分包单位的管理纳入到项目部日常管理范畴，保证管理制度到位，同时加强对项目管理人员培训，明确其职能，使分包单位成为项目管理中的一分子，充分调动其积极性。合同履行中要及时处理合同纠纷，对出现的问题要及时沟通、协调，避免问题扩大。

(8) 在协调风险方面，应注重沟通。

建设工程参与主体众多，导致协调工作量大、强度高，为避免因协调不力而出现问题，施工单位应安排专人负责沟通协调工作。此外，还应注重信息的收集与分析，为相关对策提供信息支持。

在具体实施中，以上措施要多管齐下，使项目风险处于可控状态。

3. 工程竣工结算阶段的施工单位风险分析与控制

工程竣工结算是整个项目完成后进行工程造价最终确定的重要环节，对于施工单位能否获得预期收益十分重要。

通过对工程竣工结算阶段的风险因素分析，工程竣工结算的风险因素主要有：对合同文件理解不透彻；结算漏项、缺项；技术变更、现场签证不完善，甚至没有相应的证明。

(1) 对合同文件理解不透彻。对合同文件理解不透彻可能会导致施工单位承受损失，例如，在某工程结算中，合同条款中要求进行费率让利，在编制结算时，由于忽视了材料暂估价、设备暂估价、专业工程暂估价的性质，将此项计入让利基数，最终使施工单位的合理利润受到损失。为充分理解合同文件，需由技术人员、合同管理人员、造价人员等参加，认真研究每一项结算条款，防止出现偏差。

(2) 结算漏项、缺项。该项工作主要体现在隐形的项目上，如删减工作的处理。在某单项工程中，施工中建设单位要求取消其中某一单位工程，结算时造价人员仅将该项目相应的价款进行简单的删减，造价人员忽视了施工合同中“对于非承包人的原因而删减的工程，发包人必须对其进行合理利润的补偿”条款。

在工程施工中措施费容易被忽略，主要包括以下方面：①施工现场停水停电增加费，发生后必须及时签证；②二次搬运费，在施工中发生二次搬运费必须进行现场签证；③机械进出场费的处理，对于变更中的工作，在签证时应说明机械进出场的费用处理；④总承包服务费，在签订合同时必须明确由建设单位直接分包的专业工程，同时要约定好总承包服务费，一般情况下为2％～3％；⑤暂估价，施工过程中必须对暂估价进行确认。

(3) 技术变更、现场签证不完善，没有相应的证明。在施工过程中，施工单位必须确保技术变更、现场签证资料齐全、内容真实，这些资料不仅是工程验收所需，也是工程索赔的重要依据。

对施工单位在工程各阶段的风险进行总结，如图 3-5 所示。

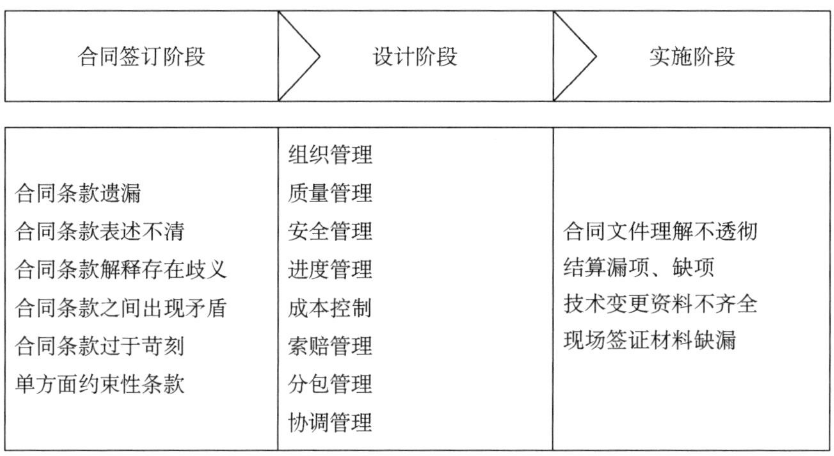

图 3-5　施工单位在工程各阶段的风险

3.5.2　施工单位的风险预警方法与应对措施——以现金流风险为例

施工单位为避免损失和应对破产危机，有必要建立专门的风险管理部门，做好风险预警。施工单位风险预警就是指施工单位的风险管理部门专职人员对可能导致损失的工程项目中的各种不确定性通过科学的方法进行预测，为预防这种风险提供根据。统计数据表明，建筑承包行业的破产率要高于其他的行业，其中一个根本的原因就是现金不足并且不能使债权人或潜在的贷款人相信这种不足只是暂时的。现金状况在施工单位的财务上会有明确的显示，因此风险管理部门可以通过财务部门的记录，建立风险预警系统，进而预防现金不足导致的破产。

1. 施工单位现金流风险计分模型预警法

根据财务状况建立风险预警系统，世界各国企业比较认可也采用较多的是运用多变量模式思路建立多元线性函数公式，即运用多种财务指标加权汇总产生的总判别分 Z 值来预测风险，称为“Z 计分模型”，这种方法简单方便，建筑施工单位可借鉴。该模型由美国爱德华・阿尔曼

在20世纪60年代提出，用以计量企业破产的可能性。其判别函数为

$$\begin{aligned} Z= & (\text{营运资产}/\text{资产总额})\times 1.2+(\text{留存收益}/\text{资产总额})\times 1.4 \\ & +(\text{息税前利润}/\text{资产总额})\times 3.3 \\ & +(\text{普通股和优先股市场价值总额}/\text{负债账面价值总额})\times 0.6 \\ & +\text{销售收入}/\text{资产总额}\times 0.999 \end{aligned}$$

一般地，Z 值越低，企业越有可能发生破产。企业财务状况良好，发生破产的可能性较小；企业进入"灰色地带"，企业财务状况不稳定，企业存在很大的破产危险。使用该模型预警时，风险管理人应明白对于自己的企业来说哪些指标是关键的，为什么要计算该指标，如何深入分析其变化原因，才能及时捕捉本企业在项目承建时期存在的风险。

2. 施工单位现金流风险现金流模型预警法

现金流是指流进或流出公司的钱。该模型预警的关键是计算总的现金流，对建筑施工单位而言，最合适的方法是先计算单个项目的现金流，再把它们和总部的现金流汇总，得到整个公司的现金流。计算方法如下：

(1) 用价值-时间图推算现金流入。价值是指施工单位因承担某项工作而最终收取的现金额。在一张柱状图或者网络图中制订一个项目计划，计算每个分项工程每周或每个月的价值，把每周或每月的工作价值逐月累积起来，得到累积价值-时间图。

(2) 确定度量的时间间隔。

(3) 确定付款证明与施工单位实际收到现金之间的延迟时间。

(4) 确定留存条件和留存偿付的方式。

(5) 用成本-时间图推算现金流出，施工单位的成本产生于人工、设备、材料、分包和其他一些必需的项。本项的简化计算方法是：计算所有成本项下的加权平均延迟时间，权重是某项成本占总成本的百分比。将这一加权平均延迟时间用于总成本就可以得出现金流出的金额。

(6) 把项目的成本分摊到上述各项中去。

(7) 产生成本和实际支付之间的延迟时间。

(8) 在发生支出时计入，这些支出包括租金和利息、电话费、办公设备租用费、支付股利、税金、管理者酬金等。

(9) 确定总部的收入及其发生时间。总部的收入也在收入发生时计入，包括总部提供的服务，以及一些应收款和过去项目尚未结清的留存费。

其中前七项是计算单个项目的现金流，后两项是公司总部的现金流，汇总即可得出总的现金流。用计算所得的总现金流与施工单位的透支额度进行比较，如果总现金流超过透支额度，说明施工单位已经发生支付困难。风险管理人员应提醒高层管理人员要采取必要的防范措施。

3. 施工单位现金流风险应对措施

风险预警之后，施工单位要分析这些风险信号，做好应对措施，规避和利用风险，这才是风

险管理的最终目的。做好风险的应对措施，要从下面几个方面着手：

（1）联合投标。如果好几个新项目在相隔几周之内几乎同时开始，那么每个项目的负现金流可能出现在大致相同的时点，这种几个项目叠加的结果会引起不小的财务困难。如果此时放弃投标，显然不符合施工单位的利益，但是贸然投标，又可能发生财务危机，此时最好的解决方法就是联合其他施工单位投标，减小财务风险并分散中标后的经营风险。

（2）工程分包。对于项目管理过程中一些专业技术性较强、项目部及所在建筑企业都无法胜任的工程，可通过合理、合法的工程分包，寻找有实力、信誉好的合作伙伴进行合作，全面发挥自身的优势，实现合理的风险转移。这样既可以提高专业施工的质量，也有利于提高整个工程的质量，不仅能使企业的风险得到有效的分解和控制，而且还能使企业经济效益最终得以实现。

（3）利用工程变更。由于工程项目自然环境和地质环境的复杂性，使得勘察设计工作者在设计过程中难以预计到施工期间的突发情况，使得工程建设过程中不可避免地发生工程变更，施工单位在投标报价时以及工程实施过程中要能够合理地运用工程变更策略，尽量不以索赔而以签证的方式处理问题，这既有利于施工单位得到期望中的利益，又有利于建设单位和施工单位创建一个友好和谐的合作氛围，使工程顺利完成。

（4）重视索赔。虽然施工单位的索赔相对比较困难，也不利于建立和谐的合作氛围，但当工程变更引起施工单位必需的索赔时，施工单位要注意资料的收集和整理，做到索赔时用事实和数据说话，改变索赔困难的不利地位。

（5）采取积极的保险策略。施工单位在建设项目实施中所面临的风险也是很大的，通过保险来转移风险，从而实现工程风险的控制，使施工单位获得更大的利润。施工单位也应根据风险的不同制订不同的保险策略，包括信用保险和雇主责任险等。

3.6 工程监理单位的风险防控

工程建设监理单位在实施监理行为时往往面临着很多风险，如工程实施过程中出现了质量缺陷和工期拖延，建设单位除了对施工单位进行惩罚外，一般还要追究监理人的责任。监理工程师因失职导致重大质量事故，甚至会被吊销资格证书。另外，由于我国监理行业起步晚、业务范围受限制、收费水平低、技术水平有限等原因，监理实施中不确定因素的数量和程度都比较高，所以，工程监理单位有必要对其风险进行分析，并实施有效的风险管理。

3.6.1 工程监理单位的风险识别与分析

1. 不可抗力

工程实施中，工程监理单位也会遇到一些无法抗拒的外界风险，如自然灾害（台风、地震、洪水等）、政府行为（征收、征用等）及社会异常事件（罢工、骚乱等）等，一旦发生，难免会给工程监理单位带来财产损失；再如检测设备损坏、房屋倒塌、办公设施损坏等，严重时还会引发人员伤亡。

2. 建筑市场的不规范行为

工程监理单位作为不直接负责城市建设项目具体实施的市场主体之一，其提供的是督促工程依照规范标准实施的独立第三方服务。在提供服务过程中，外界建筑市场的不规范行为会在一定程度上引发工程监理单位的风险。主要表现有：

(1) 建设工程未办理法定建设手续擅自开工。建设单位出于自身利益考虑，要求监理跟进现场提前作业，同时施工单位为了不使工程延期或有更多的时间来缓冲工程的中间时间，也急于开工，工程监理单位迫于压力进场实施监理，然而这种行为隐藏了巨大风险。

(2) 建设资金不到位强行开工。资金到位是工程建设的前提。资金不到位，工程无法正常建设，监理工作难以开展。对于建设单位要求施工单位带资建设的情形，监理手中至关重要的经济手段将会失灵，进而给各参与方带来风险。

(3) 施工单位与建设单位存在隶属关系，监理的指令无法贯彻实施。一旦出现质量问题，监理也有不可推卸的责任。

(4) 层层转包。经过多次转包后，直接参与施工的施工单位不但施工技术低下，而且能用于建设的资金愈来愈少，施工单位采取不正当手段谋取利益增加了监理难度。

3. 工程监理单位自身风险

除了建筑市场的不规范行为造成的工程监理单位风险外，监理单位自身也会出现许多问题，导致风险增大，表现如下：

(1) 合同管理不善。工程监理单位对监理委托合同的条款不加推敲，合同条款模棱两可，甚至以建设单位的口头承诺代替合同条款，随意草签，致使合同履行过程中相互扯皮，最终导致合法权益得不到保障。

(2) 违法违规行为。工程监理单位未取得资质证书擅自监理，越级超范围从事监理活动，转让监理业务，未执行工程建设强制性标准等。这些违法违规行为一旦发生，就会受到严厉处罚，因此工程监理单位要规范自身行为，遵纪守法。

(3) 内部管理不善。工程监理单位忽视制度建设，内部管理不善，缺乏科学的监理流程，往往容易出现工作失误而酿成重大事故。

(4) 监理人员失职。监理人员的工作失误会给工程监理单位造成风险，如人员配备不足、一人身兼数职、跨专业兼职、跨项目兼职等。出现该管的事无人管，该处理的问题不能及时正确处理等情况，使工程项目的质量、投资、进度濒临失控状态，其责任风险极大。

(5) 技术力量薄弱。技术不足是引发监理风险的主要因素之一，主要表现为：其一，承接到技术难度较高的项目，因无相应技术水准的监理人员，在监理过程中遇到复杂的技术问题无力解决；其二，监理机构专业配套能力差，缺乏特殊专业的监理工程师，让低职高就或相近专业的工程师兼职代管，有的干脆抛开这些特殊专业不管，造成质量失控隐患。

4. 竞争风险

有竞争就存在风险，监理行业的竞争风险主要表现为：

(1) 争揽项目,竞相压价。有的监理企业为了承揽项目,监理报价远低于国家规定的取费标准。这种做法只能有两种结果,一是苦心经营,亏本收场;二是减少监理投入降低成本,以求有所收益,导致监理工作难以正常运行,从而增加风险隐患。

(2) 迎合建设单位,盲目承诺。盲目承诺是监理工作的大忌。在工程建设过程中,影响质量、工期、投资控制的因素有很多。有的监理企业为了迎合建设单位的意图,对工程质量、工期及投资控制进行不切实际的盲目承诺。这种做法对工程监理单位来说隐含着较大的风险。

5. 信誉风险

对于监理企业来说,信誉风险是最重要,也是最容易被忽略的。前文阐述了由于各种原因造成的风险,会导致监理企业受到处罚或经济损失,这些都是有形的,可以估计的,然而由此导致的信誉风险,对监理企业所造成的损失却是无法估计的。监理企业要长久发展,必须重视信誉,减少信誉风险。

3.6.2 工程监理单位的风险防控策略

对工程建设监理风险深入分析的目的在于对其进行防范、控制和规避。风险因素是客观存在的,一旦转化为经济、政治损失,则会导致严重后果。因此,风险分析只是第一步,转移风险、回避风险、降低风险损失才是目标。监理企业和监理工程师要面对风险、认真地识别风险、全面地分析风险,尽最大可能地去降低风险的发生率,降低风险发生的实际损失量。

1. 正确认识监理工作的内涵

工程监理单位应正确认识监理工作的内涵,准确把握监理工作独立、客观和公正的特性,正确认识与包括建设单位和施工单位在内的其他市场主体的关系,明确自己的职责和权利,对工程实施有效监督、管理和协调。只有正确认识了监理工作的内涵,才能对工程实施有效监理,避免责任风险。

2. 明确自身站位,督促其他市场主体严格履行行业规范及标准

工程监理单位应明确其独立第三方的站位,督促其他市场主体认真履行行业规范及标准,对于存在严重违法、违规行为且拒不改正的,应及时上报当地建设行政主管部门。对建筑市场不规范行为进行有效约束,是工程项目乃至城市建设风险防控的重要一环。

3. 加强工程监理单位内部管理,提高整体素质和监理质量

工程监理单位的许多风险,是由其内部管理不善和监理人员素质不高造成的,工程监理单位必须从加强管理和自身建设着手,提高单位及人员的整体水平和服务质量,方能减少风险,这对于在我国顺利推行建设监理制也是十分必要的。

4. 明确质量事故责任

工程实施前,工程监理单位应依据相关法律、法规、工程建设强制性标准及建设单位要求明确自己应承担的质量责任和义务,并在监理委托合同中予以约定。工程实施中,工程监理单位

应依据相关规定代表建设单位对工程质量实施严格监理，同时应注重监理工作开展的痕迹管理，保证各项工作可追溯、可验证。避免不必要的推诿和协调成本。

5. 注重合同管理，防范合同风险

一方面，工程监理单位在签订委托合同前，首先应调查建设单位的资信、经营状况和财务状况；其次，在合同的谈判过程中，工程监理单位要争取主动并采取相应的对策，保护自己的合法利益；最后，要严格控制合同的修改和变更。另一方面，工程监理单位需注重合同索赔，避免经济损失。监理委托合同与施工合同相比，同样存在着合同执行时间长、涉及情况复杂、受经济政策影响大、不可预见的事件发生较多等特点，因此索赔事件的发生是必然的。工程监理单位向建设单位进行合理的索赔是避免风险和损失的重要手段，国外工程咨询公司的实践也表明通过索赔能够取得可观的经济效益，我国的监理公司也应逐步注重索赔工作。

4　第三方风险管理机构

城市建设风险具有复杂性和后果严重性等特点，风险因素之间具有很强的关联性，因此其风险管理工作是一个知识及信息密集型的专业领域。在市场经济作用下，城市建设风险管理工作逐步凸显其独特的经济价值，涌现出一批专业的风险管理机构，如保险经纪、保险代理、保险公司和建设工程质量风险管理机构等，这些第三方风险管理机构与城市建设参与方一起，共同构成了完备的城市建设风险防控体系。

4.1　保险经纪

随着保险业分工的不断细化和专业的不断深化，作为保险中介的主要形式之一，保险经纪人是保险市场的纽带，是保险市场走向成熟的主要力量。本节主要介绍保险经纪人的概念、发展历程、业务流程及市场作用。

4.1.1　保险经纪人的概念和发展

2015 年修正的《中华人民共和国保险法》(以下简称《保险法》)第一百一十八条规定：保险经纪人是基于投保人的利益，为投保人与保险人订立保险合同提供中介服务，并依法收取佣金的机构；第一百二十八条规定：保险经纪人因过错给投保人、被保险人造成损失的，依法承担赔偿责任。由此可见，保险经纪人代表的是投保人和被保险人的利益，是保护投保人和被保险人合法权益的保险中介，是投保人及被保险人可信赖又具备专业知识及能力的伙伴，通过保险经纪人将充分保障投保人及被保险人的合法权益，使保险工作得到更加妥善和合理的安排。保险经纪行为中，经纪人、保险人与投保人的关系如图 4-1 所示。在中国，保险经纪人主要是以保险经纪公司的形式存在的。

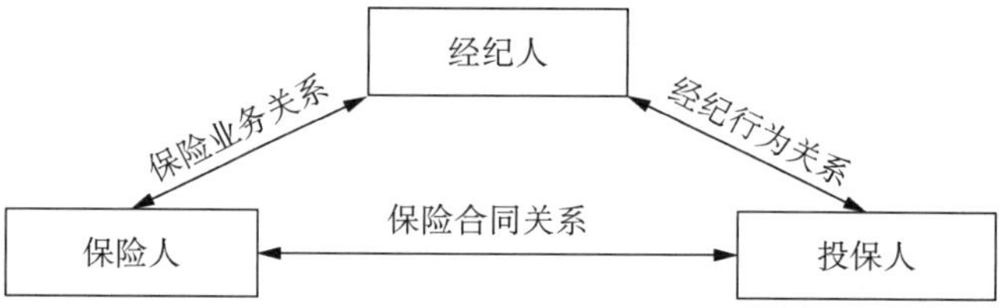

图 4-1　保险经纪关系图

中国的保险经纪公司于2000年正式获中国保险监督管理委员会(以下简称中国保监会)批准成立,分别是位于北京的江泰保险经纪、上海的东大保险经纪和广州的长城保险经纪,至此,中国的保险经纪行业才开始逐渐发展,标志着保险经纪行业正式成为国内保险行业大军中重要的生力军。2000年以来,保险行业取得了飞速发展,与此同时,保险经纪行业的业务也日益增多,发展迅速,可是与保险行业总体的发展相比,占据的规模非常小。2013年3月,中国保监会就保险经纪公司的发展第一次发布单独文件《关于进一步发挥保险经纪公司促进保险创新作用的意见》,显示了国家层面对保险经纪行业的充分重视;2018年2月1日,中国保监会公布了《保险经纪人监管规定》,并于当年5月1日起正式开始实施,该规定进一步规范了保险经纪行业的展业规则,防范行业风险,维护投保人、被保险人、受益人合法权益。

4.1.2 保险经纪业务的流程

保险经纪业务的流程一般可分为接受委托、风险评估、保险安排、客户服务、协助索赔等几个阶段,各阶段的主要业务流程如图4-2所示。

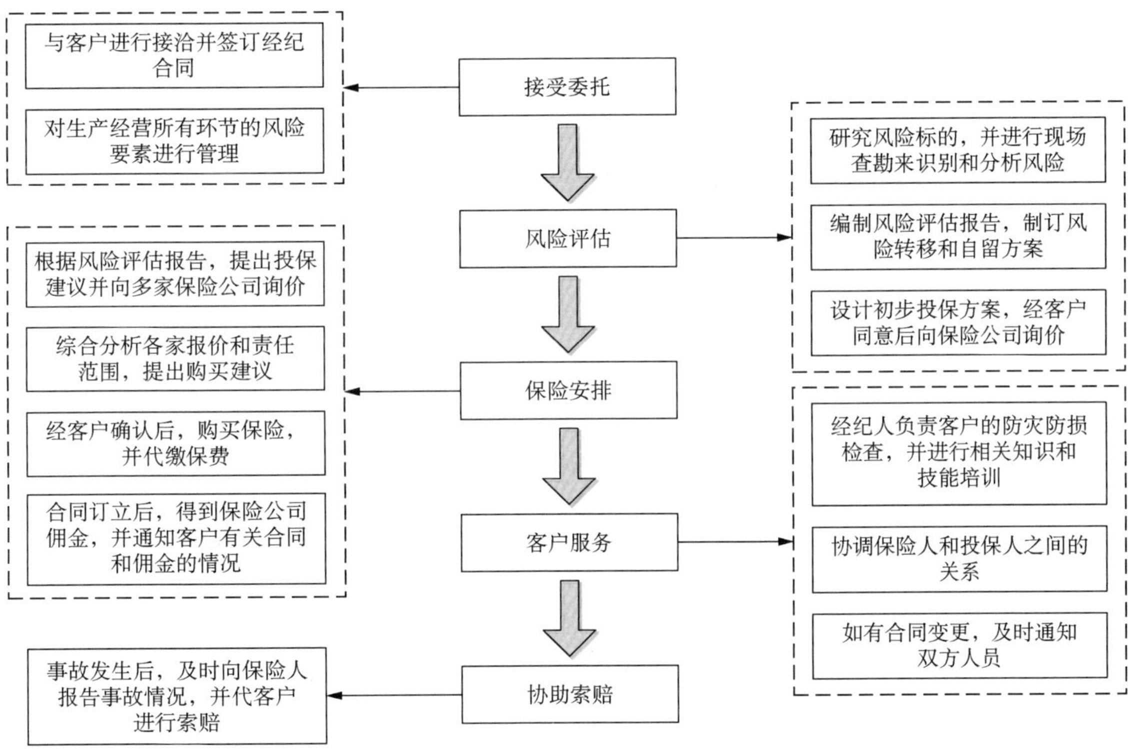

图4-2 保险经纪业务流程

4.1.3 保险经纪人的作用

工程保险经纪人一般拥有工程项目领域的资深专家,这些专家具有第三方地位优势,而且掌握专业的技术，在保险市场的作用是不可替代的。保险经纪人获取利润是通过为投保方和保险公司服务实现的，即提供标的风险和保险交易信息等。一方面，保险经纪人掌握一定的风险识别和评估的知识和技能，来帮助投保人进行保险公司的选择或者理赔等；另一方面，保险经纪人作为第三方，可以为需求者提供较为客观的报告。

在建设工程领域，保险的双方存在信息不对称的问题，保险经纪人以第三方的地位参与进来，以专业化的服务方式减少了信息不对称，大大提高了交易的效率，同时降低了保险双方的交易成本。第三方的参与在一定程度上化解了保险公司和被保险人之间的分歧和不信任。具体来说，保险经纪人的作用主要体现在以下几个方面：

（1）从法律角度来说，保险经纪人是站在投保人和被保险人的立场，在整个保险安排过程中代表二者的利益。

（2）保险经纪人具有专业的保险知识，更为全面地熟知保险流程，可以更加详细无误地识别投保人和被保险人实际面临的各类风险，能够根据项目的具体情况和特点有针对性地选择保单条款，为投保人"量身定做"保险方案，以增强保险的针对性，更有效地转移风险。

（3）在帮助投保人进行投保时，对于投保方的实际风险情况和保险需求，保险经纪人会采用规范严谨的"保险语言"表述给承保的保险公司，对于保险公司在保单中作出的各项承诺，通过"保险语言"表述给投保方。与此同时，保险经纪人需分析、判断保险费率、赔偿限额、免赔额等保单关键数据，理顺保单条款，尤其是特别约定和补充条款，以帮助投保方更为合理地选取与项目最匹配的承保公司，并协助投保方熟悉保险相关各方的法律关系，避免或减少因对保单的曲解而导致的额外纠纷。

（4）大型工程项目往往需投保不止一个险种，而且保障标的及投保时间各异，那么保险经纪人会宏观审视被保险标的，既做到不重复投保、不漏保，又能保障各险种的无缝衔接，以保障可以清晰界定各方保险责任。

（5）保险经纪公司具备丰富的保险行业信息，可以充分摸清保险行业各产品的保费情况，能为投保方提前计算并最终争取到更为公道的保险费，达到减少投保方保费成本的目的。

（6）在保险安排过程中，保险经纪公司依据专业的保险知识，保障保单条款的严谨性和实操性，同时可在保单生效后，持续跟进承保的保险公司对保单的履行情况，审查、完善和维护保单条款，确保保险合同的有效性。

（7）在协助投保方进行保险安排的同时，保险经纪公司还可承担风险管理咨询的工作，通过对投保方相关责任人进行必要的风险培训，有效地降低各类事故发生的概率。

（8）若工程项目出险，保险经纪人首先会协助投保方及时抢险救灾，防止损失进一步扩大，随后协助投保方准确地准备各类理赔资料，并向保险公司报案；当在理赔过程中发生纠纷时，保险经纪人将协助投保人或被保险人向保险公司索赔，建立公估定损机制以保证定损的时效性及合理性，以便被保险人可以快速得到应享有的赔付金额，切实保障投保方的利益。

4.2 保险代理

保险代理人作为保险中介市场的另一重要主体，在满足社会保险需求、完善保险市场机制、拓宽保险服务领域、服务经济社会和保险业等方面发挥了越来越重要的作用。本节主要介绍保险代理人的概念和发展历程、存在形式和业务内容以及影响两种保险中介发展的因素。

4.2.1 保险代理人的概念和发展

《保险法》第一百一十七条规定：保险代理人是根据保险人的委托，向保险人收取佣金，并在保险人授权的范围内代为办理保险业务的机构或者个人。保险代理机构包括专门从事保险代理业务的保险专业代理机构和兼营保险代理业务的保险兼业代理机构。顾名思义，保险代理公司就是根据保险人的委托，向保险人收取佣金，并在保险人授权的范围内代为办理保险业务的、以盈利为目的、从事商业经营活动的组织。保险代理行为中，代理人、保险人与投保人的关系如图 4-3 所示。

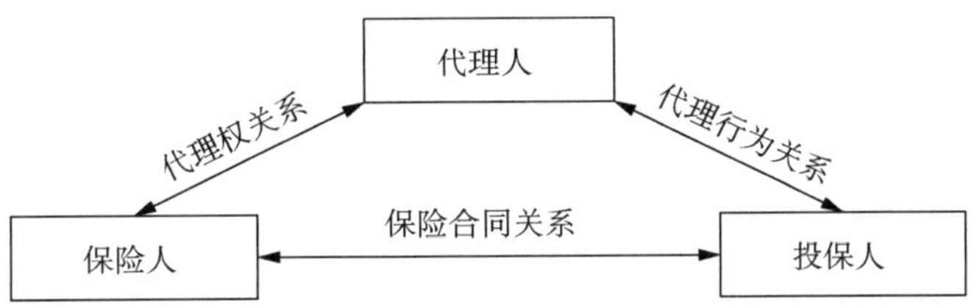

图 4-3 保险代理关系图

我国的保险代理人制度最早起源于 19 世纪 30—40 年代。当时因外商代理人不能满足外商保险公司在华的业务需求，外国保险公司委托一些中国洋行为其代办保险，这些洋行就成为我国保险代理人的先驱。1949 年以后，保险代理人则长期以兼业保险代理机构的形式存在于保险业领域。到了 20 世纪末，除了个人代理人数量快速增加外，也出现了国民、国泰、合盟等专业代理人，保险代理人开始尝试走多种形式共同发展的道路。而上海首家保险代理公司——上海祥生保险代理有限公司于 2001 年 8 月 8 日宣告成立，“祥生”可为一家人寿险公司、多家财产险公司代理销售保险产品。到如今，当年一些作为先锋的几家专业保险代理机构已经不复存在，直至 2010 年，华康获得保监会批复，成为我国保险专业中介十来年发展史上首家真正意义上的全国范围内的保险代理公司。

4.2.2 保险代理人的形式和业务内容

1. 保险代理人的形式

一般来说，现行保险代理人可以分为专业代理人、兼业代理人和个人代理人三种，其相应的特点对比如表 4-1 所示。

表 4-1　　保险专业代理人、兼业代理人及个人代理人特点对比

项目	专业代理人	兼业代理人	个人代理人
工商、税务登记	有	无	无
固定经营场所	有	有	无
业务员整体素质	较高	一般	较低
业务规模	较大	一般	较小
职业道德风险	小	较小	较大
政府监管	易	较易	较难
自律性	较好	一般	较差
客户信任度	较高	较高	较低
责任事故发生率	较低	较低	较高
收款风险	独立承担	部分承担	不承担
固定资产	较多	较少	较少
稳定性	好	一般	较差
安全性	可靠	可靠	有风险

2. 保险代理人的业务内容

依据表 4-1 的对比结果，不难看出，对于复杂的建设工程保险业务来说，最适合的代理人形式是专业代理人。所以，本小节主要探讨专业代理人的业务内容。

工程保险代理人的业务包括展业、承保、理赔、防灾防损、追偿几个阶段，其相应的业务内容如下：

(1) 保险展业。保险展业是指为保险人拓展保险业务量，并收取一定的手续费。

(2) 保险承保。保险承保业务是代理人同投保人相互之间进行协商，并签订保险合同的过程。承保包括代理业务的要约、承诺、检查、定费和签订保险合同的全过程，是保险经营的一个最重要的环节。承保最重要的工作是核保工作，即决定是否接受投保或是以何种条件接受投保。承保业务包括危险选择、保险单的填制和承保控制三个方面，此外，还要代保险人向投保人收取保险费用。

(3) 保险理赔。保险理赔工作是指代理人受保险人的委托，代表保险人根据保险合同事先约定的内容，并根据保险标的物出险后的实际情况，在进行调查研究后，履行其保险经济补偿义务的工作过程。理赔过程包括：接受客户出险通知单、审核、现场勘察、损失核定、责任核定、损余物资处理、计算赔款、赔付结案。

(4) 保险防灾防损。保险防灾防损是指代理人受保险人的委托，为了预防或减少因灾害事故发生所造成的损失，所采取的一系列组织和技术措施。它是保险行业的客观要求，也是代理人重要的业务内容之一。

(5) 保险追偿。保险追偿是指代理人代替保险人向事故责任人追求赔偿。

4.2.3 保险代理与保险经纪发展的影响因素

保险代理与保险经纪同为投保人与保险人之间的纽带，但是二者发展的选择侧重不同。

(1) 国民保险意识和保险市场特征是影响一国保险中介市场特征的一方面因素。国民保险意识决定着保险中介人的需求类型，当一国国民的保险意识较弱时，宜优先发展保险代理人，反之，应发展保险经纪人，如英国保险中介市场，保险经纪人处于主导地位。

(2) 保险市场特征也决定了一国保险中介市场特征。一国或地区的保险公司数目、市场竞争激烈程度，都极大地影响到保险中介人的展业空间，在由少数保险公司垄断的市场上，保险经纪人可供选择的保险公司少，市场的自由化程度低，发展保险代理人比较适宜，如日本保险市场中较为成熟的代理人制度。

(3) 保险监管重心也影响了市场对保险中介人的需求类型。若仅仅强调偿付能力监管，则对保险经纪人的需求较多；若强调市场行为监管，尤其是费率、险种等均由监管部门统一制定，则经纪人发挥的空间较小，能满足投保人各式各样需求的服务能力就会较弱，因此应该以发展代理人为主；若监管重点以上二者并重，可同时发展保险代理人和经纪人。

4.3 保险公司

现代建设工程项目的风险状况日益复杂，导致对工程保险的依赖程度越来越高，作为保险产品的提供者，拥有较强风险管理能力的保险公司，正逐步成为建设工程风险管理体系中不可或缺的一环。本节主要介绍保险公司的概念、市场定位及其风险控制目标。

4.3.1 保险公司的概念及其市场定位

1. 保险公司的概念

保险公司是专门从事风险集中与分散的企业，是经营风险的经济实体。保险公司的主要业务内容是与风险打交道，既要承担和转化客户的风险，同时又要防范和化解自身经营的风险。其自身的特点决定了它在经营活动中所面临的风险要大于其他企业，格外注重风险管理已成为保险公司生存和发展的内在要求。

保险行业是知识和信息密集型行业，对相关从业机构的准入限制较为严格。依据《保险法》第六十八条规定，“设立保险公司应当具备下列条件：(一)主要股东具有持续盈利能力，信誉良好，最近三年内无重大违法违规记录，净资产不低于人民币二亿元；(二)有符合本法和《中华人民共和国公司法》规定的章程；(三)有符合本法规定的注册资本(最低限额为人民币两亿元)；(四)有具备任职专业知识和业务工作经验的董事、监事和高级管理人员；(五)有健全的组织机构和管理制度；(六)有符合要求的营业场所和与经营业务有关的其他设施；(七)法律、行政法规和国务院保险监督管理机构规定的其他条件。”

2. 保险公司的市场定位

保险市场的主要参与主体包括投保人、保险人(保险公司)、被保险人、保险中介、再保险公司和监管机构,在建筑工程领域,各个主体的运行方式如图 4-4 所示。不难发现,保险人(保险公司)是整个保险体系的核心要素,与其他的所有参与主体均建立了直接的业务关系。

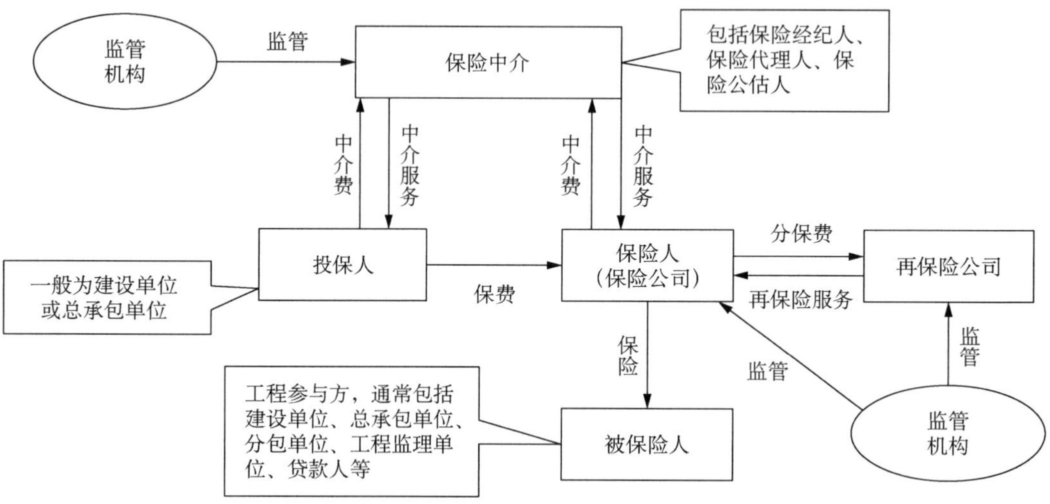

图 4-4　建筑工程保险参与主体的运行方式

4.3.2　保险公司承保后的风险控制目标

保险公司承保后的风险管理即风险控制机制的构建是保险公司业务经营过程的重要组成部分,也要为保险公司经营目标的实现作出相应的贡献。承保后风险控制的目标首先就是为了有效提高保险公司的经营水平、承保能力和获利能力;同时,承保后风险控制机制的建设也是为了提高保险公司的延伸服务能力,目标是提高保险公司的竞争能力。具体可将目标分为以下几个方面:

(1) 提高保险公司对承保标的的了解水平和监控水平。与一般财产保险相比,建筑工程保险的突出特点是承保的保险标的的风险是在不断变化的,并且与被保险人的工作情况密切相关。保险公司建立承保后风险控制体系的一个目标就是实现对保险标的风险情况数据的定期收集,监控被保险人的风险管理工作情况和工作水平,通过资料的收集来为承保后风险控制提供客观的操作依据。

(2) 提高保险公司的服务水平,提升相应险种的美誉度。最大限度地为投保人提供个性化的工程保险服务,这是工程保险业发展的必然要求。工程项目种类很多,用途多种多样,施工过程、复杂程度也各不相同,并且投保人对风险分散的要求也不尽相同。从这两方面考虑,保险公司应根据工程项目的特点和保护的个性化要求来为被保险人提供优质的风险管理服务,这个活动对保险人和投保人来说,是一种双赢策略。承保后风险控制体系的目标之一就是实现保险服务的延伸,为被保险人提供个性化的风险管理服务。通过这些服务,提高投保人、被保险人及社会对相应险种投保价值的认可和肯定。

(3) 降低承保赔付率，提高险种的获益能力。商业保险公司作为自负盈亏的独立法人机构，其经营的目标最终还是要落实到经济利益的获取。保险公司的制度安排和机制建设的目标也都是为了获利。保险公司对承保标的风险控制体系的构建，可以降低标的发生风险的概率，减少风险损失，进而实现降低承保赔付率和提升险种获益能力的目标。

4.4 建设工程质量风险管理机构

建设工程质量风险管理机构，因其所提供的技术检查服务(Technical Inspection Service, TIS)也被称为 TIS 机构，是指受保险公司委托，通过运用工程质量保险技术，对被保险建设工程项目潜在的质量风险因素实施辨识、评估、报告、提出处理建议，促进工程质量的提高，减少和避免质量事故发生，并最终对保险公司承担合同责任的工程保险技术机构。它是专门从事对工程建设过程中的质量风险或者工程使用过程中出现的质量缺陷，进行检查、检测、鉴定等评估技术服务的专业独立第三方机构。

TIS 机构的重要性日趋明显，从西班牙、法国等国的经验来看，解决建设工程质量管理与市场经济需求和风险管理规律的差距问题的有效手段就是在建设工程质量管理领域引入工程质量潜在缺陷保险(Inherent Defect Insurance, IDI)，并辅以相应的 TIS 机构进行风险控制。上海市曾在 2004 年 8 月在徐汇区小木桥路中房置业办公楼工程开展风险管理试点，其风险管理模式参见图 4-5。

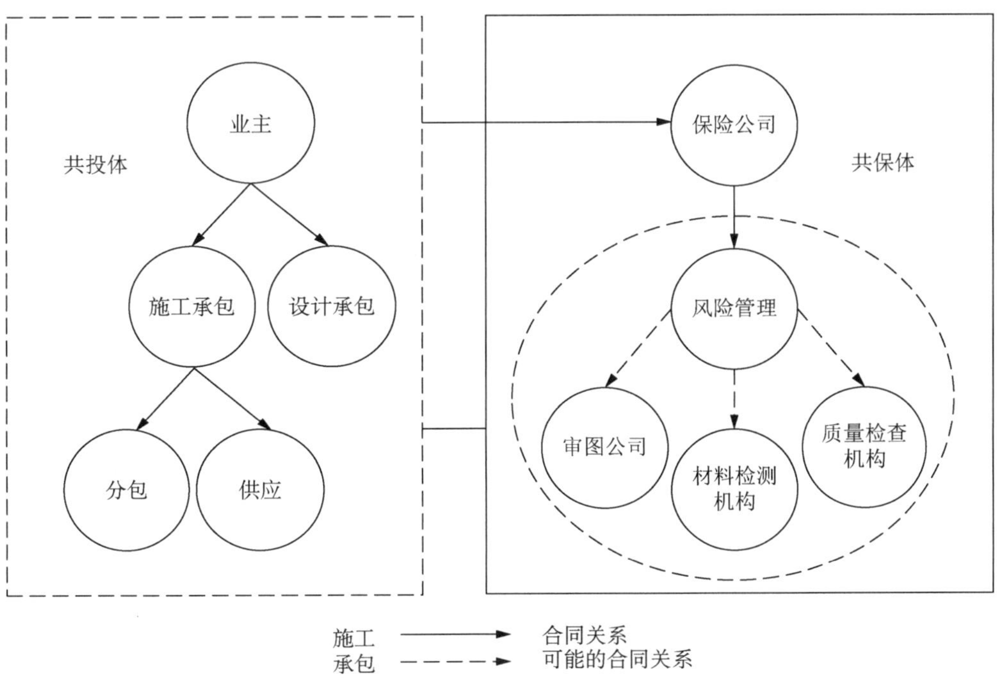

图 4-5 风险管理模式示意图

在该模式中，由业主牵头，联合设计承包商、施工承包商以及各级分包商、供应商等项目营造方和参与方组成共投体，向保险公司投保建筑/安装工程一切险、人身伤害保险和工程质量潜在缺陷保险三个险种，将工程风险向保险公司转移。而保险公司为了降低所承受的风险，则会委托风险管理公司对工程进行全过程质量和安全方面的风险控制，由此保险公司和风险管理机构共同组成了共保体。工程质量风险管理机构则是在整合建筑市场资源（包括审图公司、材料检测机构和质量检查机构）的基础上形成，由此具备了全过程控制的能力，提高了风险管理效率。

4.4.1 风险管理机构工作任务

1. 总体工作任务

由于工程建设项目不再单独聘请监理单位，当保险公司委托风险管理机构全面负责工程建设风险管理工作时，在理解建筑工程一切险、安装工程一切险和建设工程质量潜在缺陷保险条款的基础上，风险管理机构既要负责施工现场的工程质量控制、安全生产管理、工程保险阶段的服务工作任务，又要履行目前法规要求的监理工程师责任。建设工程风险管理机构工作内容如表 4-2 所示。

表 4-2 建设工程风险管理机构工作内容

工作任务	编号	工作内容
工程质量控制	1	制订和实施相应的监理措施，采用旁站、巡视和平行检验等方式对建设工程实施监理
	2	审查施工单位报审的施工组织设计、施工单位报送的开工报审表及相关资料、分包单位资格报审表
	3	督促检查施工单位的施工管理制度和质量安全文明施工保证体系的建立、健全与实施
	4	对有关的更改设计、施工技术措施等内容的必要性和合理性进行核定，并将审核意见报委托人备案
	5	审核施工单位提供的材料、构配件和设计的数量和质量
	6	设计对工程进行风险分析，并应制订工程质量、造价、进度目标控制及安全生产管理的方案，同时应提出防范性对策
	7	审查施工单位现场的质量管理组织机构、管理制度及专职管理人员和特种作业人员的资格
	8	审查施工使用的原材料、半成品、成品、设备的质量，进行独立平行检验和试验
	9	审查施工单位报送的新材料、新工艺、新技术、新设备的质量认证材料和相关验收标准的适用性，必要时应要求施工单位组织专题论证
	10	检查、复核施工单位报送的施工控制测量成果及保护措施，签署意见
	11	监督施工单位严格按现行规范、规程、标准和设计要求施工，控制工程质量。在关键的施工工序上必须进行旁站监理
	12	监理单位全面负责施工现场的监测管理，建立监测现场的巡视制度，抽查工程施工质量，对隐蔽工程进行复验签证

(续表)

工作任务	编号	工作内容
工程质量控制	13	对工程的施工质量提出质量评估报告,对安全、档案资料、文明施工提出评估意见,竣工验收按建设工程竣工验收备案制执行
	14	参与质保期内出现的工程质量问题的研究、分析,提出整改措施并落实整改
	15	审批质量事故或质量问题的处理报告,并检查质量事故或质量问题的处理质量
	16	负责编制一份包括所有竣工检验和测试的详细计划表,管理及负责所有竣工验收过程的检验和测试
	17	负责保管和更新缺陷及剩余工程的清单,并管理剩余工程的完成,缺陷工程的修补,再验收及接受
	18	审查竣工资料,负责汇编要求的所有工程记录
安全生产管理	1	审批专项安全技术方案,建立安全监理台账。建立安全监理管理体系,明确各项管理制度和措施,并加以实施
	2	审查施工单位现场安全生产规章制度的建立和实施情况
	3	审查施工单位报审的专项施工方案
	4	督促承包商依照安全生产的法规、规定、标准及监理合同的要求,制订相应的安全技术措施和安全生产责任制,建立完善的安全生产保证体系
	5	督促承包商落实安全交底制度
	6	巡视检查危险性较大的分部分项工程专项施工方案实施情况
	7	及时发现并制止承包商的各种违章作业,督促其整改。发现工程存在安全事故隐患时,应签发监理通知单,要求施工单位整改,情况严重时,应签发工程暂停令,并应及时报告建设单位
	8	检查并审核承包商的施工机械设备数量、性能、检修证,以及特种工种作业人员操作证等,确保机械设备的正常运转,消除安全隐患
	9	定期或不定期地对施工现场的安全用电、动用明火、防护设施、施工机械的安全性能、消防器材的设置、安全技术措施等落实情况进行专项检查
	10	检查主要施工机械质量鉴定证书和安全鉴定证书,督促承包商对主要施工机械进行定期的保养和安全检查,保证设备的安全和正常使用
	11	主持安全生产工作例会,并编写会议纪要
	12	执行国家、地方有关职业安全健康管理的法律、法规和标准,并督促施工单位执行
文明施工	1	督促、检查并协助承包商办理各类政府主管部门许可证及申报
	2	督促并检查承包商按规定做好施工区域与非施工区域之间分隔、路拦的设置
	3	检查并审核承包商对公用管线的保护措施和应急措施的落实情况
	4	检查并督促承包商保持施工沿线单位居民的出入口和道路的畅通,并按规定设置交通标志牌,夜间设示警灯,防止事故发生
	5	检查并督促承包商按规定进行各类材料及土方的堆放,严格控制施工噪声,减少施工对市容环境和绿化的污染

(续表)

工作任务	编号	工作内容
文明施工	6	检查并督促承包商,并按规定落实“五小”设施,落实防台、防汛、防涝等三防措施,消防措施,减少大气污染的措施等,建立各项管理制度
	7	加强文明施工的检查,每月组织文明施工例会,并编写会议纪要
	8	检查督促施工单位严格执行施工承包合同附件中所规定的“工程过程中环境的目标及要求”及职业安全生产健康要求
	9	工程竣工后,检查并督促承包商在规定期限内完成现场的清场工作
工程保修阶段服务	1	定期回访
	2	检查和记录建设单位或使用单位提出的工程质量缺陷
	3	对工程质量缺陷原因进行调查,并应与建设单位、施工单位协商确定责任归属
项目监理机构及其设施	1	在施工现场派驻项目监理机构
	2	将项目监理机构的组织形式、人员构成及对总监理工程师的任命书面通知建设单位
	3	工程监理单位调换总监理工程师时,应征得建设单位书面同意;调换专业监理工程师时,总监理工程师应书面通知建设单位
监理文件资料管理	1	建立完善监理文件资料管理制度,应设专人管理监理文件资料
	2	及时、准确、完整地收集、整理、编制、传递监理文件资料
	3	采用信息技术进行监理文件资料管理

根据工程实施情况可将风险管理机构的工作内容按项目建设期分为勘察设计阶段、招标投标阶段、施工准备阶段、建筑施工阶段、竣工交付阶段和缺陷责任阶段 6 个阶段,对各个阶段中可能导致保险公司出险的风险因素进行识别和评估,并提出相应预控措施,以降低工程质量安全风险,保证工程项目顺利实施。

2. 勘察设计阶段

(1) 工程勘察报告审查。工程勘察报告审查是设计和施工的基础,若勘察工作不到位,工程地质将无法被准确探明,为工程的施工和投入使用埋下极大的安全隐患。对工程勘察报告的审查主要包括以下主要内容:①是否符合《工程建设强制性条文》和其他有关工程建设强制性标准;②是否具备勘察单位资格,勘察文件单位责任人、勘察项目负责人以及各类图表、原始记录人签章是否齐全、有效;③提供的参数、结论与建议是否存在安全隐患;④是否达到勘察文件深度规定的要求;⑤是否有经政府有关部门批准的作为勘察依据的文件要求。

(2) 设计图纸审查。风险管理机构将依据国家及地方的设计规范,以及建设单位自行提供的技术标准(如有,且不低于国家及地方标准),对设计图纸进行审核,完成后提供一份审核报告至保险公司。保险公司将依据风险管理机构的审图报告,经过审核分析后,将报告中标明的设计问题转交给建设单位,对报告提及的问题逐一进行讨论。如对问题无异议,即由设计院修改图纸;如设计院对某问题有异议,或有解释、澄清,风险管理机构可根据设计院的书面回复再次进行审核。如设计院将对设计图纸进行修改、更新,需修改后重新提交风险管理机构复核,如风险管理机构对更新的设计图纸无意见，即该设计可通过风险管理机构审核；如风险管理机构对更新的图纸尚有意见，须由设计院再作修改，重新审核。

3. 招投标阶段

(1) 招标文件审查。招标文件是招标单位编制发布的有关项目招标的极为重要的文件，招标文件的编制质量直接影响到招标的结果和质量，具有导向、倾向和指向意愿，因此招投标阶段首先要进行招标文件审查。招标文件审查主要把握好几个重点内容：①法律的符合性审查，主要看有无违反法律法规的内容，重点是招标方式、时间规定、报价方法、评标办法和合同主要条款等；②审查实际的可操作性，审查招标文件的制订是否与招标的实际相吻合，是否易于操作；③招标文件用语是否明确，是否存有歧义。

(2) 投标商资格预审。在招标人发放招标文件前，对报名参加投标的申请人的承包能力、业绩、资格和资质、财务状况和信誉等进行审查，并确定合格的投标人名单。

4. 施工准备阶段

(1) 风险管理机构进场。风险管理机构拿到保险公司的合同文件后即可开展相关工作。为了顺利开展管理工作，风险管理机构应在拿到保险公司中标通知书后的一周内在保险公司的协调下与建设单位(或代建单位)取得联系。在风险管理机构进场一周内，建设单位(或代建单位)应以书面文件的形式，将风险管理机构的基本情况告知工程参建各方，尤其是工程总承包方。

(2) 收集工程相关资料。在风险管理机构与建设单位(或代建单位)取得联系后一周内，保险公司应向风险管理机构提供工程沿线综合管线图和道路情况、工程沿线建筑及基础资料、工程的整体进度计划、工程详细的施工组织方案与重大风险节点的专项方案、治安消防防汛工作规划、施工总包分包等参加单位的信息、施工过程中的相关调整方案、工程监测数据等。

(3) 项目总体风险评估。风险管理机构根据建设工程的建设规模、地质条件、气候环境条件、地形地貌、结构特点、施工工艺成熟度等风险环境与致险因子，估测工程施工期间的整体风险大小，确定其静态条件下的风险等级。

(4) 编制风险管理计划。在完成对项目总体风险评估后，风险管理机构应针对项目的实际情况和风险特点编制并提交相应的风险管理工作计划，计划内容应包括检查内容的安排、过程中需重点控制的阶段和部位、检查工作的要求和过程控制可能采取的相关措施等。风险管理计划中还应明确工程承包方给予现场风险管理的配合，对风险管理机构现场风险查勘过程中的询问不得隐瞒，对所需要的工程相关资料与监测数据必须无条件提供，风险管理机构有权要求保险公司进行相关督促，如查勘过程中出现施工方不配合而影响查勘工作的顺利进行，保险公司应出面进行协调与解决。

(5) 召开首次风险交底会。在项目开工前，风险管理机构应会同保险公司及项目参建各方召开一次工程风险首次交底会。在交底会上，风险管理机构将针对项目特点，对工程中可能存在的质量安全风险点、过程中质量安全检查的方式以及参建各方对质量安全检查需配合的相关事宜等进行告知，并发放首次风险交底告知书，以保证质量安全检查活动的顺利展开。

5. 施工阶段

（1）专项风险动态评估。工程建设总体风险评估等级达到高度风险及以上时，将其中高风险的施工作业活动（或施工区段）作为评估对象，根据其作业风险特点以及类似工程事故情况对其中的重大风险源进行量化估测，提出相应的风险控制措施，再结合检查中发现的问题列出缺陷清单，并出具报告。保险公司经过审核分析后，将其中的缺陷与建设单位进行协商整改。建设单位应组织施工单位对施工缺陷进行整改，负责整改工作的落实。风险管理机构对检查中发现的问题应进行跟踪，检查其整改情况，如已整改完毕，则该问题可关闭，如无整改，则应继续跟踪，直至整改完毕。

（2）现场文明施工管理。根据风险管理机构的职责要求，在施工阶段风险管理机构不仅要负责施工现场的工程质量控制和安全生产管理，还要做好现场文明施工管理。上海市建设工程文明施工管理规定中围绕施工现场“门、墙、网、声、光、尘”等要素，对施工现场文明施工提出详细要求，风险管理机构根据文明施工管理考核表定期对施工现场进行考核，对存在的问题列出清单，督促施工单位整改并对问题进行跟踪。

（3）提交风险管理报告。结合风险管理计划，对工程项目进行风险评价并编制风险管理报告，主要包括每月定期提交的动态风险管理月报、各阶段的阶段性风险评价报告、每年定期提交的动态风险管理年报、根据实际施工情况提供的动态风险管理简报及现场整改情况反馈报告等；风险管理报告汇总各个阶段所有的安全风险和管理情况，包括目前工程所处的阶段、所有的检查项目汇总、质量安全风险问题追踪情况汇总等。

（4）移交全部风险资料。在施工阶段后期，风险管理机构需将施工阶段以前的所有风险管理资料移交给保险公司，同时协助建设单位将部分归档资料进行归档。

6. 竣工交付阶段

工程竣工交付阶段，风险管理机构需参加竣工验收，同时提交项目竣工风险评价报告。风险管理机构应对该项目从立项开始到竣工整个过程的风险管理、风险问题跟踪情况进行汇总及评价，形成项目竣工风险评价报告并提交保险公司及建设单位。评价报告应包括检查情况汇总、整改及销项问题汇总（整个过程中所有要求整改问题的整改情况及其效果评价）、未销项问题（拒不整改或整改不力的）汇总及可能存在隐患的说明、需要进行无损检测的建议项、工程质量情况的总体评价及是否满足建筑工程质量保险的要求等。

7. 缺陷责任期

（1）缺陷责任期工程风险评价。项目竣工备案后，风险管理机构应对该项目进行实地回访检查，了解项目当前情况下的质量风险状况，并出具缺陷责任期工程风险评价报告。该缺陷责任期工程风险评价报告内容应包含对竣工遗留质量风险问题的跟踪复核、对在竣工备案两年内出现的质量问题的查看及产生原因判别、目前的质量缺陷是否得到妥善解决、保险费率是否需要调整等。缺陷责任期工程风险评价报告将作为竣工交付评价报告的补充文件提交保险公司及建设单位存档，作为是否继续承保该项质量保险以及调整质量保险费率的依据。

（2）工程质量缺陷调查。风险管理机构需要对工程质量缺陷原因进行调查，并与建设单位、施工单位协商确定责任归属。

4.4.2 风险管理委托合同

1. 合同订立要点

委托合同应首先明确委托人、风险管理机构以及见证人三方，经三方协商一致签订工程建设风险管理委托合同。

1）合同应明确风险管理范围

（1）质量风险管理：涵盖建设工程的实施过程，包括勘察、设计、施工、调试、验收及回访检查等，并与保险公司承保的建设工程质量潜在缺陷保险的保单责任范围一致。

（2）监理范围：施工阶段和质保阶段实施质量、安全、风险控制、文明施工、环境保护监理及合格工程数量审核签证，协助建设方对工程投资进行控制等该阶段规定实施的一切监理工作。

2）合同需明确风险管理工作目标

（1）工程质量目标要求：对被保险建设工程项目潜在的质量风险因素实施辨识、评估、报告、提出处理建议，促进工程质量的提高，减少和避免质量事故发生。全部工程的施工质量必须达到合格标准。

（2）安全生产及文明施工目标：严格执行国务院令（第 393 号）和地方有关规定，工程实施过程中不得发生重大的安全事故，无管线事故和火灾事故，特别是人身伤亡事故。施工现场必须符合地方政府关于文明施工的统一标准，创建文明工地。

（3）风险管理目标：在一定的工期和预算范围之内，将该工程在建设时期的风险降低至合理可行的最低限度。

（4）环境保护监理目标：符合国家和地方有关建设工地环境保护的法律、法规的要求。

3）合同文本文件

① 风险管理机构招标文件。

② 风险管理投标书、承诺书及中标通知书。

③ 合同标准条件及专用条件。

④ 合同专用条件及附加协议条款。

⑤ 风险管理合同。

⑥ 在实施过程中双方共同签署的补充与修正文件。

2. 合同标准条件

1）风险管理机构义务

风险管理机构按合同约定派出监理工作需要的监理机构及风险管理机构员，向委托人报送委派的总监理工程师及其监理机构主要成员名单、监理规划，完成施工风险管理合同专用条件中约定的监理工程范围内的监理业务。在履行合同义务期间，应按合同约定定期向委托人报告监理工作。

风险管理机构在履行本合同的义务期间，应认真地为委托人提供与其水平相适应的咨询意见，公正维护各方面的合法权益。风险管理机构使用委托人提供的设施和物品属委托人的财产。在监理工作完成或终止时，应将其设施和剩余的物品按合同约定的时间和方式移交给委托人。在合同期内或合同终止后，未征得有关方同意，不得泄露与工程、合同业务活动有关的保密资料。

2）委托人义务

委托人应当会同见证方指导并落实工程建设的所有外部关系的协调，为监理工作提供外部条件。根据需要，如将部分或全部协调工作委托风险管理机构承担，则应在专用条件中明确委托的工作。

委托人应当会同见证方在双方约定的时间内免费向风险管理机构提供与工程有关的为监理工作开展所需要的工程资料。委托人应当会同见证方在专用条款约定的时间内就风险管理机构书面提交并要求做出决定的一切事宜做出书面决定。委托人应当通知见证方授权一名熟悉本工程情况、能在规定时间内做出决定的常驻代表（在专用条款中约定），负责与风险管理机构联系。更换常驻代表，要提前通知风险管理机构。委托人应当会同见证方将授予风险管理机构的监理权利，以及风险管理机构主要成员的职能分工、监理权限及时书面通知已选定的承包合同的承包人，并在与第三人签订的合同中予以明确。

委托人及见证方在不影响风险管理机构开展监理工作的时间内提供如下资料：

① 参与工程合作的原材料、构配件、机械设备等施工厂家名录。

② 提供与工程有关的协作单位、配合单位的名录。同时，委托人及见证方应免费向风险管理机构提供办公用房、通信设施、风险管理机构员工的住房及合同专用条件约定的设施。根据情况需要，如果双方约定，由委托人及见证方免费向风险管理机构提供其他人员，应在施工风险管理合同专用条件中予以明确。

以上委托人义务涉及见证方的由见证方负责落实及实施。

3）风险管理机构权利

风险管理机构在委托人委托的工程范围内，享有以下权利：

（1）对工程设计中的技术问题，按照安全和优化的原则，向设计人提出建议。

（2）审批工程施工组织设计和技术方案，按照保质量、保工期和降低成本的原则，可向建设方提出建议。

（3）征得委托人及见证方同意，风险管理机构有权发布开工令、停工令、复工令，但应当事先向委托人及见证方报告。如在紧急情况下未能事先报告，则应在 24 小时内向委托人及见证方做出书面报告。

(4) 工程上使用的材料和施工质量的检验权。对于不符合设计要求和合同约定及国家质量标准的材料、构配件、设备,有权通知承包人停止使用;对于不符合规范和质量标准的工序、分部分项工程和不安全的施工作业,有权通知承包人停工整改、返工。承包人得到监理机构复工令后才能复工。

(5) 工程施工进度的检查、监督权,以及工程实际竣工日期提前或超过工程施工合同规定的竣工期限的签认权。

(6) 在工程施工合同约定的工程价格范围内,工程款支付的审核及签认权。未经总监理工程师签字确认,业主不支付工程款。

在监理过程中如发现工程承包人员工作不力,监理机构可要求承包人调换有关人员。在委托的工程范围内,委托人及见证方或承包人对对方的任何意见和要求(包括索赔要求),均必须首先向监理机构提出,由监理机构研究处置意见,再同双方协商确定。当委托人及见证方和承包人发生争议时,监理应根据自己的职能,以独立的身份判断,公正地进行调解。当双方的争议由政府建设行政主管部门调解或仲裁机关仲裁时,应当提供作证的事实材料。

4) 委托人权利

委托人有对工程规模、设计标准、规划设计、施工工艺设计和设计使用功能要求的认定权,以及对工程设计变更的审批权。风险管理机构调换总监理工程师须事先经委托人同意。委托人有权要求风险管理机构提交监理工作月报及监理业务范围内的专项报告。当委托人发现风险管理机构人员不按施工风险管理合同履行监理职责,或与承包人串通给委托人或工程造成损失的,委托人有权要求风险管理机构更换风险管理机构相关人员,直至终止合同并要求风险管理机构承担相应的赔偿责任或连带赔偿责任。

5) 风险管理机构责任

风险管理机构的责任期即委托施工风险管理合同有效期。在监理过程中,如果因工程建设进度的推迟或延误而超过书面约定的日期,双方应进一步约定相应延长的合同期。风险管理机构在责任期内,应当履行约定的义务。如果因风险管理机构过失而造成了建设方(在合同中的见证方)的经济损失,应当向委托人进行赔偿。累计赔偿总额不应超过监理酬金总额(除去税金)。

风险管理机构对承包人违反合同规定的质量要求和完工(交图、交货)时限,不承担责任。因不可抗力导致委托施工风险管理合同不能全部或部分履行,风险管理机构不承担责任。风险管理机构向建设方提出赔偿要求不能成立时,风险管理机构应当补偿由于该索赔所导致建设方的各种费用支出。

6) 委托人责任

委托人应当履行委托施工风险管理合同约定的义务,如有违反,则应当承担违约责任,赔偿给风险管理机构造成的经济损失。委托人如果向风险管理机构提出的赔偿要求不能成立,则应当补偿由该索赔所引起风险管理机构的各种费用支出。

3. 合同专用条件

(1) 风险管理机构应根据工程具体特点以及委托方的要求，编制风险管理和安全管理实施方案和程序，并报承包人和委托人备案。

(2) 风险管理机构应定期以书面形式向承包人和委托人上报风险管理情况或者按工程的实施阶段提供服务范围内的专项报告。

(3) 加强风险的预控和预警工作。在项目实施过程中，要不断地收集和分析各种信息和动态，捕捉风险的前奏信号，以便更好地准备和采取有效的风险对策，应对可能发生的风险，并且把相关的情况及时向委托人反映。

(4) 在风险发生时，及时采取措施控制风险发生的损失。

(5) 在风险发生后，尽力保证工程的顺利实施，迅速恢复生产，按原计划保证完成预定的目标，防止工程中断和成本超支，抓住一切机会对已发生以及可能发生的风险进行严格地控制。

(6) 要对工程建设参与各方尤其是施工单位加强风险管理的教育，刺激施工单位加强风险防范的意识。

(7) 竣工交付 6 个月后，由监理方依据竣工验收报告，对工程的质量、安全、风险进行后评估，并提交后评估报告。

第三篇

技术篇

城市建设技术类工作关系重大，直接决定了工程的质量安全，事关人民群众的生命财产安全。技术风险管控是城市建设的重中之重。本篇为技术篇，按照城市建设流程，对城市建设规划、勘察、设计、施工等工程建设阶段的技术风险进行管控，同时，还从全生命周期的核心理念出发，引入了城市建设的更新改造，阐明了以流程为中心的风险防控要点。

5 城市建设规划、勘察与设计风险防控

城市规划是城市发展的起点，在城市建设、城市运行和城市管理等过程中具有举足轻重的作用。城市规划不仅是城市建设的蓝图和资源配置的依据，也是政府公共政策和市民共同愿景的体现。城市规划是根源，它的合理性，在一定程度上影响了城市风险的大小。而勘察与设计阶段的质量好坏是影响单体建筑物使用寿命的关键。有资料表明，多达40%的质量问题是由于勘察和设计原因引起的，因此，勘察设计阶段的风险识别至关重要，是有效降低建设风险的关键。

5.1 城市建设规划风险

城市规划是有关城市的未来发展、城市的总体布局和资源的合理配置、城市各项工程建设的综合部署，是政府履行经济调节、市场监管、社会管理和公共服务等职能的重要依据。城市建设规划风险是指由于政府对城市规划的变动或不合理规划给城市带来不良后果的可能性。

影响城市规划的因素多而复杂，城市规划专业人员依据区域经济和社会经济发展规划等，按照传统规范的方法，确定城市规划的人口指标、用地指标，进而完成一系列城市规划的各项内容，整个过程看似依据充分，实则不然。相关部门对未来经济发展、社会进步程度、城市环境、城市聚集资源和人口能力预测等，本身就面临一系列不确定性影响，不确定性就意味着风险的存在。因此，对城市建设规划风险进行识别与防控是保障城市可持续发展的重要环节。

5.1.1 城市建设规划理念

我国《城市规划基本术语标准》(GB/T 50280—98)将城市规划定义为“城市经济社会发展、土地利用、空间布局和一定时期内各种建设的综合部署、具体安排和实施管理”。根据大英百科全书，“城市规划和重建的目的不仅是安排城市形体——建筑、街道、公园、公用事业和其他城市需求，更重要的是，实现社会和经济目标”。谭纵波在《城市规划》一书中认为，城市规划具有如下四个语义要素：①限定的空间范围；②实现社会、经济诸目标的技术手段；③以物质空间作为对象；④包含政策性因素和社会价值判断。城市规划提出了城市的建设方向，它不仅考虑城市空间布局，还涵盖了社会、经济等要素。因此，要建设好城市，需要统一有效的城市规划，才能协调各方面发展，整合城市建设。1986年乌尔里希·贝克在《风险社会：迈向一种新的现代性》一

书中首次提出了“风险社会”的概念。他从社会发展的视角将风险划分为前工业化社会风险、工业社会风险和风险社会风险。根据这种理论划分，我国当前处于传统风险和现代风险并存、过程风险和结构性风险同在的特殊阶段。风险社会的风险不仅来源于自然灾害，更多的是由于人们缺乏远见的或偏差的决策与行为引起的。中国正处于城市化转型时期，城市中各种矛盾和潜伏危机众多。城市已成为中国人口、政治、经济、文化等的主要载体，也成为多灾害、高风险地区。面对与日俱增的社会风险不可控因素，越来越多的新理念也被引入到城市建设中，如“韧性城市”“海绵城市”“智慧城市”等。

韧性城市的理念，最早由加拿大知名生态学家霍林(Holling)于1973年提出。他指出，韧性是指一个系统能够快速恢复其原始状态并保持其结构和功能的能力。艾伯蒂(Alberti)对韧性城市的定义是，城市在一系列结构和过程变化重组之前，所能够吸收与化解变化的能力与程度；韧性联盟(Resilience Alliance)则认为，韧性城市是城市或城市系统能够消化并吸收外界干扰，并保持原有主要特征、结构和关键功能的能力。韧性城市在规划时不但考虑到灾前的评估，更要考虑到灾后及时的应急机制，保障城市在受灾后尽快恢复原状。

海绵城市概念的产生源自于行业内和学术界习惯用“海绵”来比喻城市的某种吸附功能。海绵城市的建设理念不但包括先进的生态雨洪管理技术、城市内部排水系统和雨水利用，还包括生态防洪、水质净化、地下水补充、棕地修复、生物栖息地的营造、公园绿地营造，以及城市微气候调节，等等。海绵城市可以缓解城市的内涝风险，减少城市水污染，还能形成良好的水生态系统。

智慧城市是一个集数字城市、生态城市和创新型城市于一体的三维城市概念，它包括技术属性和社会属性：通过先进的数字技术赋予城市智能性，通过教育培育人的创造力和智慧，通过文化陶冶人的情操，进而提升百姓生活的安全感和幸福感。智慧城市的愿景是将信息通信技术应用到城市运营和发展的方方面面，通过计算机化的系统结构有效完成感知、处理、决策等复杂行为，使城市环境更加宜居、城市运营更加智能、城市管理更加高效。未来城市的风险管理工作离不开智能化信息技术，智慧城市可以更新风险管理的技术手段，对城市建设风险进行实时监测与控制。

5.1.2 城市建设规划风险识别

我国城市面临许多灾害，这些灾害不仅种类形态具有多样性和集中性，发展还具有复杂性、连锁性和放大性，对我国的城市建设规划提出了新要求和新标准。新形势下，城市建设规划应基于上文提到的规划理念，分析城市未来可能面临的风险，在规划中予以考虑，尽量减少城市灾害的人员伤亡与经济损失。

城市建设规划需要考虑到的风险分为自然风险、工业风险、人群聚集场所风险、建筑工程与安装工程风险、公共卫生风险和生态环境风险6个方面。

1. 自然风险

在城市中，常见的自然风险有洪涝、台风、地震等。自然风险与其他风险不同，它不能够被阻止，只有通过预防与应急救援，才能缓解自然灾害造成的后果与损失。在全球变暖的大背景下，越来越经常出现极端天气事件，也对自然和社会产生了重大影响。

2. 工业风险

工业风险主要来自有毒、有害、爆炸性物质和能源以及工业设备、设施和场所，如加油站、危险化学品储存及操作设备、危险化学品生产企业等。需注意工业危险设施的位置和危险单位（来源）周围的土地利用规划，否则，一旦发生事故，将产生重大后果和影响。

3. 人群聚集场所风险

城市化的加速，使城市人口高度集中，也导致近年来发生在城市公共聚集场所的群死群伤事件日渐增多。城市公共聚集场所安全风险，主要是因为公共聚集场所安全设施不达标、公共安全管理混乱、缺乏必要的疏散通道与避灾场所、应急救援器材不全以及市民安全意识和自救知识欠缺等，在规划时应着重考虑以上风险。

4. 建筑工程与安装工程风险

建筑工程与安装工程是城市建设的一部分，不但是城市运行的基础，还为市民提供了活动场所。工业的发展和城市的扩张，使得建筑工程与安装工程日益增多。建筑行业本身是高危行业，建造过程中易发生安全事故，质量低劣的建筑产品在运行时可能会导致严重的安全事故，造成更大的人员伤亡和财产损失。

5. 公共卫生风险

突发的公共卫生事件会给社会造成极大的不安和恐慌，严重影响社会安定和经济的发展。因此，必须把城市防疫纳入到城市建设规划中，使应对措施更加全面。

6. 生态环境风险

城市生态环境风险是指由于城市的生态平衡遭到破坏，生态系统的结构和功能严重失调，从而威胁到城市的生存和发展的现象。城市生态环境风险一般可以分为两类：

(1) 由于不合理地开发利用自然资源所造成的生态环境破坏。

(2) 由于城市和工业高度发展产生的“三废”（废水、废气、废渣）污染而引起的生态风险。

5.1.3 城市建设规划风险防控

城市的安全发展离不开城市总体建设规划的科学编制，城市建设规划的风险防控应重点考虑以下几点：

1. 合理规划城市建设用地

首先应重视城市建设用地的选址，避免在滑坡、崩塌、泥石流下游或岩溶塌陷易发生的地段进行城市建设。同时，城市规划还必须对可能引发或加剧地质灾害的建设项目进行认真科学的分析和决策，以避免破坏城市地质环境。

2. 科学进行城市功能布局

城市用地应当具有良好的功能布局，并符合防灾、抗灾的要求。土地利用功能布局是城市规划设计的核心，应全面考虑，统筹兼顾。

对于旧城区，由于其房屋相对老旧，且建筑密度较高，因此存有许多安全隐患和不利于城市防灾的因素。其风险防控措施的编制应与旧城改造策略相结合，优先考虑危险区块的改造，确保老城区有防灾减灾空间，并考虑建设或重建一定数量的防灾据点和疏散场所。

对于现有中心城区，风险防控策略应以重点建筑和重要建筑的易损性分析为基础，确保事故发生时此类建筑物正常运行。

对于城市未来重点发展的区域，应按照可持续发展的原则进行安全规划和风险评估，合理确定工业园区、居民区和商业区布局。

3. 合理开发避灾场地和地下空间

避灾场所规划应遵循“平灾结合”的原则，避灾和避难场所平时可用于教育、体育、娱乐和其他生活和生产活动，灾害发生时，则可用于灾害预防和疏散，如防灾公园。城市地下空间具有节约用地、安全、抗震、隔音、恒温等优点，因此，有必要对其做好规划，结合城市抗震、防火、防空等总体布局，将人防系统与民防系统相结合。

4. 科学设计防震、防洪、防火、交通等城市各项设施

地震难以预防，因此城市规划主要考虑如何减轻地震灾害的问题，即在城市规划和建筑设计中采取有效的技术手段，减轻地震造成的生命财产损失。城市空间规划应预留疏散空间，使居民在地震发生时能够利用公园、绿地、空地和街道进行躲避与自救。

对于防洪，一方面要提高现行城市防洪标准和设防水平，重视防洪排涝系统的规划建设；另一方面要详细研究城市化进程对城市防洪排涝造成的新障碍，减少不利因素。

对于火灾，首先，有必要协调城市规划中各级消防设施的布局，如消防调度指挥中心、消防站、消防栓等；其次，要按照《城市消防规划规范》(GB 51080—2015)，实施各种消防要求，增强城市防御火灾和应急救援能力，实现预防火灾、减少火灾危害的目的。

在交通风险防控方面，应按照交通事故规律，从城市规划布局模式入手，建立立体交通网络和现代交通管理体系，使各类交通都能得到有效保障。

5. 完善城市风险决策支持系统和信息管理系统

城市风险防控需要将风险信息与空间信息集成，实现信息可视化和科学决策。一方面，利用空间信息技术构建多源风险数据集成平台，在电子地图上重叠各种地理要素，对空间定位和属性进行集成管理，并结合空间分析和模型，实现城市风险的综合分析；另一方面，应加强信息共享。当风险事件发生或即将发生时，依靠信息管理系统进行即时传输，各个管理部门之间共享减灾信息资源，进而可实现各职能部门的快速直接反应。

5.2 城市建设工程勘察风险

工程勘察是城市工程建设的先导和灵魂，是贯彻落实城市发展规划、产业政策和促进先进

技术向现实生产力转化的关键环节，是提高建设项目投资效益、社会效益和保障工程质量安全的重要保证。假如一项工程项目缺乏必要的考察，后续施工时，很可能出现因地质环境勘察不到位引起塌陷等问题，为城市安全带来巨大隐患。因此，对城市建设工程勘察风险识别与防控是防范城市安全风险事故发生的重要环节。

5.2.1 工程勘察的阶段和内容

工程勘察的主要任务是进行工程测量、地形测绘、工程地质和水文地质勘查，为设计提供必要的和主要的基础资料，因此其对城市工程建设的进度、质量和效益影响都十分巨大。风险管理项目部从方案评审结束后介入工程，其主要管理对象为岩土工程的详细勘察。

工程勘察风险管理的总目标是保证整个勘察工作的质量，提高勘察成果的准确性及建议的可行性。实现这个总目标的前提是要实现如下几个子目标：①保证勘察工作符合国家法律、法规，并遵守科学的工作程序；②保证勘察的工作量符合规范规定和设计需要；③保证勘察成果能正确反映客观地形和地质情况，确保勘察原始资料的准确性；④提出明确的评价、结论和建议；⑤避免在勘察过程中产生安全事故。

在勘察阶段方面，可分为可行性研究勘察、初步勘察和详细勘察三个方面。可行性研究勘察是对各研究工程方案场地内的区域性工程地质条件，尤其是对工程方案的比较有关键性影响的不良地质、特殊性岩土、重点工程地段的工程地质条件，进行必要的工程地质勘察。初步勘察的目的是依据工程可行性研究报告提出的推荐建设方案，进一步做好选址工作，为编制初步设计文件提供必要的工程地质依据。详细勘察的目的，是根据已批准的初步设计文件中所确定的修建原则、设计方案、技术要求等资料，有针对性地进行工程地质勘察工作，为确定工程构造物的位置和编制施工图设计文件提供准确、完整的工程地质资料。

在勘察内容方面，也可分为可行性研究勘察、初步勘察和详细勘察三方面。可行性研究勘察的重点是工程方案的主要地质环境，包括水文、地质、气象、地震等自然条件，工程场地内不良地质的分布范围及工程地质特征，在此基础上对工程所在区域的地质条件进行初步评价。初步勘察的内容一般包括：查明工程所在区域的地质、水文地质、工程地质条件，并作出评价；进行综合地质勘察，初步查明对确定工程场地位置起控制作用的不良地质条件，特殊岩土的类别、范围、性质，评价对工程的危害程度，为治理对策提供地质依据；查明工程建筑场地的地震基本烈度，并对建筑场地按设计需要进行场地烈度鉴定或地震安全性评估；提供编制初步设计文件所需的地质资料。详细勘察内容一般包括：在初勘基础上，根据设计需要，进一步研究施工场地的工程地质条件，最终确定建(构)筑物的位置；确定建(构)筑物地基的地质构造，提供工程和基础设计施工所需的地质参数；根据初勘编制的不良地质及特殊岩土防治方案，明确其防治设计所需的分布范围、性质、地质资料和地址参数。

5.2.2 工程勘察风险识别

目前许多初勘、详勘工作在勘察任务、工作要求深度及成果资料上不加区别，如初勘工作超越勘察阶段的要求，去做属于详勘阶段的工作，而忽略区域性、规律性方面的工作；详勘阶段应做的勘察、测试、试验工作，又严重不足，与初勘一样深度，提供的资料满足不了施工图设计的要求；复杂场地，大中型工程，只做一次性勘察，严重忽视区域性、规律性方面的研究，对稳定性评价论述不够。具体的工程勘察风险如图 5-1 所示。

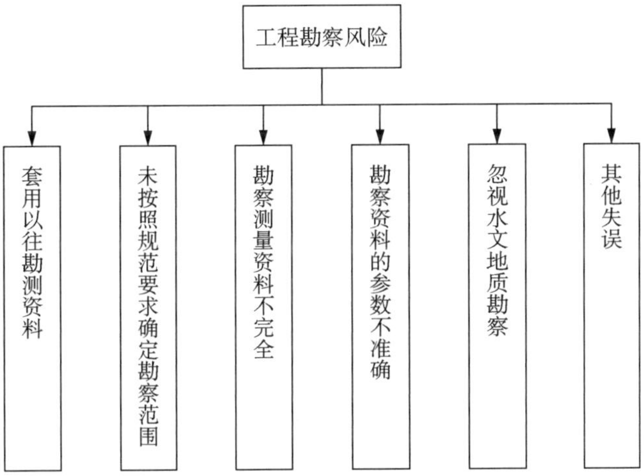

图 5-1 工程勘察风险识别

5.2.3 工程勘察风险防控

结合上文对工程勘察风险识别的论述，工程勘察风险防控需考虑以下几点：

（1）对场地进行认真、仔细的实地勘察，而不是套用附近建(构)筑物以往的勘察资料来指导城市建设工程设计。

（2）按照规范要求和工程的实际要求确定勘察范围，布置勘探孔位间距和深度，全面了解城市建设工程地质情况。

（3）按照规范要求勘探、测试、试验，提供详细、全面的勘察测量资料。

（4）勘察资料提供的参数确定要同施工中实际岩土体的状态相同，特别是对城市建设工程安全影响很大的参数，提供的设计参数必须准确。

（5）勘察单位要重视专门水文地质勘查工作，不能简单引用本地区的经验数据，需进行专门试验，以免造成失误。

（6）对一些城市建设工程特殊情况下的勘察工作，除按规范规定的常规勘察外，要根据工程所在地区地质情况有针对性地勘察。

5.3 城市建设工程设计风险

建筑设计是城市建筑工程的核心部分，对城市建设工程项目的经济性和工程质量有着重要的影响。因此,建筑设计阶段的风险管理尤为重要。城市建设工程设计风险管理是指建筑工程设计参与方对设计风险识别、风险评价、风险估测与风险控制,以及解决风险侧面影响的决策和措施的过程。城市建设工程设计风险管理是一个持续连贯的过程,它可以降低设计的不确定性,让决策更科学、设计更合理,保证目标控制的顺利实施。

5.3.1 工程设计风险识别

1. 工程设计风险识别的目的与意义

工程风险识别是对其进行评估与管理的第一步。由于风险在大多数情况下并不明显,隐藏于项目的各个方面,或者被各种幻象所掩盖,因此,有必要针对工程在实施过程中各阶段存在的风险进行识别、归类、分析、评估,从而提出切实可行的控制办法。具体来说,工程风险识别中的设计风险的识别旨在确定工程设计阶段存在哪些风险,了解这些风险可能会对工程项目产生什么样的影响,并将这些风险及其特性进行归档。通过所得数据,可以对已知风险采取积极的应对措施。

工程设计是整个工程项目实施的总体规划,设计质量直接影响工程的进度和质量。工程设计需要根据市场的具体要求,确定好相关的建筑标准、构筑物空间、结构形式、构筑物平面布置、建筑群的安排设计以及施工过程中所需的资金、环境、技术等条件,并对上述情况进行综合分析和论证,编制相应的设计文件对项目进行初步审定。设计阶段的失误很可能会影响整个项目的顺利完成,因此务必要对设计阶段进行风险分析,通过科学的方法和手段来避免施工中可能出现的风险问题。

2. 工程设计风险识别的过程

工程设计风险识别是其风险管理中的一项基础工作。具体的主要内容包括收集资料、分析不确定性、确定风险事件、编制风险识别报告等。

1) 设计阶段收集数据或信息

一般来说,风险是由不完整的数据或信息造成的。因此,可能难以收集到与风险事件直接相关的信息,但风险事件并不总是孤立的,可能存在一些与它们直接或间接相关的信息,或可与本项目相比较的信息。在设计阶段,工程项目的风险识别应侧重以下几方面数据信息的收集。

(1) 工程项目环境方面的数据资料:工程项目的设计工作需要充分考量与其相关的自然和社会环境。自然环境的地质、水文、气象等对工程的实施有很大的影响,社会环境的政治、经济、文化因素也对工程设计和施工有重要影响。例如,工程地质条件的变化会对设计方案等造成较大的影响。因此在工程设计阶段的风险识别中,有必要收集和分析工程项目环境方面的资料和数据。

(2) 类似工程的有关数据资料:在工程设计阶段进行风险识别时,需要收集以往类似工程项目的数据。对于有过参与类似工程项目的设计人员来说,其经验教训是非常宝贵的财富,对当前工程项目的设计和之后的建设工作有重要的参考价值。这些经验财富可以是类似的环境背景，可以是类似的工程结构，也可以是其他经验的共同作用及结合。在进行类似工程的有关数据资料收集工作中，要注重上述几个方面，还可包括过去的档案记录、工程总结、以往出现的安全事故处理文件等。关于这些资料的研读和分析，对当前工程项目在设计阶段的风险识别有着十分重要的意义与价值。

(3) 工程的设计文件：工程设计文件中规定了工程的结构布置、形式、尺寸，以及采用的建筑材料、规程规范和质量标准等，对这些内容的改变均可能会引来风险。在进行工程设计阶段的风险识别工作时，应充分研究工程设计文件，并针对各项中存在风险进行客观评估，若有不当之处或针对可能出现的风险，需要及时进行方案优化，在设计阶段做好风险的控制，尽可能降低灾害发生的可能性。

2) 分析设计阶段不确定性

(1) 过程中不确定性分析：在工程设计阶段，其工作推进的各个过程中，不确定事件的类型和不确定性程度存在很大差异。因此，应当抓住各部分要点，据此对可能出现的风险进行分析工作。

(2) 不同设计结构的不确定分析：不同项目的工程结构具有不同的特点，其影响因素也不同，即使工程项目结构相似，但其不确定因素影响程度也可能不同。因此，对不同的设计结构进行相应的不确定分析工作是必要的。

(3) 工程建设环境及背景的不确定分析：工程建设环境是引起各种风险的重要因素之一。如上文所述，无论是自然环境还是社会环境，其影响都有所差异。应对建设环境进行较为详尽的不确定性分析，进而分析由此引发的工程项目风险。

3) 确定设计阶段风险事件，进行风险归纳和分类

在工程不确定分析的基础上，应进一步分析这些不确定因素引发工程项目风险的大小，然后对这些风险进行归纳和分类。为方便风险管理，其分类方式可按工程项目内部、外部来进行，或按技术和非技术进行，或按工程的目标进行分类，等等。

4) 编制设计阶段工程风险识别报告

在上述风险分类的基础之上，应编制出相应的风险识别报告，作为设计阶段风险识别的成果。其主要内容包括以下几个方面：

(1) 已识别出的工程风险。在设计阶段，已识别出的工程风险是该阶段风险识别工作的重要成果之一。该结果经常以风险清单的形式出现，风险清单能将工程在相应阶段所面临的风险进行汇总并按类进行排列，给人们以一个整体的感觉，能使工程设计人员对其设计过程中可能碰到的风险有比较准确的判断，并针对相应的风险项确定其应对方法，预知其连锁反应。

(2) 潜在的工程风险因素。潜在的工程风险是指尚没有迹象表明将会发生的风险，是人们主观判断的风险，通常是一些独立的工程项目风险事件，如项目特殊团队成员的辞职等。当然，潜在的工程风险可能会发展成为现实中的工程风险，即其发生有一定的可能性。因此，对于可能性或者损失相对较大的潜在工程风险，应注意对其进行相应的跟踪和评估。

(3) 工程风险的征兆。工程风险的征兆是指工程项目风险发展变化的可能趋向。设计阶段是工程项目的开始阶段,应在该阶段对有关征兆予以留意,并在必要情况下针对可能出现的风险制订相应的处理办法。

3. 工程设计风险识别的方法

工程设计阶段风险识别有多种方法,可以采用专家访谈或者问卷的形式;也可根据具体项目的管理经历,对当前工程设计阶段可能会遇到的风险作出分析;此外,还可以利用已掌握的类似工程风险管理数据和资料,对项目设计阶段的风险进行识别等。在具体的工程设计阶段风险识别工作中,除了应用上述的分析思路外,通常可利用下列的一些具体工具和方法。

1) 核查表法

人们在自身先前的工程项目管理中,或者是其他人在类似工程项目的实践中,对于其可能出现的风险因素经常会进行一些归纳和总结。对于设计阶段的工作来说,这些归纳总结的资料恰好是识别工程项目风险的宝贵资料,可以将其列成表,然后将当前的建设环境、建设特性和建设管理情况与之进行比较,为风险分析提供依据。

2) 分解分析法

分解分析法即是由分解原则,将复杂的事物分解成较为简单的、容易被识别的事物,将整体分解成若干小系统,从而识别出可能存在的种种风险与潜在损失。在工程设计阶段的风险识别过程中,可以按照项目结构和引起风险的因素进行分解,即主要包括两个方面的内容:

(1) 从工程结构分解识别的角度上看,为便于管理,可根据工程项目一般的分解方法,将其分解为单项工程、单位工程、分部工程和分项工程。对于设计阶段的风险识别工作而言,可以从工程项目的最小单位开始逐步识别风险。

(2) 尽管引发风险的因素多种多样,且不同的工程项目差异较大,但一般情况下总可以按照某种方法进行分解,使风险因素具体化,从而进行设计阶段的风险识别。

3) 图解法

风险识别可以从原因查找结果,也可以从可能出现的结果来反推原因。即在工程的设计阶段就找出可能会出现的不确定事件,并研究这些不确定事件发生后会引起什么样的结果;同时,可从其结果出发,寻找引发风险的原因,为进一步的风险识别提供基础。

5.3.2 工程设计风险分析

项目设计阶段是处理技术与经济关系的关键环节,如果设计阶段的风险防范工作做得不到位,本项目的后续工作可能难以继续,甚至导致整个项目的溃败。因此,在设计阶段,需要在风险识别后积极进行风险分析工作,并及时提出可靠的风险控制方案作为应答。

1. 设计阶段主要风险问题

在工程设计阶段主要有以下问题,相应的风险分析工作也是基于以下重点问题的分析和解答。

(1) 对于各项要求的协调性不够。工程项目设计阶段基本任务之一是满足各方要求,以达到更理想的项目效果。但是,在目前的工程设计中,这些要求难以互相平衡。例如,工程项目设计中的经济和质量要求,设计过程中可能由于过度追求设计质量而超出预算,或为了控制建筑成本而出现一些有损于项目质量的内容。

(2) 对于设计标准的把握不到位。我国工程设计现阶段存在问题的重要原因之一是相应的设计标准不准确。因为设计人员很难依靠理想的标准体系来实现设计,因此设计方案中可能存在某些不合理之处,进而影响设计方案的可靠实施。这类问题与现行的标准规范有密切的关系,设计规范标准体系的不完善与不同地区的差异性,也是设计阶段出现问题的一个重要原因。

(3) 设计人员自身方面的问题。就当前工程设计过程中存在缺陷的原因来看,设计人员同样也有不可推卸的责任。如果设计人员的综合素质以及设计专业水平不高,就很可能导致其在设计过程中出现某些错误和问题,最终表现在相应的设计方案中。这种设计人员方面的问题,主要原因在于对设计人员的审核不严格,导致很多设计人员不具备理想技能,进而出现滥竽充数的现象。

针对上述问题,工程设计阶段的风险分析主要可从内部风险与外部风险两方面进行。

2. 设计阶段风险分析

外部风险主要包括企业以外因素带来的风险,如自然环境、政策法规、经济形势等。自然环境所带来的风险主要包括火灾、洪水、疫情、地震、雪灾等风险,这些风险一旦发生,就会造成重大损失。例如 2013 年的雅安大地震,不但给已建成的项目带来巨大灾难,更是给灾后重建的建设项目设计带来不小的挑战。

在政策法规方面,由于建筑业是我国宏观调控的主要对象,为了达到调控目的,针对建设项目颁布的法律规定与政策种类繁多,它们精确到项目的方方面面,并且还包含很多地方性法规要求,设计人员在进行设计时要考虑项目的所在地并进行针对性设计。随着经济的不断发展,人们对于居住环境的要求越来越高,尤其是绿色建筑、智慧城市等概念的提出,对工程项目设计等相关法律政策产生影响。这些法律政策的变化使设计方案存在变更的可能,造成资金与时间损失。

除了自然环境、政策法规的影响,经济形势的变化也会给工程设计阶段带来风险。经济形势变化主要是利率调整与财务风险。工程项目投资额一般较大,设计阶段所需的费用占整个项目投资的比例虽然较小,但也是一笔不小的资金。对项目设计参与方而言,利率的调整会直接或间接地造成其在设计阶段投入的增加或损失。财务风险主要是指设计费用变化所带来的风险,设计费用的减少会影响工作的进程,最终难以保证设计方案的可行性。

5.3.3 工程设计风险防控

针对上文总结的在工程设计阶段可能发生的风险类型,我们需要制订相应的风险管理对策。其中,工程设计阶段风险防控可从主动与被动两方面着手,其具体方法包括以下内容。

1. 风险管理主动应对对策

(1) 动态应对政策与形势变化。虽然国家政策调整和经济形势变化背景复杂，但这些变化有迹可循，可通过仔细分析找到规律。工程的建设有其特殊性，设计方在必要时可适时就相关政策向有关专家进行咨询。同时，项目主体也应做好与项目所在地政府部门的沟通工作。在合理的情况下，有关单位必须及时、积极地与政府人员协商了解建筑业政策的未来趋势，以促进项目的顺利发展。政策与形式风险的防范是项目成功建设的重要保障。

(2) 加强设计单位内部组织管理。设计单位在设计阶段发挥重大作用，为提高整体的质量水平，设计单位要采取切实可行的措施来降低市场上不规范行为带来的影响。设计单位要注重设计师职业道德素质的培养，始终要求员工以最高的标准要求自己，以减少设计师自身不规范行为所造成的风险。同时，为了提高设计师的积极性，设计单位可以制订一些激励措施。这不仅能促使设计师更认真、更负责任地及时完成任务，而且能保证工作质量。

(3) 业主规范自身行为。在设计工作开始前，业主应收集整理设计工作所需的资料和要求，并提前明确设计要求，以免延误设计工作的开展。业主在将设计工作委托给设计单位后，应充分相信设计单位的设计能力。在设计工作过程中，业主应加强与设计人员的沟通，及时交换意见，不因自身对项目缺乏理解而对设计人员提出不合理的要求。设计工作完成后，业主应组织相关专业人员及时审核图纸，确保图纸质量，为后续施工打下良好的基础。

(4) 加强合同管理。为确保工作顺利进行，业主和设计单位必须在工作开始前签订合同。加强合同管理可以保护合同当事人的权益不受侵害。一般来说，要加强合同管理，就要明确双方的工作界面，明确业主和设计单位各自的责任和义务；合同要显示建设项目设计工作的每一个时间节点。在合同中，还应对违约情况进行说明，约束合同双方。一旦某方违约，可根据合同内容执行，以防止重大经济或法律纠纷。这确保了业主和设计单位在其各自的工作范围内行事。

(5) 建立良好的沟通机制。这里所指的沟通包括两个方面：第一，为了解政策变化趋势，有必要与政府人员进行沟通，也就是与项目所在地政府的沟通；第二，业主与设计单位的沟通，双方的交流开始于设计工作开展之前并一直持续到项目施工阶段。这两种沟通并不是几次会话交流就能达成目的的，尤其是业主与设计单位的沟通，都需要建立沟通机制并确保沟通的进行。为保证沟通顺利进行，可以采用 BIM 技术，使业主对工程项目有更加直观形象的认识，从而使设计单位更好地满足业主个性化的需求。

(6) 严格图纸审核制度。设计方案完成后，设计单位要首先对图纸进行严格审核，通过后交于业主，业主再组织工作人员审核。对于设计图纸的审核，不论是初步设计审核还是施工图设计审核，都要严格按照《工程建设标准强制性条文》等规定进行。审核过程中，工作人员应认真负责，严格按照国家及地方性的条文与办法执行，不能懈怠，并且可采用 BIM 技术辅助图纸审核，提高审核效率。

(7) 合理管控工程设计的预算环节。工程设计人员在规划成本预算时，需以工程建设的实际为主。工程设计是管理和控制预算风险的重要环节，设计人员充分利用经济理念，完善工程设计的预算处理。例如，在工程设计环节中，应当聘请专业的设计人员，重点控制预算项目，根据工程经济的整体效益，实行预算设置，要求设计人员制订预算规划，针对预算超支概率比较大的设计项目，进行明细核算，调查建筑市场的基本动态，完善预算环节的设计与控制，以免工程设计在预算方面出现薄弱环节，干扰该企业的工程进行。工程单位利用合理的管控方式，干预工程设计的预算部分，规避预算超支的风险。在这一过程中可以利用 BIM 技术辅助进行预算编制及优化，从而更好地控制预算。

2. 风险管理被动应对对策

在工程设计阶段，风险管理的被动应对对策即是制订配套的“风险应急方案”，针对风险发生后的情况有具体的应对措施，最大程度降低风险带来的损失。相较于主动应对措施，被动方法可以说是在风险发生后的补救，在实际设计阶段风险管理中，如果能够在问题发生前采取有效措施，防微杜渐，当然是一种更为推荐的方法。但在无法避免或是之前并未有效识别的风险面前，制订有针对性的风险应急方案也不失为明智之举。

3. 设计单位建立风险管理体系

设计单位应当加强对质量的重视，建立健全管理体系，预防设计风险所造成的影响。我国设计单位应当加强对设计风险的考虑。设计单位应当认清当前的设计形势，加强风险管理意识，在单位内部建立一套健全的设计风险管理体系。设计单位应当努力地对设计风险进行识别和预测，有效地控制风险，将风险所带来的损失降到最低，保证工程的施工能顺利完成。

实施定额设计，加强定额设计的动态管理。坚持尊重科学、实事求是、精心设计的原则，确保工程定额设计的科学性、适用性和经济合理性，及时将项目进度和投资输入计算机，与 BIM 模型相结合，动态显示项目进度和投资的变化，掌握投资额与目标的比较价值，以便采取相应的措施，将投资控制在目标值内。此外，计算机可用于掌握市场信息并缩短与成本相关的各种政府相关流程。

确保工程设计质量（如完善、深度），减少施工过程中因设计变更造成的人力、物力浪费。设计单位应通过设计招标和方案选择，优先选择优秀合理的设计单位，并组织专家对设计方案的功能、合理性、材料和设备选择进行审查，促使设计单位纠正和补充这些不足。

另外，工程设计人员在设计上既追求新的、更为合理的方案，同时力求在先进技术条件下的经济合理，并且适当考虑工程运行、维修、管理等过程中的费用，降低工程全生命周期费用，以追求工程项目在其整个生命期内具有更加良好的经济性。

加强变更审批制度。通常，变更越早，损失越小，因此设计变更应在开工前尽快完成。也有必要对这一变化进行经济分析，即计算项目的数量、成本的增减。特别是当变更可能导致成本突破总概算时，必须得到项目相关部门、项目经理和业主的批准，以避免设计内容增加、设计标准提高、工程造价突破变更的失控情况。因此，必须严格控制施工阶段的设计变更，即从整体上考虑施工单位和承包商提出的设计变更,并确定其必要性。同时,应明确设计变更对工期和造价的影响,并向建设单位汇报,减少工程变更对项目的不利影响。而由于采用 BIM 技术将建筑模型与工期、成本等信息集成在一起,可以更加方便快速地确定设计变更对工期以及成本的影响。

6　城市建设施工风险防控

2018 年，全国房屋市政工程生产安全事故按照类型划分，高处坠落事故 383 起，占总数的 52.2%；物体打击事故 112 起，占总数的 15.2%；起重伤害事故 55 起，占总数的 7.5%；坍塌事故 54 起，占总数的 7.3%；机械伤害事故 43 起，占总数的 5.9%；车辆伤害、触电、中毒和窒息、火灾和爆炸及其他类型事故 87 起，占总数的 11.9%，如图 6-1 所示。

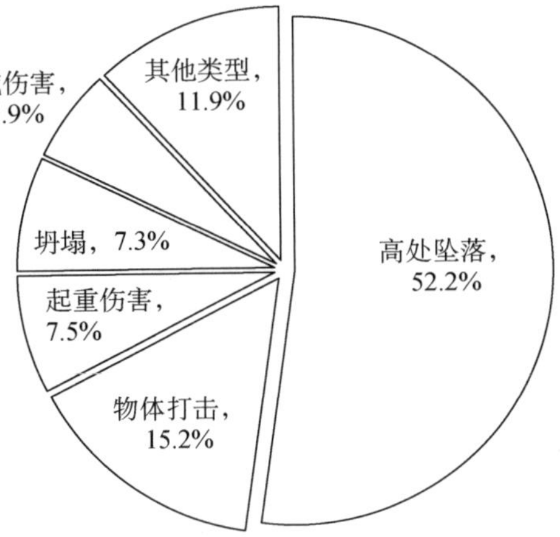

图 6-1　2018 年全国房屋市政工程生产安全事故类型情况

为防控施工现场风险，建设部开展了建筑施工安全专项治理行动，主要是管控危险性较大的分部分项工程安全和建设安全监管长效机制。危险性较大的分部分项工程，是指房屋建筑和市政基础设施工程在施工过程中，容易导致人员群死群伤或者造成重大经济损失的分部分项工程，具有危险系数大、施工难度大、管理要求高、投资额度大、程序要求严格等特点，具体范围如表 6-1 所示。

表 6-1　危险性较大及超过一定规模的危险性较大的分部分项工程范围表

序号	工程名称	危险性较大的分部分项工程范围	超过一定规模的危险性较大的分部分项工程范围
1	基坑工程	(1) 开挖深度超过 3 m(含 3 m)的基坑(槽)的土方开挖、支护、降水工程； (2) 开挖深度虽未超过 3 m，但地质条件、周围环境和地下管线复杂，或影响毗邻建(构)筑物安全的基坑(槽)的土方开挖、支护、降水工程	开挖深度超过 5 m(含 5 m)的基坑(槽)的土方开挖、支护、降水工程

(续表)

序号	工程名称	危险性较大的分部分项工程范围	超过一定规模的危险性较大的分部分项工程范围
2	模板工程及支撑体系	(1) 各类工具式模板工程:包括滑模、爬模、飞模、隧道模等工程; (2) 混凝土模板支撑工程:搭设高度 5 m 及以上,或搭设跨度 10 m 及以上,或施工总荷载(荷载效应基本组合的设计值,以下简称设计值)10 kN/m² 及以上,或集中线荷载(设计值)15 kN/m及以上,或高度大于支撑水平投影宽度且相对独立无联系构件的混凝土模板支撑工程; (3) 承重支撑体系:用于钢结构安装等满堂支撑体系	(1) 各类工具式模板工程:包括滑模、爬模、飞模、隧道模等工程; (2) 混凝土模板支撑工程:搭设高度 8 m 及以上,或搭设跨度 18 m 及以上,或施工总荷载(设计值)15 kN/m² 及以上,或集中线荷载(设计值)20 kN/m 及以上; (3) 承重支撑体系:用于钢结构安装等满堂支撑体系,承受单点集中荷载 7 kN 及以上
3	起重吊装及起重机械安装拆卸工程	(1) 采用非常规起重设备、方法,且单件起吊重量在 10 kN 及以上的起重吊装工程; (2) 采用起重机械进行安装的工程; (3) 起重机械安装和拆卸工程	(1) 采用非常规起重设备、方法,且单件起吊重量在 100 kN 及以上的起重吊装工程; (2) 起重量 300 kN 及以上,或搭设总高度 200 m 及以上,或搭设基础标高在 200 m 及以上的起重机械安装和拆卸工程
4	脚手架工程	(1) 搭设高度 24 m 及以上的落地式钢管脚手架工程(包括采光井、电梯井脚手架); (2) 附着式升降脚手架工程; (3) 悬挑式脚手架工程; (4) 高处作业吊篮; (5) 卸料平台、操作平台工程; (6) 异型脚手架工程	(1) 搭设高度 50 m 及以上的落地式钢管脚手架工程; (2) 提升高度在 150 m 及以上的附着式升降脚手架工程或附着式升降操作平台工程; (3) 分段架体搭设高度 20 m 及以上的悬挑式脚手架工程
5	拆除工程	可能影响行人、交通、电力设施、通信设施或其他建(构)筑物安全的拆除工程	(1) 码头、桥梁、高架、烟囱、水塔或拆除中容易引起有毒有害气(液)体或粉尘扩散、易燃易爆事故发生的特殊建(构)筑物的拆除工程; (2) 文物保护建筑、优秀历史建筑或历史文化风貌区影响范围内的拆除工程
6	暗挖工程	采用矿山法、盾构法、顶管法施工的隧道、洞室工程	采用矿山法、盾构法、顶管法施工的隧道、洞室工程
7	其他工程	(1) 建筑幕墙安装工程; (2) 钢结构、网架和索膜结构安装工程; (3) 人工挖孔桩工程; (4) 水下作业工程; (5) 装配式建筑混凝土预制构件安装工程; (6) 采用新技术、新工艺、新材料、新设备可能影响工程施工安全,尚无国家、行业及地方技术标准的分部分项工程	(1) 施工高度 50 m 及以上的建筑幕墙安装工程; (2) 跨度 36 m 及以上的钢结构安装工程,或跨度 60 m 及以上的网架和索膜结构安装工程; (3) 开挖深度 16 m 及以上的人工挖孔桩工程; (4) 水下作业工程; (5) 重量 1 000 kN 及以上的大型结构整体顶升、平移、转体等施工工艺; (6) 采用新技术、新工艺、新材料、新设备可能影响工程施工安全,尚无国家、行业及地方技术标准的分部分项工程

安全监管长效机制的建设离不开建筑施工安全工作层级考核、建筑施工安全诚信体系的建设和建筑施工安全监管信息系统的数据共享。建筑业信用体系不仅是社会信用体系构建的重要组成部分，也是对建筑工程安全生产法律体系的有效补充，同时，也是建筑业安全监管长效机制建设的重要组成部分，体现了政府监管从单一监管走向多层级的社会性监督的思路转变。目前的建筑施工安全监管，主要是在法律框架下，由政府采取监管手段，对五方责任主体进行管控。这种管理方式的缺陷主要体现在：一是政府的监管付出的人力物力，与实际管控效果比，成本偏高；二是无形中树立起监管方与被监管方的对立关系，增加寻租空间，不能有效提高五方责任主体的履责的积极性与自觉性，不利于经济社会的持续健康发展；三是仅依靠政府力量进行管理，未能优化配置社会资源，监管的效率低下。因此，建筑业信用体系将作为政府监管的有力补充，从政府单向监管转变为将政府监管结果纳入社会诚信体系，政府、社会共管，建立政府公正履责、责任主体自觉落实责任的常态、长效机制。

建筑业存在诸多风险因素，安全生产信用体系是建筑业信用体系不可或缺的重要组成部分(图 6-2)。通常来讲，参与工程建设的五方有建设单位、勘察单位、设计单位、施工单位和监理单位。其中，施工单位承担着建筑工程安全生产的直接责任，建筑施工企业和个人是最重要的直接责任主体，也是政府在建筑工程安全生产管理中的主要管理对象。抓好建筑施工企业的安全生产工作，即抓住建筑工程安全生产的主要矛盾，可避免较大安全风险，减少安全事故等不良影响。

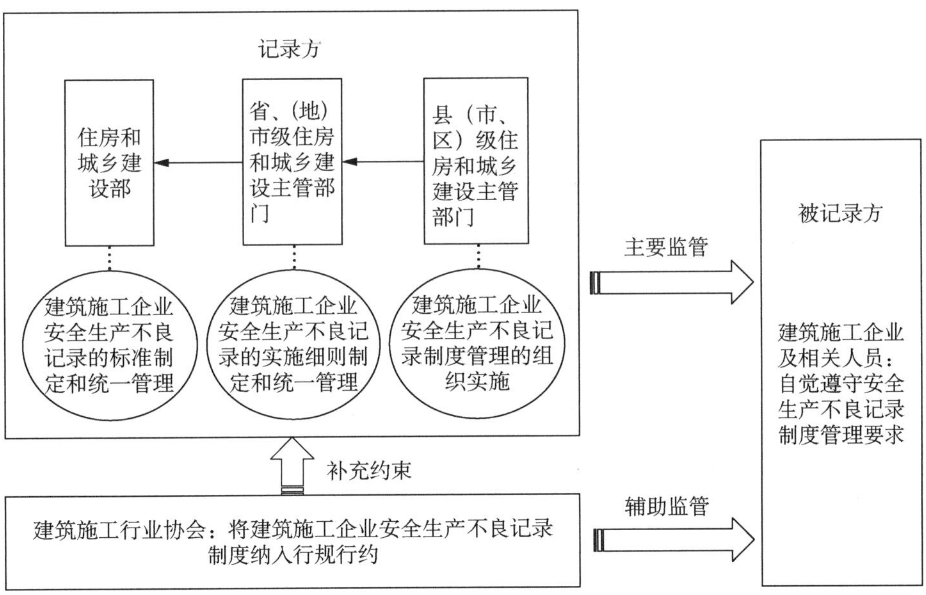

图 6-2 安全生产信用体系示意图

截至 2018 年，全国已有 26 个地区开展建筑施工安全工作层级考核。各地积极推进建筑施工安全诚信体系建设，共记录建筑施工安全不良信用信息 27 650 条，涉及企业 15 665 个，涉及人员 9 696 名，其中，对 134 个企业、70 名人员实施部门联合惩戒。同时，各地积极推进与全国建筑施工安全监管信息系统数据共享工作，全国30个地区已共享建筑施工企业安全生产许可证数据、29个地区已共享建筑施工企业安全管理人员安全生产考核合格证书数据、26个地区已共享建筑施工特种作业人员操作资格证书数据。

6.1 房屋建筑工程施工技术风险防控

房屋建筑工程按建筑物层数可分为低层建筑、多层建筑、中高层建筑、高层建筑、超高层建筑，按用途分可分为农业建筑、工业建筑、民用建筑。其中，民用建筑又可根据建筑物的使用功能分为居住建筑和公共建筑。目前，在城市范围内，大型公共建筑和超高层建筑蓬勃发展，体现了经济社会发展的必然趋势，对城市的环境和文化特色有极其深刻的影响。装配式混凝土结构逐渐兴起，目前较多应用于住宅建造，体现了日益重要的节能环保需求，也是建筑业转型升级的必由之路。

6.1.1 大型公共建筑施工技术风险防控

大型公共建筑是指建筑面积超过2万平方米且采用集中空调系统的各类星级酒店、大中型商场、高级写字楼、车站机场及体育场馆等。改革开放特别是进入21世纪以来，作为城市重要标志的大型公共建筑在全国各地大量兴建，以北京为例，大型公共建筑总面积占北京市民用建筑总面积的5%。大型公共建筑工程的安全直接关系广大公众，社会影响巨大。

部分大型公共建筑工程存在结构超大、超长、超高、超深、超厚的现象，加之公共建筑一般位于城市建筑密集地区，施工风险比较大。本部分主要介绍大型公共建筑的土方工程、桩基工程、预应力混凝土工程、钢结构工程的技术风险防控。

1. 土方工程施工技术风险防控

土方工程包括一切土的挖掘、填筑和运输等过程以及排水、降水、土壁支撑等准备工作和辅助工作。在土木工程中，最常见的土方工程有场地平整、基坑（槽）开挖、地坪填土、路基填筑及基坑回填土等。土方工程施工往往具有工程量大、劳动繁重和施工条件复杂等特点，受气候、水文、地质、地下障碍等因素的影响较大，不确定的因素较多，有时施工条件极为复杂。土方工程施工技术风险防控措施如表6-2所示。

表6-2　土方工程施工技术风险防控措施

序号	风险因素	风险防控措施
1	场地积水	(1) 场地平整时应充分夯实，其压实系数应符合规范的要求； (2) 选用物理力学性能相近或相同的土体作为场地平整填料； (3) 场地平整应连续进行，并预留一定的沉降量； (4) 在场地的周围设置必要的排水沟、集水井等，尽量避免场内积水； (5) 对于积水部位，应及时将稀泥铲掉，并用同类土回填夯实

(续表)

序号	风险因素	风险防控措施
2	填方边坡塌方	(1) 边坡坡度应该根据填方高度、土体种类和其重要性进行设计，并严格控制其边坡坡度值不超过有关规范要求； (2) 在填方过程中，应按照设计要求放坡，并分层夯压密实，保证其压实系数达到规范规定值； (3) 做好扩坡工作，如在边坡表面铺植草皮，在边坡周围开挖排水沟道，在边坡的顶部不能任意堆载等
3	挖方边坡塌方	(1) 基坑(槽)应沿等高线自上而下、分层分段依次进行开挖； (2) 根据不同土壤的物理力学性质(如内摩擦角、内聚力、湿度、密度等)确定挖方坡度，并分别放坡； (3) 对于地表水和地下水活跃的场地开挖基坑和基槽，施工前必须做好排水和降低地下水位的工作； (4) 挖出的土尽量不堆放在坡顶上面； (5) 对于土质条件不好的基坑或基槽开挖，应严格按照施工规范有关要求进行放坡，或者做成直立壁加支撑
4	滑坡	(1) 加强地质勘察和调查研究，注意地质构造； (2) 在滑坡体上削去一部分土堆放置坡体的坡脚处，尽量将坡体坡度放缓，保持边坡有足够的坡度； (3) 滑坡体坡脚或其他边坡坡脚经常受水冲刷时，应采取措施排除地表水和地下水； (4) 在保证卸载区上方及两侧岩土稳定的情况下，可在滑坡体主动区卸载，但严禁在滑坡体被动区卸载； (5) 发现滑坡裂缝，应及时填平夯实，对于沟渠开裂漏水应及时修复
5	基坑或基槽浸水	(1) 对于浅基础或水量不大的基坑(槽)，在基底做成一定的排水坡度，在基坑一侧、两侧或四周设排水沟； (2) 对于渗水性土的基坑，应将出水管适当引得远些，以防渗回基坑内； (3) 当基坑深度较大，地下水位较高以及多层土中上部有渗水性较弱的土层，可在基坑边上设置 2～3 层明沟，分层排除上部土层中的地下水； (4) 在条件许可情况下，尽可能避开雨季施工； (5) 对于邻近河道地区的基坑开挖，宜在枯水期施工
6	基坑或基槽回填土沉陷	(1) 回填土必须充分夯压密实，其压实系数达到规范规定的指标； (2) 回填土料必须根据基坑土质情况以及地下水位情况等方面合理选用回填土种类； (3) 根据设计要求或工程性质、填方高度、填料种类、压实系数等地基因素确定填方预留沉降量
7	流砂、管涌	采用井点降水法、水下挖土法、冻结法、枯期施工法、抢挖法、加设支护结构等，其中井点降水是根除流砂的有效方法之一

2. 桩基工程施工技术风险防控

桩基是广泛应用的深基础形式，混凝土预制桩、预应力混凝土管桩、钢柱等预制桩及大吨位、大直径、超长灌注桩是大型公共建筑工程基础的主要形式。桩基由基桩和连接桩顶的承台组成，分低承台桩基和高承台桩基，建筑桩基通常为低承台桩基。按桩的功能不同分为竖向抗压桩、竖向抗拔桩、水平受荷桩和复合受荷桩，按承载性状不同分为摩擦桩、端承摩擦桩及端承桩，按成桩有无挤土效应分为挤土桩、部分挤土桩及非挤土桩，按成桩方法分为预制桩和灌注桩。本部分主要介绍桩基础施工中的风险防控。

1）预制桩施工技术风险防控

预制桩包括钢筋混凝土预制桩（方桩、管桩、板桩）、钢筋混凝土预应力桩、钢管桩、钢板桩、木桩等。成桩方法有锤击法、振动法、静压法及射水法，在大型公共建筑工程基础中一般采用锤击法和静压法。

锤击沉桩过程包括：场地准备（“三通一平”和清理地上、地下障碍物）→桩位定位→桩架移动和定位→吊桩和定桩→打桩、接桩、送桩、截桩。锤击法沉桩过程中的风险防控措施如表6-3所示。

表6-3　预制桩锤击法风险防控措施

序号	风险因素	风险防控措施
1	桩顶碎裂	（1）桩制作时，要振捣密实，主筋不得超过第一层钢筋网片； （2）应根据工程地质条件、桩断面尺寸及形状，合理地选择桩锤； （3）沉桩前应对桩质量进行检查，尤其是桩顶有无凹凸情况，桩顶平面是否垂直于桩轴线，桩尖是否偏斜； （4）检查桩帽与桩的接触面处及替打木是否平整，如不平整应进行处理后方能施工； （5）沉桩时稳桩要垂直，桩顶应加草帘、纸袋、胶皮等缓冲垫，如桩垫失效应及时更换
2	桩身断裂	（1）施工前，应将地下障碍物，如旧墙基、条石、大块混凝土清理干净，尤其是桩位下的障碍物，必要时可对每个桩位用钎探了解； （2）在初沉桩过程中，如发现桩不垂直应及时纠正，如有可能，应把桩拔出，清理完障碍物并回填素土后重新沉桩； （3）采用“植桩法”施工时，钻孔的垂直偏差要严格控制在1%以内； （4）桩在堆放、起吊、运输过程中，应严格按照有关规定或操作规程执行，发现桩开裂超过有关规定时，不得使用； （5）遇有地质比较复杂的工程（如有老的洞穴、古河道等），应适当加密地质探孔，详细描述，以便采取相应措施
3	桩顶位移	除参考“桩身断裂”的风险防控措施外，还需： （1）沉桩期间不得同时开挖基坑，需沉桩完毕后相隔适当时间方可开挖； （2）采用“植桩法”可减少土的挤密及孔隙水压力上升； （3）认真按设计图纸放好桩位，做好明显标志，并做好复查工作
4	桩身倾斜	（1）场地要平整，如场地不平整，施工时，应在打桩机行走轮下加垫板等物，使打桩机底盘保持水平； （2）施工前，应将地下障碍物清理干净； （3）在初沉桩过程中，如发现桩不垂直应及时纠正； （4）采用“植桩法”施工时，钻孔的垂直偏差要严格控制在1%以内
5	桩急剧下沉	（1）应加强沉桩前桩体本身的检查； （2）加强沉桩前地质的勘察，不符合要求的桩应及时更换或处理； （3）打桩过程中出现这种情况时，应将桩拔起并进行检查改正后重打，或在原桩位上进行补桩处理
6	接桩处松脱开裂	（1）接桩前，对连接部件上的杂质、油污等必须清理干净，保证连接部件清洁； （2）检查连接部件是否牢固平整且符合设计要求，如有问题，必须进行修正后才能使用； （3）接桩时，两节桩应在同一轴线上，法兰或焊接预埋件应平整服帖，焊接或螺栓拧紧后，锤击几下再检查一遍，看有无开焊、螺栓松脱、硫黄胶泥开裂等现象； （4）采用硫黄胶泥接桩法时，应严格按照操作规程操作，特别是配合比经过试验，熬制时及施工时的温度应控制好，保证硫黄胶泥达到设计强度

静压法沉桩过程包括：场地准备和清理处理→测量定位→桩间就位、对中、调直→压桩、接桩、送桩、截桩。静压法沉桩过程中的风险防控措施如表6-4所示。

表 6-4 预制桩静压法风险防控措施

序号	风险因素	风险防控措施
1	桩压不下	(1) 避免桩端停在砂层中接桩； (2) 施工前应检查好压桩设备； (3) 采用预钻植桩法； (4) 降水水位要适当； (5) 桩尖遇到砂层时，采用忽开忽停的方法，使桩有可能穿过砂层
2	桩达不到设计标高	(1) 合理设计桩长； (2) 桩压至接近设计标高时不应过早停压
3	桩架发生倾斜或位移	(1) 桩应保持轴心受压； (2) 上、下节桩轴线应一致； (3) 遇到障碍物要清除
4	压桩的相互影响	(1) 合理布置施工流程； (2) 缩短压桩间停息时间
5	桩顶压碎或桩身压断	(1) 提高混凝土的强度等级； (2) 设计桩的配筋(箍筋)应合理； (3) 应使桩始终保持轴心受压

2）灌注桩施工技术风险防控

混凝土灌注桩由于其单桩承载力高，既能承受较大的垂直荷载，也能承受较大的水平荷载，抗震性能好，沉降小能防止不均匀沉降，以及振动和噪声较小、不挤土等优点而被广泛应用，在大型公共建筑中，大直径混凝土灌注桩的应用也很普遍。但混凝土灌注桩成桩工艺较复杂，尤其是湿作业成孔时，成桩速度慢，且成桩质量与施工质量密切相关，成桩质量难以直观进行检查。

灌注桩按其成桩方法及挤土情况可分为以下几种：非挤土灌注桩，主要有干作业法、泥浆护壁法、套筒护壁法灌注桩；部分挤土灌注桩，主要有冲击成孔、钻孔压注桩、组合桩；挤土灌注桩，主要有沉管法、夯扩法、干振灌注桩。新型的灌注桩工艺也不断出现。本部分主要介绍湿成孔灌注桩施工过程风险、干成孔灌注桩施工过程风险、沉管灌注桩施工过程风险。

(1) 湿成孔灌注桩的施工工艺流程：测放轴线→开挖埋设护筒→钻机定位→校正水平垂直度→成孔→一次清孔→下钢筋笼→下导管→二次清孔→混凝土浇筑→留取试块。目前湿成孔灌注桩大多采用正循环施工工艺，湿成孔灌注桩施工风险防控措施如表 6-5 所示。

表 6-5 湿成孔灌注桩施工风险防控措施

序号	风险因素	风险防控措施
1	坍孔	(1) 在松散砂土或流砂中钻进时，应控制进尺，选用较大密度、黏度、胶体率的优质泥浆； (2) 投入黏土掺片、卵石，低锤冲击，使黏土膏、片、卵石挤入孔壁； (3) 如地下水位变化过大，应采取升高护筒，增大水头，或用虹吸管连接等措施； (4) 桩在堆放、起吊、运输过程中，应严格按照有关规定或操作规程执行，发现桩开裂超过有关规定时，不得使用； (5) 遇到地质比较复杂的工程(如有老的洞穴、古河道等)，应适当加密地质勘孔，详细描述，以便采取相应措施

（续表）

序号	风险因素	风险防控措施
2	钻孔漏浆	(1) 加稠泥浆或倒入黏土，慢速转动，或在回填土内掺片、卵石，反复冲击，增强护壁； (2) 在有护筒防护范围内，接缝处可由潜水工用棉絮堵塞，封闭接缝，稳住水头； (3) 在容易产生泥浆渗漏的土层中应采取维持孔壁稳定的措施； (4) 采用“植桩法”施工时，钻孔的垂直偏差要严格控制在1%以内
3	钻孔偏移	(1) 安装钻机时要使转盘、底座水平，起重滑轮边缘、固定钻杆的卡孔和护筒中心三者应在同一轴线上，并经常检查校正； (2) 由于主动钻杆较长，转动时上部摆动过大，必须在钻架上增添导向架，控制钻杆上的提引水龙头，使其沿导向架向下钻进； (3) 钻杆、接头应逐个检查，及时调整； (4) 钻孔机具及工艺的选择，应根据桩型、钻孔深度、土层情况、泥浆排放及处理条件综合确定； (5) 遇有地质比较复杂的工程(如有老的洞穴、古河道等)，应适当加密地质勘孔，详细描述，以便采取相应措施
4	缩孔	(1) 采用上下反复扫孔的办法，以扩大孔径； (2) 根据不同的土层，应选用相应的机具、工艺； (3) 成孔后立即验孔，安放钢筋笼，浇筑桩身混凝土
5	梅花桩	(1) 经常检查转向装置是否灵活； (2) 选用适当黏度和密度的泥浆，适时掏渣； (3) 用低冲程时，隔一段时间要更换高一些的冲程，使冲击锥有足够的转动时间
6	断桩	(1) 混凝土坍落度应严格按设计或规范要求控制； (2) 浇筑混凝土前应检查混凝土搅拌机，保证混凝土搅拌时能正常运转，必要时应有备用搅拌机一台，以防万一； (3) 边灌混凝土边拔套管，做到连续作业，一气呵成； (4) 钢筋笼主筋接头要焊平，导管法兰连接处罩以圆锥形白铁罩，底部与法兰大小一致，并在套管头上卡住，避免提导管时，法兰挂住钢筋笼； (5) 开始浇筑混凝土时，为了隔水栓能顺利排出，导管底部至孔底距离宜为300～500 mm，孔径较小时可适当加大距离，以免影响桩身混凝土质量

(2) 干式成孔灌注桩成孔时可采用人工手摇钻孔、螺旋钻机、取土筒干取土等成孔施工工艺。长螺旋钻孔灌注桩施工顺序：钻机就位→钻进→停止钻进→提起钻杆测孔径→孔底、成孔质量检查→盖好孔口盖板→钻机移位→复测孔深和虚土厚度→放混凝土溜筒或导管→放钢筋笼→灌注混凝土→测量桩身混凝土的顶面标高→拔出混凝土溜筒或导管。干式成孔灌注桩施工风险防控措施如表6-6所示。

表6-6　干式成孔灌注桩施工风险防控措施

序号	风险因素	风险防控措施
1	孔底虚土过多	(1) 仔细探明工程地质条件，尽可能避开可能引起大量坍孔的地点施工，如不能避开，则应选择其他施工方法； (2) 施工前或施工过程中，对钻杆、钻头应经常进行检查，不符合要求的钻杆、钻头应及时更换； (3) 钻孔钻出的土应及时清理，提钻杆前，先把孔口的积土清理干净，防止孔口土回落到孔底； (4) 成孔后，尽可能防止人或车辆在孔口盖板上行走，以免扰动孔口土； (5) 成孔后应及时浇筑混凝土；

（续表）

序号	风险因素	风险防控措施
		(6) 干作业成孔，地质和水文地质应详细描述，如遇有上层滞水或在雨季施工时，应预先找出解决塌孔的措施，以保证虚土厚度满足设计要求； (7) 钢筋笼的制作应在允许偏差范围内，以免变形过大，吊放时碰刮孔壁造成虚土超标
2	钻进困难	(1) 根据工程地质条件，选择合适的钻机、钻头及转速； (2) 施工时钻杆要直，并控制钻进速度； (3) 在砂卵石、卵石或流塑淤泥质土夹层等地基土处进行桩基施工时，应尽可能不采用干作业钻孔灌注桩方案，而应采用人工挖孔并加强护壁的施工方法或湿作业施工法
3	塌孔	(1) 在砂卵石、卵石或流塑淤泥质土夹层等地基土处进行桩基施工时，应尽可能不采用干作业钻孔灌注桩方案； (2) 钻杆桩在正式施工前，宜进行“试成孔”，以便提前做出相应的保证正常施工措施； (3) 成孔后要立即浇筑混凝土； (4) 采用中心压灌水泥浆护壁工法，可解决滞水造成的塌孔问题
4	桩身倾斜	(1) 不符合要求的钻杆和钻头不使用，或及时更换； (2) 如石头、混凝土等障碍物埋得不深，可提出钻杆，清理完障碍物后重新钻进，对严重倾斜的桩孔，应用素土填死夯实，然后重新钻孔； (3) 场地要平整。若场地不平，施工时，应在打桩机行走轮下加垫板等物，使打桩机底盘保持水平
5	桩身夹土	(1) 严禁把土及杂物和在混凝土中一起灌入孔内； (2) 浇筑混凝土前必须先放好钢筋笼，避免在浇筑混凝土过程中吊放钢筋笼； (3) 浇筑混凝土前，先在孔口放好铁板或漏斗，以防回落土掉入孔内

(3) 沉管灌注桩又称套管成孔灌注桩，按其成孔方法不同可分为振动沉管灌注桩、锤击沉管灌注桩和振动冲击沉管灌注桩。这类灌注桩采用振动沉管打桩机或锤击沉管打桩机将带有活瓣式桩尖或锥形封口桩尖或预制钢筋混凝土桩尖的钢管沉入土中，然后边灌注混凝土、边振动或边锤击、边拔出钢管而形成灌注桩。沉管灌注桩施工风险防控措施如表 6-7 所示。

表 6-7　沉管灌注桩施工风险防控措施

序号	风险因素	风险防控措施
1	缩颈	(1) 详细研究工程地质勘探报告； (2) 浇筑混凝土时，要准确测定一根桩的混凝土总灌入量能否满足设计计算的灌入量； (3) 根据当地施工经验，认真控制拔管速度，一般拔管速度以控制在 2.5 m/min 为宜； (4) 施工中，同一桩基群桩成桩应一气呵成
2	断桩	(1) 采用跳打法施工，跳打时必须等相邻成形的桩达到设计强度的 60%以上方可进行； (2) 冬期施工混凝土要适合冬期施工要求，加入混凝土外加剂，并保证浇筑温度； (3) 冻层与非冻层交接处要采取局部反插(应超过 1 m 以上)； (4) 混凝土充盈系数不得小于 1.0，否则应全长复打； (5) 根据不同土层，选择适当拔管速度
3	吊脚桩	(1) 施工设备上应装置专用测锤或浮标检查管内混凝土面的下降情况； (2) 防止活瓣不张开，宜采用“密振慢拔”方法； (3) 在拔管过程中发现管内混凝土没有下落，应查明原因，迅速排除故障； (4) 施工前要进行成孔试验，数量不少于两根

（续表）

序号	风险因素	风险防控措施
4	桩尖进水或进砂	(1) 在淤泥层中沉管速度很快，应事先把卷扬机刹车打开，使之迅速沉入，避免桩尖出现较大缝隙； (2) 采用预制桩头时，在预制桩头与套管接触处缠绕上麻绳或垫硬纸板等材料，使桩头与套管接头处封严密； (3) 在套管沉至地下水位以上 50 cm 时，灌入 0.05～0.1 m 的封底混凝土，把套管底部的缝隙用混凝土堵住，使水及泥浆不能进入套管
5	钢筋下沉	钢筋或钢筋笼放入混凝土后，上部用木棍将钢筋或钢筋笼架起固定
6	卡管	(1) 施工前应详细了解施工场地内的地下洞穴情况，预先挖开并进行清理，然后用素土填死； (2) 对于饱和淤泥或淤泥质软土中采用套管护壁浇筑桩的混凝土时，宜先打试桩，如发现混凝土用量过大，可与有关单位研究，改用其他桩型

3. 预应力混凝土工程施工技术风险防控

由于预应力混凝土结构的截面小、刚度大、抗裂性和耐久性好，在世界各国的土木工程领域中得到广泛应用。近年来，高强度钢材和高强度等级混凝土的出现，促进了预应力混凝土结构的发展，也进一步推动了预应力混凝土施工工艺的成熟和完善。

(1) 预应力构件制作风险防控。预应力构件制作风险防控措施如表 6-8 所示。

表 6-8　　预应力构件制作风险防控措施

序号	风险因素	风险防控措施
1	锚具滑脱	(1) 保证锚环有一定的硬度和强度，防止径向变形过大； (2) 制作加工锚具时，应特别注意锚环和锚塞的锥度
2	锚环或锚板硬度不足	(1) 锚板用钢应与锚具钢号相同； (2) 当锚板硬度过低时，可更换锚板，重新张拉墩头
3	锚环开裂	(1) 应严格检验制作锚具的原材料，不得有夹渣裂缝等缺陷； (2) 锚环一定要圆滑，锚环内孔与夹片外锥二者的锥度保证一致； (3) 严格控制锚具热处理工艺参数； (4) 锚具出厂前要严格进行质量检查
4	滑丝	(1) 采用锚塞硬度高、锚环硬度低的措施来弥补钢丝直径的差异； (2) 逐个测定锚环和锚塞，选择锥度误差相同的配套使用； (3) 浇筑构件混凝土前，应使管道孔和垫板孔对中； (4) 张拉时要使千斤顶、锚环和垫板对中
5	螺丝端杆断裂或变形	(1) 加强原材料的检验； (2) 加工螺丝端杆时，确定合理的热处理参数； (3) 加强螺丝端杆和预应力筋的化学成分和强度的检验； (4) 加工螺纹时，刀具不应磨得太尖，以防产生应力集中； (5) 在不影响焊接质量的情况下适当加大端杆直径，以降低使用应力
6	纵筋锚固区开裂	(1) 严格控制混凝土配合比，保证其密实度和强度； (2) 加强端部构造，配置适当的垫板和适量的横向钢筋； (3) 保证预应力筋外围混凝土有足够的厚度； (4) 在锚固区产生裂缝的区段加设钢板箍

(续表)

序号	风险因素	风险防控措施
7	构件端面裂缝	(1) 在结构设计上尽量减小预应力筋在梁端的偏心程度； (2) 降低断面混凝土预压应力； (3) 增配端面横向钢筋； (4) 在出现裂缝的区段，可沿梁高于体外施加预应力
8	板面横向及斜向裂缝	(1) 将端部横板做成活动端模； (2) 将端横肋内侧面与板面交接处做出一定的坡度； (3) 采用活动胎模，在胎模和台面间设置滚动支座； (4) 在纵肋和端模肋交接处，配置构造钢筋
9	构件支座区竖向裂缝	(1) 严格控制混凝土配合比，保证混凝土强度和密实性； (2) 预应力筋张拉或放松时，混凝土必须达到规定的强度； (3) 必要时，板面适当施加预应力，提高板面抗裂度
10	孔道坍塌、堵塞、弯曲	(1) 在混凝土初凝后终凝前进行钢管抽芯； (2) 浇筑混凝土后，要每隔 15 min 转动一次钢管，且转向应始终一致； (3) 抽管程序宜先上后下，先曲后直，抽管速度要均匀； (4) 单根钢管长度不得大于 15 cm，胶管长度不得大于 30 cm； (5) 夏季高温下浇筑混凝土时，应采用合理程序，避免先抽管的孔道因邻近的混凝土振捣而塌陷； (6) 芯管抽出后，应及时检查孔道成型质量
11	钢管抽拔困难	(1) 严格按照施工规范进行孔道预留； (2) 如果抽管会造成构件拉裂，可将成型用钢管留在构件中； (3) 若因场地限制抽管困难，可将成型用钢管留在构件中
12	孔道灌浆不实	(1) 灌浆用水泥强度等级不低于 32.5 级，灰浆强度等级不低于 M20； (2) 灌浆前用压力水冲洗孔道； (3) 孔道末端应设置排气孔和泌水管，以增加灌浆的饱和度； (4) 每一个孔道应一次灌成，中途不得停顿； (5) 灌浆顺序应先下后上，以免上层孔道漏浆堵塞下层孔道

(2) 预应力张拉安装风险防控。预应力张拉安装风险防控措施如表 6-9 所示。

表 6-9　预应力张拉安装风险防控措施

序号	风险因素	风险防控措施
1	先张法构件放张时预应力钢筋滑动	(1) 保持钢丝表面洁净、严禁油污； (2) 隔离剂宜用皂角类； (3) 混凝土必须振动密实； (4) 预应力筋放松应在混凝土达到标准强度的 75%以上时进行； (5) 严禁行人踩踏张拉后的预应力筋或刚浇筑好的混凝土
2	重叠生产构件预应力值不足	(1) 自上而下进行张拉，并逐层加大张拉力，但是底层张拉力不宜超过顶层张拉力的 5%； (2) 做好隔离层以减小应力损失； (3) 浇捣上层混凝土时，应防止振动棒触及下层构件，以免增加层间摩阻力
3	后张结构使用阶段锚具断落	(1) 构件张拉前，应对锚具进行逐个检查； (2) 墩头锚具、螺丝端杆使用中要注意保护，防止意外损坏； (3) 锚具应具有足够的硬度和刚度，防止因变形过大而破坏

（续表）

序号	风险因素	风险防控措施
4	屋架张拉应力过大	（1）张拉设备应定时维护和校验，以保证其精度； （2）对重叠浇筑构件产生的预应力误差应予以修正； （3）保证屋架孔道的顺直和孔位的准确
5	屋架下弦撞裂	（1）严格控制施工过程，制定合理的施工工序； （2）构件吊装应由专业人员操作并严格按操作规程进行； （3）出现裂缝的构件在适当加固后，要按设计要求进行荷载试验，确认处理效果

（3）预应力构件安装后风险防控。预应力构件安装后风险防控措施如表 6-10 所示。

表 6-10　　预应力构件安装后风险防控措施

序号	风险因素	风险防控措施
1	预应力空心板断塌	（1）砂石、预应力筋和水泥等原材料应通过试验确保其质量合格严格控制混凝土的浇捣，保证混凝土强度； （2）施工荷载必须小于活载设计值； （3）严格按设计施工，施工单位不得随意更改设计
2	悬挑踏步板裂缝	（1）设计时应选择合理的结构形式； （2）不应过早拆除临时支撑； （3）踏步板下口支承处砂浆要嵌固密实
3	预应力钢筋断裂	（1）通过试验确保钢筋质量合格； （2）预应力筋张拉应严格按设计要求进行； （3）焊接工人需持证上岗，保证钢筋焊接质量
4	托架螺丝端杆锚具脆断	（1）应保证结构预埋件位置准确，以免增加锚具额外应力； （2）加强螺丝端杆锚具和预应力筋的化学成分和强度的检验； （3）加工螺纹时，刀具不应磨得太尖，以防产生应力集中

4. 钢结构工程施工技术风险防控

钢结构工程从广义上讲是指以钢铁为基材，经过机械加工组装而成的结构。一般意义上的钢结构应用于工业厂房、高层建筑、塔桅、桥梁等，即建筑钢结构。由于钢结构具有强度高、结构轻、施工周期短和精度高等特点，因而在大型公共建筑中被广泛采用。钢结构工程风险防控措施如表 6-11 所示。

表 6-11　　钢结构工程风险防控措施

序号	风险因素	风险防控措施
1	原材料引起的裂缝或倒塌	（1）钢材应按照规范和设计要求选用，并应有质量说明书； （2）当对钢材质量有怀疑时，应按国家有关标准进行抽样试验； （3）根据设计图纸要求，核对钢材、焊接材料的质量，必须使其符合规范要求； （4）施工单位应对采用的钢材、焊接材料、焊接工艺，按照《钢结构焊接规范》（GB 50661—2011）等规定进行评定，根据评定报告确定焊接工艺
2	钢结构变形	（1）放样和号料前必须先校正原材料的偏差、弯曲和扭曲，合格后方可使用； （2）在保证结构安全的前提下，焊缝尺寸不应过大，且宜对称焊接；

(续表)

序号	风险因素	风险防控措施
		(3) 放样断料时,要放足收缩余量; (4) 大型结构尽可能先用小件组装,再进行总装配和焊接; (5) 小构件可一次组装,用定位焊固定后,以合格焊接顺序一次完成; (6) 焊接工作应选用有经验、经考试合格的焊工,焊接应遵循焊接工艺,不得自由施焊
3	钢结构脆性断裂	(1) 在考虑材料的断裂韧性水平、最低工作温度、荷载特征、应力集中等因素后,再选择合理的结构形式; (2) 编制合理的制作安装工艺以减少缺陷及残余应力; (3) 钢结构在使用时应力要满足设计规定的用途、荷载及环境,不得随意变更
4	钢结构疲劳破坏	(1) 力求减少截面突变,避免焊续集中,使钢结构构造做法合理化; (2) 使缺陷、残余应力等减小到最低程度; (3) 避免附加应力集中的影响; (4) 避免对结构的局部损害,如划痕、开孔、撞击等; (5) 修补焊缝,缓解缺陷产生的应力集中
5	钢结构失稳破坏	(1) 通过合理的工艺和质量控制措施将缺陷减小到最低程度; (2) 进行科学的施工组织设计,采用合理的吊装方案,精心布置临时支撑,防止钢结构安装过程中失稳,确保结构安全; (3) 注意对已建钢结构的定期检查和维护
6	钢结构锈蚀	(1) 钢材表面的锈污应清除干净; (2) 采用涂层敷盖法或金属敷盖法防锈
7	钢结构火灾	(1) 紧贴包裹法,采用防火涂料、紧贴钢结构的外露表面,将钢构件包裹起来; (2) 空心包裹法,采用防火板、石膏板、蓝石板、硅酸盖板将钢构件包裹起来; (3) 实心包裹法,采用混凝土,将钢结构浇筑在其中

在钢结构工程风险因素中,钢结构的变形可分为总体变形和局部变形两类。总体变形与局部变形在实际的工程结构中有可能单独出现,但更多的是组合出现。无论何种变形都会影响到结构的美观,降低构件的刚度和稳定性,给连接和组装带来困难,尤其是附加应力的产生,将严重降低构件的承载力,影响到整体结构的安全。钢结构疲劳破坏的主要因素是应力幅、构造细节和循环次数,而与钢材的静力强度和最大应力无明显关系。应力集中对钢结构的疲劳性能影响显著,构造细节是应力集中产生的根源。钢结构锈蚀,一般分为化学腐蚀或电化学腐蚀。实际工程中,绝大多数钢材锈蚀是电化学腐蚀或化学腐蚀与电化学腐蚀同时作用的。生锈腐蚀将会引起构件截面减小,承载力下降,尤其是因腐蚀产生的“锈坑”将使钢结构脆性破坏的可能性增大,同时,也将严重影响钢结构的耐久性,使得钢结构的维护费用增加。

值得注意的是,钢材的力学性能对温度变化很敏感。当温度升高时,钢材的屈服强度(f_y)、抗拉强度(f_u)和弹性模量(E)的总趋势是降低的,但在200℃以下时变化不大。当温度在250℃左右时,钢材的抗拉强度反而有较大提高,而塑性和冲击韧性下降,此现象称为“蓝脆现象”。当温度超过300℃时,钢材的 f_y, f_u 和 E 开始显著下降,而塑性伸长率显著增大,钢材产生徐变;当温度超过400℃时,强度和弹性模量都急剧降低;当温度达600℃时,f_y, f_u 和 E 均接近于零,其承载力几乎完全丧失。

当发生火灾后，热空气向构件传热主要是辐射、对流，而钢构件内部传热是热传导。随着温度的不断升高，钢材的热物理性能和力学性能发生变化，钢结构的承载能力下降。火灾下钢结构的最终失效是由于构件屈服或屈曲造成的。钢结构在火灾中失效受到各种因素的影响，例如钢材的种类、规格，荷载水平、温度高低、升温速率、高温蠕变等。对于已建成的承重结构来说，火灾时钢结构的损伤程度还取决于室内温度和火灾持续时间，而火灾温度和作用时间又与此时室内可燃性材料的种类及数量、可燃性材料燃烧的特性、室内的通风情况、墙体及吊顶等的传热特性以及当时气候情况（季节、风的强度、风向等）等因素有关。火灾一般属意外性突发事件，一旦发生，现场较为混乱，扑救时间的长短也直接影响到钢结构的破坏程度。

6.1.2 装配式混凝土结构施工风险防控

1. 风险识别

识别装配式混凝土建筑的施工风险将从以下八个方面进行，分别是预制构件制作、预制构件出厂运输、预制构件吊装准备、预制构件吊装、预制构件安装、安全防护、外饰面作业、环境因素。

1）预制构件制作

（1）钢筋工程。钢筋工操作随意，预制构件中钢筋等未按设计构造要求布置，管理人员检查验收不到位，导致构件开裂，为后期施工带来安全隐患。

（2）预埋件。预埋件固定方式错误，未按图纸要求设置连接加强措施，技术交底不到位，存在安全隐患。

（3）混凝土准备、施工。预埋件周边空间小，振捣棒难以操作，导致混凝土振捣不密实，预埋件周边开裂。

（4）预制构件养护。预制构件未进行适宜养护或养护不到位，造成构件裂纹，给装卸及施工中的预制构件吊装带来安全隐患。

（5）脱模。混凝土强度未达到强度要求或钢模板拆除顺序不合理，导致钢模板拆除过程中预制构件开裂。

（6）龙门吊吊装构件。因缺少专门的吊索具，或者吊索具未经合理设计即投入使用，或者构件重心未明确时，异型预制构件起吊时会受力不均匀，导致构件倾斜或开裂。

（7）预制构件的厂内移运和存放。预制构件码放场地不平整，码放高度超过规范要求或者堆放支架强度、稳定性不足时，容易造成构件倾倒。

2）预制构件出厂运输

（1）预制构件运输。

① 目前预制构件运输车都是改装车，专业物流运输队伍缺少、运输单位不专业、装备不齐全。

② 未确认预制构件在运输车辆上的安放方式、衬垫形式、绑扎固定方式是否稳固，或是预制构件装车不当，构件摆放不符合受力要求，未能做到安放平稳、衬垫妥当、固定牢靠，或是未能

控制运输车辆行驶速度都会导致运输过程中预制构件歪斜、倾倒、破损。

(2) 卸货。

① 预制构件卸货顺序不合理,或是未对称卸货会导致卸货过程中运输车辆侧翻。

② 卸货时,操作工人未采用登高设施攀爬大货车,容易摔落。

③ 机械操作人员长时间在车辆内,无指挥或指挥不准确,导致预制构件晃动幅度大,容易挤压伤人。

3) 预制构件吊装准备

(1) 装配整体式混凝土结构专项施工方案。因现有法规对装配整体式混凝土结构专项施工方案编制要求不明确,许多施工单位未编制装配整体式混凝土结构专项施工方案或者编制得不够全面。

(2) 安全技术交底。因施工操作人员对装配整体式混凝土结构不够了解,缺少实践经验,无法对操作人员进行安全技术交底。或是施工现场设立了样板区,而技术员、安全员未能结合样板对施工操作人员进行安全技术交底,导致发生安全事故。

(3) 施工人员。在目前的装配式混凝土工程中,许多施工项目缺少专业的吊装作业人员,或是专业人员操作熟练程度低。机械作业人员未能根据装配整体式混凝土结构的特点进行规范化的操作。

(4) 建筑施工升降设备设施专项方案。

① 前期对预制构件重量、起吊范围没有进行充分考虑,造成起重机械的选型不能满足工况。

② 装配整体式混凝土结构中的附墙与现浇结构的附墙存在一定区别,与一般的附墙稳定性的计算验证也存在不同,如果按照现浇或是一般工程的规范进行计算,会造成塔吊起重机、施工升降机附墙的稳定性差,导致安全事故发生。

③ 装配整体式混凝土结构施工现场塔式起重机(塔机)密集,易发生碰撞。装配整体式混凝土结构塔机使用频率高、单件起重量大的施工特点决定了施工现场塔机数量多。

④ 塔机安装时,力矩限制器、重量限制器、变幅限制器、行走限制器等使用频率高,若保养不到位,容易出现问题,易出现安全保护装置失效。

(5) 吊索具:①因缺少吊索具选型的计算依据,吊索具的选择不能满足实际的工况需求;②因吊索具的日常管理疏忽,吊索具重复使用产生劳损。

(6) 外墙防护设施专项方案。新型防护体系未能经过专家评审,导致防护方案不到位,易发生事故。

4) 预制构件吊装

(1) 堆场。

① 堆场布置不合理,吊装范围内出现交叉作业。

② 堆放支架的稳定性与强度并未达到实际要求,或是堆场堆放构件时,未能充分考虑构件

受力情况、形状选择平放或立放，构件堆放高度未能按照构件形状、强度、地面耐压力考虑，堆放稳定状况差，易造成预制构件倾覆。

③ 由于施工现场管理疏忽，楼梯、叠合板等水平预制构件堆放不整齐，堆放过高，易产生倾斜、倾覆。

④ 堆场布置较紧密，当发生预制构件倾覆等突发情况时，没有逃生通道。

⑤ 构件堆放场地护栏设置、夜间警示灯设置不到位。

(2) 预制构件起吊。

① 现场梯子发放不到位，连接预制构件与吊索具时，安装人员利用预留钢筋或简易梯子攀爬，容易摔落。

② 施工操作人员操作不当，或是预制构件吊点与吊索具连接未能达到稳固可靠连接，或是预埋件保护不到位，预制构件预埋接驳器内有垃圾，造成预制构件与吊索具的连接脱落。

③ 设计的吊点位置不合理，或预制构件深化设计图中未标记重心位置，造成斜吊预制构件。

④ 预制构件的深化设计不合理，或者预制构件养护时间不足即出厂，又缺失现场验收，吊装时预埋件拉出，吊点周边混凝土有开裂现象，存在吊装隐患。

⑤ 预制构件堆放间距过小，预制构件起吊时，在堆场发生碰撞、破坏。

⑥ 外墙围护现浇部分钢筋绑扎完成后再进行预制构件吊装，间距小，在吊装时易伤人。

⑦ 塔吊旋转速度快或风速大，或者起吊后的摆幅与升降速度过快，导致预制构件就位前晃动严重，摆动幅度大，施工操作人员进行扶正操作过程中易被挤压受伤。

5) 预制构件安装

(1) 竖向预制构件临时支撑和拉结点的承载力和刚度不符合实际要求，水平预制构件临时支撑缺少计算依据。

(2) 临时支撑固定点处的现浇混凝土楼板强度未能达到要求，现浇混凝土楼板在固定时破损，造成构件失稳。

(3) 预制构件固定时斜撑固定不牢固，造成构件失稳。

(4) 就位安装时，预制构件失稳伤人。

(5) 预制构件就位时，施工操作人员的安全带无可靠连接点，安装斜支撑或卸扣时易发生坠落事故。

6) 安全防护

(1) 防护设施。

① 工具式防护架无统一的设计标准，大多数方案未进行专家评审，存在安全隐患。

② 工具式围挡的操作流程复杂，安、拆安全性较差，构件吊装时需先拆除围挡，此时临边防护处于真空状态。

③ 使用在外饰面要求较高的装配整体式混凝土结构爬架，其附墙连接不能开洞，连接节点

复杂，爬架体存在安全隐患。

(2) 临边作业。

① 吊装阳台、楼梯等预制构件安装到位前，临边防护不到位，围挡高度未能达到要求，施工操作人员存在临边安全隐患。

② 构件吊装完成后，窗洞口的临边防护不到位。

7) 外饰面作业

(1) 灌浆作业时，灌浆机浆料喷出时压力过大，易造成施工作业人员受伤。

(2) 吊篮作业的专项施工方案编写不到位，吊篮操作不当。

8) 环境因素

(1) 自然环境。

① 当风速大于 10.8 m/s 或大雨、大雪、大雾等恶劣天气时，未按要求停止预制构件吊装作业。

② 雨雪过后作业前，未能确认机械器具是否灵敏可靠即进行作业。

(2) 工作环境。

① 预制构件生产时操作人员熟练程度不够，标准不清，安装生产人员缺少。

② 安全技术交底时，总承包安全技术交底不完善，或者预制构件现场吊装作业人员操作不熟练，交底人员对危险源识别不清，不能进行针对装配整体式混凝土结构的特点进行技术交底。

2. 风险防控措施

(1) 完善政策指导性文件，健全和完善预制混凝土结构施工安全方面相关规范标准。建议制订和颁发推进预制装配建筑施工安全管理的指导性和纲领性文件，明确业主、监理、构配件加工厂、施工总承包单位在预制装配式建筑建造全过程中对于安全管理应起到的作用，落实要求与职责，包括具体制约措施，做出明文规定，形成发展过程中引导效应。

在安全风险识别的基础上，建议健全和完善预制混凝土结构施工安全方面相关规范标准，以指导装配式建筑施工的现场安全文明管理，包括施工安全监管规范、施工作业安全交底指导条款、吊装安全技术规范、吊具选用标准、临时支撑设计规范、专项施工方案编制导则、脚手架安全技术规程、升降平台安全技术规范等。

(2) 提高预制装配式建筑建造中相应施工机械标准并研发设备。通过安全风险识别，在预制装配式建筑建造中所涉及的施工升降机、塔式起重机、升降平台、调整就位设备等机械设备，应针对预制装配式建筑建造中特有的参数要求及设备进行研究，为更安全更高效地进行施工作业提供基础保障。

(3) 重视装配式混凝土结构从业人员技能培训及教材的统一性。装配式建筑施工与传统建筑施工相比，对现场安全管理要求更高。这意味着不但要加强现场操作人员的技能培训，更要提高现场管理人员的要求，必须实施先培训再上岗。施工生产过程中也应重视装配式混凝土结构施工过程技术实务继续培训，做到应知应会再作业。

6.2 道路工程施工风险防控

道路的主要功能是为各种车辆和行人提供服务。城市道路是指城市内部的道路，是城市组织生产、安排生活、搞活经营、物质流通所必需的车辆、行人交通往来的道路，是连接城市各个功能分区和对外交通的纽带。根据《城市道路工程设计规范》(CJJ 37—2012)中的规定，城市道路可分为城市快速路、主干路、次干路和支路等四类十级。

道路工程具有路线长、施工面广、施工时间长、工程量大等特点，并因其通过的地带类型多，技术条件复杂，所以设计、施工受地形、气候和水文地质条件影响很大。对于城市道路，经常遇到大量的地下隐蔽工程，如自来水管道、污水管道、煤气管道、电缆等，一旦疏忽就可能造成损失，影响工程进度。所以，城市道路施工中的风险主要来自城市复杂的地下、地上管线环境，以及城市其他构造物的间接影响。

6.2.1 路基工程施工风险防控

路基是行车部分的基础，它是由土、石按照一定尺寸、结构要求建造成的带状土结构物。根据不同的地形条件通常采用不同的路基横断面形式。一般根据其横断面形式将路基归纳为四种类型:路堤、路堑、填挖结合和不填不挖。路堤按其填土高度可以分为矮路堤、一般路堤和高路堤。路堑横断面的基本形式有全挖式路基、台口式路基和半山洞路基。填挖结合路基是路堤和路堑的结合形式。不填不挖路基是指地面与路基标高相同构成不填不挖的路基横断面形式。

1. 路基施工风险防控

路基的施工主要涉及大量的土石方工程，包括挖方和填方工程。在挖方、填方的过程中主要有两类风险应当引起注意，采取防控措施。

(1) 爆破风险。在开挖的过程中如果遇到岩层就可能采用爆破工艺，在实施爆破的过程中，由于处于一种开放的环境，往往容易因飞石造成工地周围的居民人身伤亡和财产损失，产生侵权赔偿责任。控制爆破风险的主要手段是严格按照作业规范进行，尤其是炸药用量和现场疏散工作等，特别是爆破的炸药用量。

(2) 施工机具风险。在完成土石方工程量的过程中，经常会用到大量的施工机具，尤其是存在一定运距的情况下。这些施工机具在施工现场作业过程中经常会因为作业面狭小、道路状况差、机械手技术不善等因素，导致施工机具的倾覆、碰撞等。对于这类风险，控制的关键是要求施工单位加强施工人员以及现场的管理，施工人员管理的关键是防止机械手超时工作。

2. 路基稳定性风险防控

路基稳定性是路基施工中最为核心的目标，它在施工过程中面临的风险包括路堤沉陷、路基边坡坍方、路基滑动、特殊水文地质破坏等。

(1) 路堤沉陷。路基因填料(主要指填土)不当，填筑方法不合理、压实不足，在荷载、水和温度的综合作用下，堤身可能向下沉陷。所谓填筑方法不合理，包括不同土混杂、未分层填筑和压实、土中含有未经打碎的大土块或冻土块等。填石路堤亦因石料规格不一、性质不匀，或就地爆破堆积、乱石中空隙很大等原因，在一定期限内（例如经过一个雨季）可能产生局部的明显下沉。此外，原地面比较软，例如遇到泥沼、流沙或垃圾堆积等，填筑前未经换土或压实，也可能造成地基下沉，或可能引起路堤不均匀下陷，造成局部路段破坏，影响公路交通。

（2）路基边坡坍方。路基边坡的坍方，是最常见的路基病害，亦是水毁的普遍现象。按照破坏规模与原因的不同，路基边坡坍方可以分为剥落、碎落、滑坍、崩坍及坍塌等。剥落是指边坡表层土或风化岩层表面，在大气的干湿或冷热的循环作用下，表面发生胀缩现象，使零碎薄层成片状从边坡上剥落下来。路堑边坡剥落的碎屑，堆积在坡脚下，堵塞边沟，影响路基的稳定，妨碍交通。碎落是岩石碎块的一种剥落现象，其规模和危害程度比剥落严重。产生的主要原因是路堑边坡较陡，岩石破碎和风化严重，在胀缩、震动及水的侵蚀与冲刷作用下，块状碎屑沿坡面向下滚落，可使路基结构物遭到破坏，亦会威胁到行车和行人的安全。

滑坍是指路基边坡土体或岩石沿着一定的滑动面成整体状向下滑动，其规模与危害程度，较碎落更为严重，有时滑动体可达数百立方米以上，造成严重堵车。产生滑坍的主要原因是原山坡具有倾向公路的软弱构造面，由于施工及水的侵蚀、冲刷改变了原山坡平衡状态，使山坡在重力作用下沿软弱面整体滑动。崩坍是整体岩块在重力作用下倾倒、崩落。主要原因是岩体风化破碎，边坡较高，这是比较常见且危害较大的路基病害之一。它同滑坍的主要区别在于崩坍无固定滑动面，坡脚线以下地基无移动现象，崩坍体的各部分相对位置在移动过程中完全打乱，其中较大石块翻滚较远，边坡下部形成倒石堆或岩堆。此外，还有坍塌（亦称为堆塌）等。其成因与形态同崩坍相似，但坍塌主要是土体（或土石混杂的堆积物）遇水软化，在较陡边坡无支撑情况下，自身重量所产生的剪切力，超过黏聚力和摩擦力所构成的抗剪力，沿松动面坠落散开，它的变形速度比崩坍慢，很少有翻滚现象。

（3）路基滑动。在较陡的山坡上填筑路基，如果原地面未清除杂草、凿毛或人工挖台阶，坡脚又未进行必要的支撑，特别是又受水湿润时，填方与原地面之间的抗剪力很小，填方在自重和荷载作用下，有可能使路基整体或局部沿原地面向下移动。此种破坏现象虽不普遍，但亦不应忽视，如果不针对上述产生破坏原因，采取相应预防措施，路基的稳定性就得不到保证，破坏将难以避免。

（4）特殊水文地质毁坏。公路通过不良地质和水文地带，或遇较大的自然灾害，如地震及特大暴雨等，均能导致路基结构严重破坏。

6.2.2　路面工程施工风险防控

路面是用各种坚硬材料分层铺筑于路基顶面的结构物，供车辆安全、迅速和舒适行驶。路面必须具有足够的力学强度和良好的稳定性，以及表面平整和良好的抗滑性能。路面按照其力学性质分为柔性路面和刚性路面两种。路面常用的材料有沥青、水泥、碎石、黏土、砾石等，在高速公路工程中，大多数采用高性能、高黏度的重交通道路沥青和改性沥青。

总体来看，路面施工技术难度不高，主要风险表现为施工质量风险，这通常不属于建安工程一切险的责任范围。工程保险针对的主要风险为施工机具风险。在路面施工过程中，往往需要应用大量的施工机具，如路面材料的运送车辆和摊铺施工机具。在这些施工机具的作业过程中，由于施工作业面较小，需要交叉作业，容易发生碰撞、倾覆等事故。控制这类风险的关键是确保作业现场有一个良好的秩序和统一的指挥协调，同时，机械手的技术、经验和精力也是确保安全施工的关键。

6.2.3 其他构造物施工风险防控

在城市道路工程施工过程中，除了修建路基与路面，还需要修建其他构造物，包括挡土墙、管线工程等。本部分根据其他构造物的施工过程简要介绍其风险防控。

1. 挡土墙风险防控

挡土墙是公路工程中一种常见的构造物，主要运用于稳定土体。挡土墙在道路工程施工中应用十分广泛，既可以作为永久性建筑，也可以作为临时性建筑。在公路建设过程中，挡土墙的作用主要是承受支挡土体的侧压力，稳定边坡，防止滑坡和路堤冲刷，并可以节省路基土方数量。

挡土墙的出险原因主要有两类：自然灾害与人为事故。自然灾害风险主要是台风、暴雨、长时间大雨等异常降水，导致洪水、泥石流、塌方，从而造成挡土墙的损失。因此，在公路工程的风险评估过程中应当注意台风季节和雨季的情况，了解当地的年度降雨以及最大降雨情况，通过对工地现场的勘察，掌握自然的泄洪通道以及与工地的相互影响情况。对可能对工地以及附近区域产生影响的因素，应及早采取相应措施，避免对施工产生不利影响。人为事故包括设计方面和施工方面。挡土墙的设计，特别是压力和稳定性的计算均是根据工程地质状况和工程需要确定的，而地质勘察结果与实际情况可能会有差异，导致设计的合理性存在问题。因此，应当在施工过程中注意验证设计的符合性，及时进行必要的调整。

2. 管线工程风险防控

城市道路中各类管线工程是常见的构造物，通常位于路基之下。复杂的城市道路工程常常包括多种管线，如水、电、通信、煤气等。

除了自然灾害可能造成管线施工技术风险外，管线施工过程中影响已有管线或其他结构物将是主要的技术风险。在一些大城市中，城市地下设备资料不完整，因此在管线开挖过程中，可能对一些图纸上并未标明的既有管线造成损伤，引起管线受损产生如断电、燃气泄漏等事故；或是损伤了其他地下构造物，如结构基础。

6.3 桥梁工程施工风险防控

结构形式的多样性、施工方法的多样性、使用条件的多样性是桥梁工程区别于其他公用基础设施的重要特征。本部分从结构体系和常用的桥梁施工方法出发，一方面归纳了梁桥、拱桥、斜拉桥、悬索桥等常见的桥梁施工中常见的风险事态，另一方面总结了支架施工、悬臂浇筑、转体施工、顶推施工等几种常用的桥梁施工方法中可能面临的特殊风险，同时，针对风险提出具体的管控措施。

6.3.1 多种体系桥梁施工风险防控

1. 大跨径梁桥施工风险

大跨径梁桥主要包括预应力混凝土连续梁桥、连续钢构桥、T型钢构桥、桁架桥等形式。本部分主要给出大跨径梁桥体系产生风险的具体原因及其防控措施。

(1) 结构体系转换风险。连续梁桥体系转换中解除临时锚固装置时方案、措施不当，可能对支座产生强烈冲击、偏载而造成支座变形、移位甚至破坏。因此，在连续梁桥体系转换中，对解除临时锚固装置的顺序和工艺程序要做详细的方案设计，保证临锚缓慢、均匀、对称地减力，使支座平稳受力。比如，先割除临时锚固预应力筋，应对称、逐级割断；采用微差爆破，逐渐、缓慢解除临时支座；采用砂箱法等。

(2) 弯桥支座脱空风险。曲线梁桥中，由于梁体的质量重心常位于梁两端连线之外，即使在自重作用下，桥跨结构也可能产生扭矩，处理不当则可能发生支座脱空情况。近几年，预应力弯桥施工过程中支座脱空的事故多次发生。主要的原因是设计计算分析不够全面，或是施工过程中未按设计要求严格施工。设计施工中，应该对自重、预应力、收缩、徐变等荷载作用的不利组合情况下支座的相应情况进行详细的分析，详细掌握施工过程中支座反力变化的过程和规律。

(3) 斜弯桥横移风险。温度和混凝土收缩所引起的在平面内的位移方向以及由预应力和混凝土徐变影响所引起的位移方向不同，前者属于弧段膨胀或缩短性质，涉及的弧段半径变化而圆心角不变；后者则只涉及力作用方向上的位移。因此，温度变化和混凝土收缩将引起各支点处的弦向位移，故在桥梁活动端将引起和桥轴线相垂直的位移分量，使伸缩缝的活动在构造上发生困难，并会产生一个平面扭矩，处理不当将使桥面旋转，产生横向位移。类似的原因，可能引起斜桥横向“爬移”，对正常使用造成影响。解决的方法是在设计过程中对该问题进行针对性地设计和构造优化，常用的措施包括设置挡块等。

(4) 箱梁板件压溃风险。随着桥梁跨径和桥梁宽度的增大，大吨位预应力使用越来越频繁。在大吨位预应力作用下，施工过程中混凝土箱梁板件往往处于高应力状态，如果相应的普通钢筋配置、预应力张拉吨位、施工管理、施工监控等工作不到位，很可能造成事故，轻微的情况是箱梁板件在预应力作用下出现裂缝，严重的情况可能引起板件局部压溃，造成损失。近几年，国内连续出现了多起类似事故，压溃的位置主要是混凝土箱梁的底板，直接原因主要是纵向预应力过大或横向预应力位置不合理。

2. 大跨径拱桥施工风险

拱桥基本形式有钢拱桥、钢管混凝土拱桥等。拱桥施工过程比较复杂，需要结合具体的施工方法具体分析。本部分重点分析可能造成严重后果的一些风险事态，并提出防控措施。

(1) 施工过程失稳风险。稳定问题是造成拱桥倒塌事故的最主要原因。通过严格设计，把握设计计算分析过程，拱桥施工过程中的稳定问题基本能得到比较好的控制，但施工过程中由于结构体系不断变化、荷载不确定因素多等问题，其稳定风险仍在一定程度上存在。尤其是在钢管混凝土拱桥拱肋钢管灌注混凝土过程中，由于空钢管拱肋刚度小，比较容易发生事故，需要严格控制。可以考虑的控制措施包括添加临时风撑，提高结构整体性、添加抗风缆提供结构抗侧风性能等。

(2) 拱脚变位风险。对于有推力拱，确保拱脚的稳定是保证结构整体安全的前提。受到上部荷载不确定性、下部基础性质不确定性等的影响，拱脚在施工和使用过程中均可能发生变位问题。拱脚变位后将引起拱顶裂缝、基础开裂等结构系统性病害。拱脚位移问题出现后首先需要密切跟踪，研究变位趋势，如果变位长期迅速发展，则必须立即研究对策，严重时可能需要彻底拆除桥梁。

(3) 拱肋拼装及合龙风险。钢箱拱肋造型美观，因此在大跨径桥梁中比较多见。但在拱肋拼装过程中，受到拱肋荷载不确定性、计算模式不确定性等问题的影响，对最终拱肋拼装和合龙的精度的控制比较困难，尤其是当误差一旦发生后，由于钢箱拱肋刚度较大，因此调整过程比较困难，可能对施工时间的影响比较显著。因此，钢箱拱肋在施工组织设计中，应对拱肋拼装及合龙误差发生时的调整预案有所研究。

(4) 钢管混凝土拱肋浇筑风险。钢管混凝土拱桥中混凝土浇筑不密实，下缘受压钢管经徐变后达到流限，弹性模量降低，加上尺寸、材质上的误差影响，会造成混凝土局部压碎，钢管失稳鼓出，使其结构整体稳定性大为降低，因而失去钢管混凝土的优越性。如果混凝土与钢管脱开，则二者不能共同受力，达不到设计要求，造成安全隐患。因此，施工中必须加强混凝土质量控制，改善混凝土品质，如采用收缩补偿混凝土浇筑主拱圈，减小混凝土收缩变形，钢管混凝土的原材必须符合设计要求，混凝土配合比应具有低泡、大流动性、收缩补偿、延后初凝和早强的工程性能。钢管混凝土压注前应清洗管内污物，润湿管壁，泵入适量水泥浆后再压注混凝土，直至钢管顶端排气孔排出合格混凝土时停止；完成后应关闭设于压注口的导流截止阀，管内混凝土的压注应连续进行，不得中断。

3. 斜拉桥施工风险

斜拉桥是大跨径桥梁的一种形式，包括主塔、主梁、拉索等部分。斜拉桥施工时间较长，面临的风险类型比较复杂。本部分重点给出与结构特性相关的斜拉索、主梁、桥塔施工中可能面临的一些风险，提出其防控措施。

1) 桥塔施工风险

从材料上看，斜拉桥桥塔可分为混凝土桥塔、钢桥塔，从形式上看有 H 形、A 形、钻石形、特殊形状等。常见的桥塔施工风险有大体积混凝土浇筑风险、横梁施工支架变形风险、塔身倾斜度超标风险。

(1) 大体积混凝土浇筑风险。横梁等大体积混凝土施工未采取有效措施降低水化热,可能导致开裂(收缩裂缝、温差裂缝等),影响长期使用性能及美观。可以考虑的措施包括:采用低水化热水泥掺加粉煤灰配置混凝土;埋设降温水管,采用内散外蓄的措施控制构件内外温差;埋设测温计监测温度,指导现场采取降温措施;等等。

(2) 横梁施工支架变形风险。横梁在斜拉桥中起横向稳定作用,如果未充分考虑支架变形,可能造成横梁下挠开裂;如未设置预拱度,影响横梁线形、刚度和荷载的分配。支架变形包括弹性变形和非弹性变形,并应设置相应的预拱度;混凝土初凝时间要特殊设计,避免浇筑过程中因支架变形而开裂;要特别注意控制钢支架与混凝土塔柱的温差,温差较大时,支架会相对于主塔横梁位置产生强迫位移,会引起横梁早期开裂。

(3) 塔身倾斜度超标风险。塔身倾斜度超标将造成塔身偏心受压,增加一定附加弯矩。因此,应该首先保证基础工程经过监测和分部验收,沉降和变形可以控制在设计要求的范围内;采用精密测量控制网进行塔柱放样;测量尽量保证在设计要求的同一基准温度下进行,并避免受直接日照的影响;信息化施工,出现偏差及时调整;对塔梁同步施工的桥梁,考虑塔梁的耦联作用及横梁的压缩对塔身倾斜度的影响。

2) 主梁施工风险

斜拉桥主梁包括混凝土主梁、叠合梁、钢主梁等几种主要形式。对于混凝土和叠合梁主梁,由于斜拉桥跨径大,混凝土主梁线形控制比较困难,斜拉桥主梁还面临着主梁混凝土超方风险和施工临时荷载超限风险。如果出现节段现浇时混凝土超方,或节段拼装时施工荷载超载等情况,又未及时根据实际情况调整,可能造成不同节段的标高偏差和索力偏差。因此要根据设计荷载及时调整施工荷载,同时要与设计人员交换信息,制订可行的符合实际情况的施工控制方案,提出可行的施工控制要求,对设计的目标值进行必要的调整。

对于钢主梁斜拉桥,在悬臂拼装施工中,预制钢箱梁需要通过悬臂端吊机吊装到位、临时连接,然后在连接部位施焊,完成拼装过程。在这期间,如果吊机或临时连接失效则可能引发钢箱梁坠落,造成损失。钢箱梁坠落后至少将造成坠落节段钢梁的损失,同时由于坠落后主梁两侧悬臂荷载不对称,还可能引起其他的连锁反应,也将对施工进度形成显著影响。

3) 斜拉索施工风险

斜拉索是连接主塔和主梁的关键部件,确保斜拉索的安全可靠对保证整个结构的安全可靠有重要意义。

(1) 运输、安装过程损伤风险。运输、安装等过程中不注意保护,易使斜拉索损伤,减少拉索截面面积,从而影响拉索的安全度和耐久性。因此,在放索时铺地毯或设置滚轮承托拉索,吊索时使用正确的夹持工具,挂索时注意避免索被挂索平台等挂住,拉索包装在挂索完成后拆除,对防护套损坏的拉索要进行修补。

(2) 斜拉索震动风险。斜拉索振动类型包括拉索涡激共振、雨振和尾流振动、拉索的参数共振等形式。各种拉索振动的原因、机理各有不同,需要进行计算和试验研究才能明确其出现的可能性及其幅度等问题。拉索振动可能对斜拉索造成损伤,也可能造成使用者心理上的恐惧和不安等。抑制拉索振动较简单的方法是采用阻尼橡胶圈减振器。

(3) 斜拉索断裂风险。由于意外事故、施工事故等原因,可能造成施工或使用过程中斜拉索突然断裂。断索后除了造成斜拉索及附近构造物的损伤外,由于结构内力的重新分布,还可能造成其他斜拉索或其他部位的连续破坏,引起更为严重的后果和损失。因此,设计和施工过程中应考虑对斜拉索突然失效的工况进行计算,防止连续破坏事件发生。

另外,斜拉索是在主塔和主梁的锚固区域,由于承受着巨大的拉力,也是事故多发区域,应该着力通过设计质量、施工质量和材料质量的控制确保安全。

4. 悬索桥施工风险

悬索桥是大跨径桥梁中最常见的桥型之一,锚碇、主缆、索缆、主缆施工期的猫道等都是悬索桥中特有的系统。

(1) 锚碇施工风险。锚碇是悬索桥结构体系成立的关键,它的施工风险主要涉及大范围基础开挖、大体积混凝土浇筑等。

(2) 主塔施工风险。悬索桥主塔以混凝土主塔为主,在超大跨径悬索桥中也有使用全钢桥塔的实例。其施工风险与斜拉桥主塔类似,可参见相关内容。不同的是悬索桥主塔没有锚固区,但塔顶承受来自鞍座的巨大压力,因此塔顶的施工风险需严格控制。

(3) 主缆施工风险。主缆是悬索桥的重要承重结构,桥面恒载和活载的大部分由主缆通过吊索传到主塔和锚碇。主缆一般由平行钢丝组成,其架设方法主要有预制平行钢丝束法和空中编缆法。为保证主缆经久耐用,通常主缆钢丝预先镀锌,主缆架设完成后进行系统防腐涂装。常见的猫道施工和使用风险有猫道先导索架设风险、猫道抗风稳定性风险、猫道侧移风险、猫道承重索托架设计风险。

(4) 索鞍、索夹、吊索施工风险。索鞍一般分为主索鞍和散索鞍,主索鞍主要是将主缆传来的巨大压力传递到主塔,散索鞍主要是改变主缆的传力方向,并将主缆分散为索股,分别锚固在锚碇上。索夹、吊索的作用是将桥面恒载、活载传到主缆,索夹一般为铸钢结构,通过高强度螺栓抱紧主缆。吊索一般为钢丝绳或平行钢丝束。常见的风险有索鞍顶推量风险、索夹位置对应风险、吊索扭转风险等。

6.3.2 施工方法的特殊风险防控

1. 支架施工

支架施工是一种古老的施工办法,它是在支架上安装模板、绑扎及安装钢筋骨架、预留孔道并在现场浇筑混凝土与施加预应力的施工办法。由于施工需用大量的模板支架,一般仅在小跨径桥或交通不便的边远地区采用。支架和模板是支架施工的主要风险源,尤其是大型支架系统,必须经过严格的设计和审查过程,避免发生支架或模板失效的严重事故。支架施工中支架失效和模板事故是最严重的风险事故。

支架失效是指满堂支架现浇梁体时，支架设置在不稳定的地基上；地基不处理或处理不均匀，支架未按规范要求搭设等都可能引发事故。地基未充分处理，使混凝土浇筑过程中地基沉陷，支架变形、下沉，从而模板变形、下挠，造成梁底变形、下挠，线形不顺直，影响梁体受力，严重的可能造成结构倒塌。

现浇施工的模板事故是指现浇箱梁模板安装时，梁侧模的纵、横支撑刚度都不够，未按侧模的受力状况布置对拉螺栓等都可能引起事故。可能的后果包括梁侧模走动、拼缝漏浆、接缝错位、梁体线形不顺直、箱梁腹板与翼缘板接缝不整齐等问题。

2. 悬臂浇筑

悬臂施工法是国内外大跨径预应力混凝土悬臂梁、连续梁及钢架桥中最常用的施工方法之一。它不仅在施工期间不影响桥下通航或者行车，而且可充分利用预应力混凝土承受负弯矩能力强的特点，提高桥梁的跨越能力。采用悬臂浇筑施工的桥梁，其总的施工顺序是墩顶施工、挂篮悬浇施工、各跨合龙以及体系转换等。挂篮是悬臂浇筑施工必需的施工机械，施工过程必须注意保证挂篮在安装、浇筑、走行等整个过程中的安全。

当悬臂现浇施工时，挂篮设计受力模式不合理、挂篮刚度不够、杆件连接间隙大等都可能影响施工。挂篮刚度不够，混凝土浇筑时挂篮发生变形过大，使梁体随之发生变形，新旧接触面脱离，影响箱梁预应力，造成梁体裂缝。因此挂篮的设计应根据梁段分段长度、梁段重量、外形尺寸、断面形状等要求同时考虑施工荷载来确定挂篮的技术指标。

挂篮拼装好使用前，应进行全面的安全技术检查，特别是挂篮主梁的定位和锚固情况，并进行模拟荷载试验，测定各种工况下的强度及弹性和非弹性变形，检验挂篮的可靠度。除此之外，还须进行预压，有效消除构件的装配缝隙，正确设置箱梁底板预拱度。另外，挂篮使用过程中可能由于承载力不足发生压溃事故，使用过程中不严格按照规程操作还可能引起坠落事故。

3. 转体施工

桥梁转体施工是20世纪40年代以后发展起来的一种架桥工艺。它是在河流的两岸或适当的位置，利用地形或使用简便的支架先将半桥预制完成之后，以桥梁结构本身为转动体，使用一些机具，分别将两个半桥转体到桥位轴线位置合龙成桥。

转体施工将复杂的、技术性强的高空及水上作业变为岸边的陆上作业，它既能保证施工的质量安全，减少施工费用和机具设备，同时，在施工期间不影响桥位通航。转体施工法可适用于拱桥、桥梁、斜拉桥、钢架桥等不同桥型的上部结构施工。转体的方法可分为平面转体、竖向转体或平竖结合转体三种。平面转体又可分为有平衡重转体和无平衡重转体两种。转盘体系是转体施工最为重要的施工临时设施。转体施工的拱桥桥体、转盘体系结构尺寸偏差过大会使施工实际情况与设计要求产生偏离，造成转体过程中转体不平衡而产生失稳现象，从而导致安全事故等严重后果。转体施工的拱桥桥体、转盘体系须精心施工，要严格掌握结构的预制尺寸和重量，环道转盘应平整，球面转盘应圆顺。

4. 顶推施工

顶推法施工是沿桥纵轴方向设立预制场，采用无支架的方法推移就位，此法可在水深、桥高以及高架道路等情况下使用。它避免了大量施工脚手架，施工期间可不中断现有交通，同时施工场地较小，安全可靠。它的主要施工顺序是：在后台开辟预制场地，分节段预制梁身并用纵向预应力筋将各节段连成整体，通过顶推装置，并借助不锈钢板与聚四氟乙烯模压板组成的滑动装置，将梁逐段向对岸推进，待全部梁体顶推就位后，落梁、更换正式支座，完成桥梁施工。

顶推法施工，不仅用于连续桥梁（包括钢桥），也可用于其他桥型，如结合桥梁中的预制桥面板可在钢梁架设后，采用纵向顶推就位。顶推法还可在立交箱涵、地道桥和房屋建筑中使用。常见风险及防控措施如下文所述。

（1）导梁事故风险。导梁是顶推施工过程中最为重要的施工临时部件，导梁设计安全储备不足，或者由于顶推梁顶推过程控制不好、荷载超限等问题，都可能引起顶推梁事故，造成损失。因此，导梁设计过程中必须预留足够的安全系数，同时，需对导梁构件的刚度、强度、稳定性等进行详细的计算分析。

（2）钢梁顶推板件稳定风险。钢梁顶推过程中，顶推部位及附近区域将承受很大的局部应力，可能造成区域内板件局部失稳，发生局部损坏。板件局部失稳后可能影响箱梁在施工过程中的强度。因此，钢箱梁顶推过程中的计算分析除了保证梁体和施工临时设施的整体刚度、强度外，还应考虑板件局部稳定的问题。

（3）质量及连接安全性风险。桥梁顶推施工，第一节梁段预制时，其前端混凝土若振捣不密实，混凝土质量差，会导致预埋在前端的导梁预埋件连接强度、刚度太小。这些病害可能导致导梁悬出产生的弯矩引起桥梁第一节段前端混凝土破坏，使导梁脱落。连接件强度、刚度小也导致在导梁连接部位产生变形、破坏。

（4）顶推力风险。顶推不均衡，会使被顶推的梁体发生偏离。多点顶推时，纵向各墩的水平千斤顶如不同步运行，会加重早启动千斤顶的负担，甚至超过其顶推能力，使顶推工作不能顺利进行。因此，单点或多点顶推时，左右两条顶推线应同步运行，且左右顶推力大小相等；多点顶推时，各墩台的水平千斤顶均应沿纵向同步运行，并使之受力均衡。

6.4 轨道交通施工风险防控

轨道交通通常是以电能为动力，采取轮轨运转方式的快速大运量公共交通的总称，包括地铁、轻轨、有轨电车和磁浮列车等。地铁与轻轨工程是一个规模大、机电复杂的综合性系统工程，本部分以地铁与轻轨工程为例，简要介绍其施工风险防控。

6.4.1 地铁工程施工技术风险防控

地铁工程主要包括地铁车站、区间隧道以及联络通道。地铁车站又包括车站基坑、车站主体结构以及附属设施等。

1. 地下车站结构

地下车站结构设计应根据各车站不同的结构类型、工程水文地质、荷载特性、环境影响、施工工艺、建设周期等条件做深入细致的比较和研究。本着安全、经济、合理的要求，综合确定车站的结构形式，满足车站的使用要求。地下车站结构的施工风险分车站基坑施工风险、车站主体结构施工风险、附属设施施工风险三部分进行阐述。

(1) 地下车站基坑施工风险。根据软土地区工程水文地质情况及地铁车站等地下工程建设的实践经验，地下车站及其附属结构的基坑围护结构可采用地下连续墙、钻孔灌注桩加水泥土搅拌桩隔水帷幕、钻孔咬合桩、型钢水泥搅拌桩等。

(2) 地下车站主体结构施工风险。地下车站结构方案的选择，受到诸如沿线车站工程范围内工程水文地质、所处的环境、周边地面建筑、地下构筑物、河道及道路交通等多种控制因素的制约。因此，地下车站方案要因地制宜，在确保工程安全满足使用功能的前提下，综合考虑技术、经济、工期、环境影响等因素，合理选择地下车站结构的形式和施工方法。

地下车站以地下二、三层为主，根据建筑平面布置，结构横剖面有双跨、三跨等框架结构形式。采用地下墙作为围护结构的地下车站侧墙一般有单、双层两种形式。其中，单层利用地下墙做永久侧墙，地下墙内预埋钢筋连接器与梁板相接形成整体框架结构共同承担使用阶段的各类荷载；双层结构则是在地下墙内侧浇筑钢筋混凝土内衬，地下墙与内衬墙形成叠合墙或复合墙，并与梁、板、柱组成现浇混凝上框架结构，共同承担使用阶段的各类荷载。采用SMW工法和钻孔灌注桩作围护结构时，一般只考虑现浇墙与内部结构承受使用荷载，不考虑围护结构作用。地下车站主体结构施工常见风险有楼板浇筑时失稳、连接节点不牢、楼面板不平整、裂缝及渗漏水、地下结构上浮等。

(3) 附属设施施工风险。地铁车站的附属设施主要包括车站出入口及风亭。车站出入口的施工方法采用明挖和暗挖两种，施工时需注意合理设置排水设施及防尘的构造措施。

如果选用盾构法施工，首先面对的是盾构机选型风险。在施工过程中，盾构机主要的机械故障来自刀盘。因此在盾构法施工风险控制过程中，选择合适的盾构机刀盘即充分考虑施工的安全要求，选择优质且与工程地质匹配、能满足工程推进长度要求、对周围环境影响小的刀盘。同时，要注意控制重要建筑物和地层沉降。首先需要对施工周围的环境进行详细考察，预测地铁施工过程对周围建筑物、地下管线、地下设施以及地下障碍物等设备的影响。在盾构机掘进施工前，做好对相关建筑物的加固和保护工作，避免在施工过程中出现建筑物沉降和地层破坏。施工单位要建立起严格的隧道沉降量监测控制网，实时监控地层和建筑物的实际情况，根据监测点测量的有关数据明确施工过程对相关建筑物和周围环境的影响。一般情况下，如果盾构前方监测点地面变形量控制在±5 mm范围内，则盾构地面变形量需要控制到−30～10 mm，如果实际施工过程中超出标准范围，则需要采取有效控制土量的方法，避免出现地层沉降。然后结合实际施工环境，在盾构机进站过程中要对地面进行注浆加固和管棚拱顶加固，稳定进站洞口，保证洞口地基土结构的稳定性和安全性，减少盾构机施工对周围环境产生的破坏，防止过度地面沉降现象的发生。

2. 地下区间隧道

根据沿线工程地质及水文地质条件、线路埋深、线路经过地区的环境条件及软土地区工程的经验，区间隧道的施工方法可分为明挖法和盾构法两大类。

明挖法是指挖开地面，完成隧道主体结构，最后回填基坑或恢复地面的施工方法。简单讲就是从地面上直接挖掘，然后再浇筑钢筋混凝土层。明挖法适用于修建地层浅表层的地下工程。

盾构法是在地面以下挖掘隧道的一种施工方法。盾构法施工风险可分为客观风险及技术风险。客观风险是指在隧道选址及盾构机械选型确定的情况下，施工环境（如水文地质条件、气候条件等）以及设备条件决定的固有的不可抗拒风险。技术风险是由于施工过程中的技术方案、操作管理过程失误引起的风险。

6.4.2 轻轨工程施工技术风险防控

城市轻轨属于轨道交通，由于轻轨的机车重量和载客量都较小，使用的铁轨质量也比一般铁轨轻，由此得名“轻轨”。轻轨工程主要包括高架车站、高架区间以及地面区间。

1. 高架车站

高架车站有两种形式：站桥合一、站桥分离。站桥合一把桥墩作为房屋框架结构的一部分，框架纵、横梁对桥墩均能起到约束作用，减少了桥墩计算高度，柱网简单，降低了线路标高和建筑标高，可节省工程造价；但站桥合一没有现行统一的规范与标准可循，设计时必须对不同的构件采用不同的规范，结构计算也颇为复杂。高架车站工程施工时，混凝土框架结构的易发风险有：轴线位移和垂直度超限和超标、框架柱钢筋位移、柱夹渣烂根、混凝土施工质量差。在施工时需要针对以上风险点进行重点检查。

2. 高架区间

高架区间工程常用的施工方法有支架现浇与预制架设，其中可能发生的风险主要是高架桥梁结构工程施工风险、桥墩台和基础施工风险。桥梁结构的主要施工风险因素识别详见桥梁工程施工风险防控部分中列出的风险源，以下对高架区间的上部结构和下部结构仅作简要风险识别。

高架区间的上部结构主要是桥梁结构，常见的轻轨工程桥梁架设方法有吊装法、顶进法和悬拼法等，各种工法的具体风险如下：

（1）吊装法。可能发生的风险有桥墩轴线偏移、扭转，造成整座桥梁轴线的偏移或扭转；桥墩柱垂直偏差，使墩柱受力时，因未保持竖直，产生附加弯矩；桥墩顶面标高不符合设计高程，引起桥面高程与设计高程不符；柱安装后裂缝超过允许偏差值，引起墩柱钢筋的早期锈蚀，严重时，降低墩柱的承载力等。

（2）顶进法。桥梁顶进法施工时，经常出现箱涵顶进事故，或由于顶进中的质量缺陷造成事故。顶进法可能发生的风险有：后背破坏使顶进箱涵失去作业条件；刀头卡土造成顶进作业无法顺利进行；顶铁外崩可能打坏设备或击伤人员；顶进标高发生波动，会增大顶进的阻力；等等。

（3）悬拼法。悬拼法可能发生的风险有悬拼块件上滑、错动，使悬拼块件的预留孔道错位，难以穿束进行整体张拉；块件悬拼合龙时对中偏移，影响梁体受力线的直顺，造成附加内力。

高架区间的下部结构主要有高架桥墩台和基础。其中，桥梁墩台施工的常见风险有模板变形、模板拼装不当、混凝土离析、混凝土表面气泡超过规定、混凝土沉落或浮浆、混凝土裂缝等。具体防控措施可参见本书桥梁工程施工风险防控部分内容。

3. 地面区间

轻轨工程一般都有地面区间段，用来联系地面和高架，该区间段工程施工主要风险有地基处理风险和路基施工风险。其中，地基处理风险主要有地基处理方案选择不当，施工单位没有按照要求进行施工；软土地区的路基工程主要施工风险有路基沉陷、路基不密实、纵向裂缝、边坡冲刷严重等。具体防控措施可参见本书土方工程和路基工程施工风险防控部分内容。

7　城市更新风险防控

由于城镇化的推进，我国北京、上海、广州、深圳及部分强二线城市的城市建设逐步由增量建设转向存量治理，城市更新作为存量治理的主要手段，已经在各地进行了诸多实践。与增量建设不同，城市更新涉及的范畴非常广泛，不仅涉及传统的工程、技术领域，还涉及城市生态环境、经济社会发展及城市文化传承等诸多方面。因此，城市更新面临的风险状况要比增量建设更为复杂，迫切需要全面识别城市更新中的风险因素并探讨相应的风险防控策略。

7.1　城市更新概论

城市更新是城市发展到一定阶段的必然产物，是城市发展中的一种自我调节机制，自城市出现就已存在，因为城市发展必须经历“发展—衰落—更新—再发展”的这样一个新陈代谢过程。改革开放以来，我国进入了城镇化快速发展阶段，截至 2019 年年底，我国城镇化率达到 60.60%，较 2000 年的 36.2%增长了 24.4%。高速的城镇化在使城市面貌焕然一新的同时，也给各大城市带来了沉重的资源和环境压力。中央城市工作会议指出，未来城市发展要从速度型转向质量型，从增量建设迈向存量治理。如何转变城市发展方式，注重城市内涵发展，提升城市质量和品质已经成为新常态下的重要议题。国内外城市发展的实践表明，城市更新作为一种城市可持续发展的手段，是提升城市发展活力和竞争力的必经之路。

7.1.1　城市更新概念及模式

城市更新（Urban Renewal）是由美国房屋经济学家 Miles Colean 在 20 世纪 50 年代明确提出的，第二次世界大战后，西方经济发达国家的一些大城市出现人口和产业向郊区迁移的“逆城市化”现象，使得城市的中心地区逐渐衰败，为了防止和消除这种现象，提出了城市更新的设想和计划。

1958 年 8 月在荷兰海牙召开的城市更新第一次研究会，对城市更新做了如下阐述：生活在城市中的人，对于自己所住的建筑物、周围的环境或上班、上学、购物、游乐及其他的生活有各种不同的希望与不满。对于自己所住房屋的修理改造，街道、公园、绿地和不良住宅的清除等环境的改善，尤其对于土地利用的形态或地区制度的完善，大规模公用事业的建设，可以要求尽早地实施，以便形成舒适的生活、怡人的市容等。因此，城市更新可理解为：针对城市发展过程中出现的城市衰退以及随之而带来的城市环境、生态、景观和面貌的恶化而采取的有意识、有目的的城市新陈代谢、城市机能更新完善的再发展行为。

城市更新主要有如下三种方式：

(1) 重建。即完全打破原有的城市结构布局，推倒原有的破旧建筑，重新进行规划、建设，比如第二次世界大战后欧美国家对荒废住宅区进行的大规模重建。重建的特点是变化幅度大，最富有创意性，但也最为激进，需要大量资金，进行缓慢，受到的阻力也最大，较易引起社会的震动和矛盾冲突。

(2) 改善和修建。即对于比较完整的城市，剔除不适应城市发展的方面，增加新内容，弥补旧有城建缺陷，改建、完善、扩大和增添原有设施的功能，以满足不断出现的各种新需求。这种模式较重建模式变化幅度小，所需资金少，可以最大限度地缩小拆迁安置的困扰，等等，实现城市发展与地方文脉保护的完美结合。

(3) 保护。即对那些具有良好状态、功能健全的旧城区或历史地段，城市文物与名胜古迹、特色建筑等以新技术、新手段采取维护措施，以延缓或停止其功能或形态的恶化。保护是城市更新中预防性的一种措施。

7.1.2　城市更新的特征

1. 多元参与，政府主导

城市更新是一项复杂的工程，涉及众多相关利益主体，需要多个参与主体来完成，如城市政府、企业、市民、专业团体和民间组织都是主要的参与者，在城市更新中都扮演着重要角色，对于城市更新过程起着至关重要的作用。其中，城市政府在诸多主体中是一强势身份地位，往往起到主导作用。政府部门的主导性表现在主导城市更新规划的制定、保证公共利益的实现、掌控更新的走向等。企业又分为开发商和承包商，它们在政府的指导下负责城市更新工作的具体实施工作。市民也是城市更新中不可忽视的力量，他们通过积极参与其中，可以影响城市更新规划的制定，在一定程度上保证了城市更新规划制定的民主化、科学化。专业团体以专业化知识和专业化实践活动发挥特有的影响力，有效制约和矫正城市更新走向的偏差。民间组织以其集中度和利益与兴趣一致参与城市更新的过程，保证了社会公平性、阶层利益和社会公益。

2. 系统性

城市更新是一项复杂而又系统的工作，不仅仅包括对于城市硬件，如城市住房、基础设施的改善，还包括城市产业的调整置换、城市社会原有邻里关系的更新，涉及城市各个利益主体和城市各个行业的方方面面。城市是一个严密的社会有机体，是一个社会生态大系统。从长远看，城市更新是城市整个物质形态的进化完善，也是城市文化和历史的延续维护。所以，城市更新必然是一个庞大的物质系统、庞大的社会系统、特色产业体系的延展、进化和提升，其范畴不仅包括物质形态，也包含着非物质形态的社会、经济、文化等方面。

3. 动态性

城市更新的动态性主要表现为城市更新在不同时期被赋予了不同的内容。城市更新是城市有机体成长发育的过程，其动态性表现在人类社会进步、物质技术进步、经济发展、城市历史延续。但同时，城市更新又会受到人类物质技术水平、经济发展水平、人类认识水平、直接财力物力等方方面面的限制，不可能一蹴而就，毕其功于一役。一味反对拆迁，敌视城市更新是不现实的，但规模过大的城市更新也是违背城市发展规律的。

7.1.3 中国城市更新实践

随着新型城镇化进程的加速，中国的城市更新问题也日益凸显。由于区域情况的差异，各地分别采取了相对独特的城市更新方式。

1. 广东省——从“三旧改造”到城市更新

广东省的“三旧改造”是指针对“旧城镇”“旧厂房”和“旧村居”的改造。按主导方不同可分为三大类共九种具体改造模式：第一类是政府主导型，有政府收储、政府统租、综合整治三种模式；第二类是政府与市场方合作主导型，有毛地出让、土地整治两种模式；第三类是市场主导型，有集体自改、村企合作、原权属人自改、收购改造四种改造模式。广东省“三旧改造”经多年探索实践，逐步发展成为如今具有多元目标、内涵丰富的城市更新。例如，广州市从单一拆除重建向综合运用多种改造方式转变，因地制宜采取了“全面改造＋微改造”模式推进城市更新；佛山根据生态修复类型、综合整治类型和功能改变类型等不同的改造类型，采用自行改造模式、挂账收储、公开转让方式进行城市更新。

2. 南京、西安、杭州的旧城改造

南京、西安和杭州属于历史文化名城，此类城市在更新时结合老城环境综合整治、历史街区保护和城市基础设施建设等实施旧城改造，尽量避免大拆大建，既保护城市原有肌理，又允许部分建设。南京市采用政府与市场合作的方式对危旧房片区按照公益性项目、具备开发条件的项目等四大类不同的情况，结合明城墙风光带建设，因地制宜进行改造。西安市以保护古都风貌、改善人居环境、完备公共服务功能、提升城市形象等为目的，坚持政府主导、市场运作的原则，采用棚户区改造和城中村改造方式对旧城区进行改造。杭州市遵循“城市双修”的工作方针，将城市更新与城市风貌特色塑造、文化传承、城市功能完善等多目标相结合，在更新实践上采用点状更新、分类更新和分区更新等多种模式对城中村和老旧小区进行更新。

3. 厦门、温州、苏州的低效用地再开发

厦门、温州和苏州由于历史原因，建设用地中工业用地占比较大，因此城市更新侧重低效工业用地的再开发利用。厦门市通过土地收储补偿、搬迁改造奖励等政策，推动岛内工业企业逐步向岛外转移，搬迁后闲置的工业厂房用地通过收储、自行改造和联合改造等方式，将用途变为办公、商业、酒店等第三产业用地。温州市对限制发展区范围内的工业企业进行搬迁，对列入

“退二进三”计划并已纳入城镇低效用地再开发试点范围的企业按照区块开发有关规划和政策，有序实施“退二进三”。苏州市采用时间节地、平面节地和综合节地三种节地模式，并提出“三优三保”思路，同时采取弹性出让、立体开发、转型升级等措施综合推进低效用地再开发。

4. 北京、上海的综合城市更新方式

北京和上海作为一线城市，减量发展成了土地利用的总基调和方向。北京城市更新的主要做法有棚户区改造和环境整治、危旧房改造、土地储备开发、老旧厂房保护利用等。通过疏解整治释放城市空间，给疏解腾退空间赋予新功能；同时把“留白增绿”作为城市有机更新的重要内容，推动首都城市功能的结构优化。北京市还出台了产业的正负面清单，明确各功能区鼓励和限制的建筑项目的规划使用性质，城市更新相关工作也将根据产业正负清单的引导，合理安排用地功能和土地用途。上海城市更新类型主要有旧区改造、城中村改造、工业用地转型和近年来具有上海特色的“有机更新”，在城市更新过程中自始至终按照“全生命周期管理”的要求，对更新后的地块进行全流程监管。

7.2　城市更新风险防控

为了保障城市更新项目的健康运行，针对识别出的城市更新风险，应通过风险识别—风险评估—风险预警—风险应对—风险管理后评价等风险管理流程，构建完备的城市更新风险防控机制。

7.2.1　风险识别

城市更新具有的资金投入巨大、项目实施周期漫长、牵涉多方利益主体等特点，使其开发背景和过程都较为复杂，对城市经济发展、城市形态、城市面貌和环境都有着决定性的影响。根据风险的类型，可将城市更新中的风险分为生态风险、社会风险、经济风险和文化风险四类。

1. 生态风险

城市更新中的生态风险主要是指城市更新项目的功能布局、开发强度、环境保护措施等方面的问题所导致的对项目内部及周边区域内的生态环境、城市居民的生产生活等所带来的各种潜在威胁。随着城市更新的逐步推进，这一类风险的危险性越来越高。城市更新中的生态风险构成如下。

1) 空气生态风险

(1) 污染物排放。城市内由于污染源集中，污染量大而复杂，引起的城市大气生态环境变化是十分明显的。城市工业生产废气排放量多，废气处理相对较难。居民日常生活用的炉灶，由于居民密集，燃煤数量多，燃烧不完全，烟囱较低，因此产生的烟尘、二氧化碳和一氧化碳等有害气体的数量也是可观的，有的地区比工业所产生的污染还严重。我国目前的大气污染属于典型的煤烟型污染，大气污染物主要以总悬浮颗粒物和二氧化硫为主。

(2) 交通运输污染。许多城市的大气污染类型出现了由“煤烟型”向“煤烟型+汽车尾气型”转化的趋势。在大城市，由于机动车数量增长，机动车尾气污染成为主要的大气污染类型。此外，道路拥挤程度越来越高，导致每一辆机动车的油耗及尾气排放量也相应上升。由汽车排放出来的超过污染比例的氮氧化物和碳氢化合物，在大气环境中受到强烈太阳光紫外线照射后，产生光化学反应而形成光化学烟雾，其主要成分是臭氧。光化学烟雾不仅影响人的呼吸道功能，损伤儿童的肺功能，还会毒害植物和庄稼，使庄稼减产。光化学烟雾还会促进酸雨的形成。煤炭燃烧产生酸性气体二氧化硫，高温燃烧使空气中的氧气与氮气反应，形成硝酸类物质，它们在高空中不断积累，并最终可能形成酸雨。

2) 水环境生态风险

(1) 水资源短缺。我国人均水资源量少，用水量逐年增加，水资源短缺严重。由于水资源分布不均，年降水量的 70%以上集中在 6～9 月，而且多以大雨、暴雨的形式出现，很难利用。

(2) 水资源污染。在城镇地区，水资源污染的主要来源包括工业污水、城镇生活污水的排放等。城市工业污水排放以往占据很大比重，由于近年来政府严格控制企业污水排放标准和总量，工业污水排放状况有了很大改进。随着城市人口增多，城市生活污水排放量正以相当快的速度上升，甚至超过了工业污水的排放量。由于城镇生活污水的收集和处理设施还比较落后，生活污水处理率和收集率较低，导致城市水污染状况无根本性改善，城市河流、湖泊污染仍在恶化。

(3) 地下水开采过度。伴随着城市的开发建设进程，城市地下水的开采也在日益加剧。同时，地下水不同程度地遭受有机和无机有毒有害污染物的污染。

3) 噪声生态风险

环境噪声不像空气污染、水污染那样导致大量生命的死亡和疾病传播，然而过多的噪声仍然对人类有害。噪声影响人类听力系统，长期暴露在噪声下人的听力就会明显减退；在极端情况下，噪声能引起人类器官的生理紊乱，更有甚者使人患上严重的职业病。

城市人口集中，工业生产、建筑施工、商业活动、交通运输等产生噪声，妨碍人们的休息和工作，影响居民的身体健康，成为城市环境污染的重要因素之一。随着城市居民物质文化生活水平的提高，家庭卡拉 OK、游戏机、音响等噪声已越来越突出，是城市中一种不可忽视的噪声污染源。工厂里高速运转的机器，如发动机、空压机、电动机、钻机、建筑用推土机、挖掘机、打桩机等都发出较强的噪声。现代化交通工具发展日益广泛，它们运行中发出的噪声是活动噪声源，对环境影响范围广泛。此外，娱乐场所、运动场、商业活动中心、家庭社会活动等，也产生各种各样的噪声。

4) 经济美学价值风险

生态风险还包括生态系统的经济、美学价值的减少。如森林生态系统提供各种木材和林副产品、工业原料、粮油产品、药材、肉类等。绿地具有重要的景观和美学价值，使人们得到生态美的享受，从而陶冶人们的情操，丰富人们的精神生活。绿地还具有休闲和保健的功能，近郊的森林能源源不断地向市区供应新鲜的空气和负离子。另外，水域也可提供天然产品等。随着城市林地、草地的退化，水域面积日益萎缩，这些经济与美学价值也将大打折扣。

2. 社会风险

城市更新中的社会风险是指由城市更新行为所导致的社会冲突，危及社会稳定和社会秩序的可能性，更直接地说，由于城市项目更新、建设，可能破坏城市社会的正常运营秩序，影响居民的正常生活，甚至爆发社会危机的可能性。城市更新中的社会风险构成如下。

(1) 社会公平风险。社会公平是社会和谐稳定发展的重要基础，当社会公平存在一定问题时，必然会造成社会风险的出现。而城市更新过程中，由于建设、分配、补偿、管理中的问题，会在一定程度上造成社会公平风险。

(2) 社会发展风险。社会发展是城市更新的重要目标。某位社会学专家在谈及社会风险时讲道："任何一个社会发展到特定阶段，必然要面临众多社会风险，这是一个规律。"社会发展的概念是多方面的，包括城市社会经济多方面的全面发展，在快速城市化的当今，城市社会发展主要指标包括城市风险防控能力的提升、城市基础设施的完善、城市居民收入水平的提高、城市居民居住生活水平的提高等。当城市更新行为的积极效应推动城市社会经济快速发展，社会发展的风险小，反之，当城市更新项目定位不当，或少数利益群体为了自身私利而影响城市社会的全局发展，进而造成城市建设的滞后，都会产生社会发展风险。

(3) 社会和谐风险。社会和谐是当今社会发展的主旋律，是我国城市运行的重要政治目标。然而，在城市更新过程中，极易涉及不同社会团体、组织之间的利益，处理不当，则会引发社会和谐风险。社会和谐包括两个层面，一个是指城市内部不同群体之间的相互共存，如本地居民与外来务工人员、不同民族群体、城市居民与政府、政府与经济体等；另一个是指城市之间相互和谐发展，不同城市之间形成相互共生共荣的城市体系，避免彼此之间的恶性或无序竞争发展，做到相互分工明确，构筑体系完善的城市群。在城市更新中，尤其是针对产业区的空间结构调整，应加强对区域整体产业分布及分工的研究，避免产业的恶性竞争和效率下降。

(4) 社会保障风险。社会保障是一个成熟社会的基本职能之一。社会保障是指国家和社会通过立法对国民收入进行分配和再分配，对社会成员特别是生活有特殊困难的人的基本生活权利给予保障的社会安全制度。社会保障的本质是维护社会公平进而促进社会稳定发展。当社会保障缺失或失衡，极易引发社会的不公平，从而导致社会风险的产生。

3. 经济风险

城市更新中的经济风险是指由城市更新行为导致的经济问题以及由此带来的危及城市经济健康发展和城市经济安全的可能性，其构成如下。

(1) 规模风险。近年来，许多城市为"加快城镇化进程"，不考虑社会经济发展的实际需求，盲目拉大城市框架，导致城市建设规模快速扩张，诱发经济风险。据粗略统计，全国地级市中有一半左右在进行旧城改造、新城开发等，但大多是旧城改未变，新城开而未发，不但占用大量耕地，而且债台高筑，加剧地方政府债务危机。

(2) 空间结构风险。城市发展速度与空间扩展模式应当适应。一是城市整体布局。当城市扩展速度超过某一临界值时，便有可能在现有建成区外另建一座新城。若发展速度超越该临界值却沿袭渐进式空间扩展就会导致城市运行成本上升；若未达到该临界值却采用跨越式空间扩展就会造成主城区衰退或新区荒置，甚至诱发城市财政危机。二是不同功能用地布局。布局一旦产生就会有持久的羁留效应，不科学的土地利用必然会对邻近地区产生长期的负面影响，如嵌入工业用地内的居住区。

(3) 规划管理风险。规划变更是城市更新的"硬"风险，对城市发展冲击巨大。有的城市，城市建设纯粹是领导意志，随着领导的变化，建设规划和思路也可能会变化，城市规划的主导作用会失去；有的城市虽有规划，但是规划也不尽科学合理，随时都有修改的可能。这种无规划或不严格执行规划，可能会导致房产与城市规划中的功能分区不符，生活区、工业区和商业区等功能相互混杂，建筑风格与周围自然环境、人文景观不协调等，从而失去区位优势，影响房产的价值，带来投资风险。

(4) 地价风险。土地既是一种资源，又是一种资产，这就决定了地价的二重性：资源性定价和资产性定价。市场地价应等于未来土地持有期间的土地收益的贴现值，再加上未来土地转让收益的贴现值。因而，在地价中就包括了预期的因素，使地价具有虚构性。由于土地的异质性、市场交易量的有限性以及人类自身的有限理性，就会使地价的虚构度过高，一方面造成现实的市场地价高，另一方面致使土地投机盛行。地价的虚构度过高，使房地产开发商的重点不是放在房地产的开发建设、提高土地的利用收益率上，而是囤积土地，待价而沽，由此引发一系列的经济投资风险。

4. 文化风险

城市更新中的文化风险是指城市更新对城市的物质空间、形态、尺度、肌理、风格、色彩等带来的风险，其构成如下。

(1) 历史断裂与文化抽离风险。中国文化历史悠久，与城市建设有着不可分割的联系。《周礼·考工记》曾记载："匠人营国，方九里，旁三门，国中九经九纬，经涂九轨，左祖右社，前朝后市，市朝一夫。"其强调城市的建设符合礼制、君权主义思想，这种文化思想在中国大多城市的建设中得到延续，对中国城市形态影响巨大。但大规模的城市更新、开发使城市的历史空间被弱化、切割甚至消解。在全球化的冲击下，原本和谐的空间被扰乱了，那些曾创造了伟大的景观奇迹的历史城市、历史空间被无情地肢解。

北京是举世闻名的中国文化古都。明清北京集历朝之大成，城市格局已臻于完美。改革开放以后，受全球化冲击，北京的城市特色格局已被国际投资和各种商业开发活动所瓦解，大量四合院被拆除，现代与历史的纽带被切断，城市不再是一个完整的历史绸带，而成为零星的碎片。

(2) 居民生活方式和心理受到冲击的风险。城市不仅是一群人共同居住的地域，还是一种"城市性"的心理状态和生活方式，城市文化的渗透和影响在人们生活中起着关键性的作用。城市不仅仅是一个物质空间，而且是由内在的文化形式通过居民的创造活动反映成为外在的物质形式，如城市的街道、广场、酒肆、茶楼以及南方的骑楼、湘西的吊脚楼、北方的大院等都反映了居民不同的生活态度和生活方式。在现代化城市更新、开发的进程中，城市空间被千篇一律的大尺度高层所占据，原有的居民生活方式和生活习惯受到一定的冲击，原有的生活氛围和生活圈层受到了不同程度的割裂。

(3) 文化趋同风险。中国大规模城市更新、开发在领导意志下多遵循“更高、更大、更宽阔”的基调，城市建筑越来越高，城市空间却越来越失去地方传统特色，而是充斥着大尺度的特征，“千城一面”现象严重。与此同时，映射在原有城市尺度和空间上的城市文化特色也逐渐消失，取而代之的是西方的文化理念。

7.2.2 风险评估

城市更新风险评估的主要任务是对城市更新风险的影响程度及其发生的概率进行评估，将可能的代价和减少风险的效益在制订决策时考虑进去，帮助项目积极承担“可接受的风险”。

风险评估过程主要包括以下内容：

(1) 进行单项风险因素评估，估计风险发生损失的概率和程度。

(2) 挖掘项目各项风险因素之间的因果联系，确定关键因素。

(3) 综合考虑各种不同风险之间相互转化的条件，明确项目风险的客观基础。

(4) 确定风险评价基准，风险评价基准是项目主体针对每一种风险后果确定的可接受水平。

(5) 对项目诸项风险进行比较分析和综合评价，明确它们的先后顺序和项目的整体风险水平，确定项目风险状态。

下文以文化风险为例，阐述城市更新中文化风险的评估方法。

城市更新的文化风险评价主要侧重于两个方面：首先，对更新地区的文化稀缺程度进行评价，以评定出该地区的文化稀缺层级；其次，在此基础上，针对不同重要层级的文化地域情况，评估城市更新项目对地区带来的文化风险，事先建立一个为风险条件打分的矩阵，然后对每种风险的可能性、严重性和可控性进行评分，3 个分值相乘，得到这种风险的风险级别，风险级别越大，表示这种风险越大，越应引起重视和需要制定相应的应对措施(表 7-1)。

表 7-1 文化风险分析矩阵

描述		地区文化风险资源稀缺层级				
		极低[0, 0.2)	中低[0.2, 0.8)	一般[0.8, 1.2)	高[1.2, 1.6)	极高[1.6, 2.0]
文化风险形象描述	健康[0, 0.2)					
	尚可[0.2, 0.4)					
	警惕[0.4, 0.6)					
	危险[0.6, 0.9)					
	高危[0.9, 1.0]					

这种评价方法特点在于首先通过文化层级定位确定地区文化的稀缺程度和重要性，通过赋值从定量角度来对下一阶段文化风险具体要素分析提供基础，即初步分析已限定文化风险的大致程度，进一步分析以确定更新对不同文化指标的影响度，将文化风险的目标因子细化，为项目

实际开发的文化保护提出决策依据。

项目风险可分为初级幼稚阶段(风险的蕴藏潜伏、风险的生成阶段、风险的演化进程)、全面作用阶段(风险的临近阶段、风险的逐步显现、风险的破坏阶段)和后期转化阶段(风险的失控突变、风险的退出清算、风险的结束转移)。这种三阶段划分的模型表明,项目风险将随地域和时间的变化表现出不同的风险信号和作用特征,风险一般都处在不停演化和运行的进程中,从而呈现出多维(元)的地域分异性和阶段性,这就要求我们用动态的眼光进行风险评估,定期或不定期地实施风险评估过程,以便对新的风险和原有风险的变化重新进行评估。

7.2.3 风险预警

城市更新风险预警是指对由城市更新所导致的风险事件的出现、演化及恶化的及时报警,以便及时采取措施,化解警情,促使城市更新的可持续发展。城市更新风险预警是建立在城市更新风险的阶段性、渐进性和可控性基础之上的一种风险管理工作。风险预警的关键是建立风险预警系统,一个好的风险预警系统可以在风险发生之前就提供给决策者有用的信息,使之作出有效的决策。

1. 风险预警系统的基本架构

基本的风险预警功能模块有信息源系统、预警分析系统和预警应对系统。

1) 信息源系统

信息源系统的组成可以按照功能分类和分级,每个类别模块又可细分为若干子模块,层层嵌套,相互关联。

(1) 监测模块。监测模块是专门通过监督监测来获得数据、信息的功能块,合理地设置和布局监测网点和监测时点,可以保障数据和信息的科学性、可靠性、完整性。监测模块网络涉及的范围广,建设网点的工作量大。监测模块可以继续分解为若干子模块,各种预警系统根据具体的预警目标设置有较强针对性的监测目标。

(2) 标准信息模块。标准信息模块主要收集、储存与城市更新风险相关的数据、政策等信息,主要有各种法律法规和相关标准等政策性信息子模块和基本公式子模块等。标准信息模块的功能是将监测获得的数据存储起来,同时搜集和保存相关资料信息,并保持数据和资料信息的及时更新、补充和调整。

2) 预警分析系统

预警分析系统是整个预警系统的关键与核心部分,其功能将直接影响城市更新风险预警的质量。预警分析系统的输入端是信息源系统,输出端是安全风险的分析信息。

一般的预警分析系统包括指标模块和分析模型模块两部分。指标模块主要是设置风险危机的评价项目。要求指标具有典型性和科学性,并从相关因子中选择出能超前反映城市更新风险态势的领先指标,指标的数据信息来源于信息源系统。分析模型模块有风险分析模型子系统和专家评估子系统两个子模块。风险分析模型主要是理论与分析方法,通过统计数据和限定条件进行计算，从而得出分析结果。专家评估是城市更新风险预警系统具有的特殊子系统。建立一支稳定的、具有相当实践经验和资深专业知识的专家队伍，利用专家们的实际经验、专业知识积累和科学研究成果及其智慧，参与预警分析、判断和评估以及预测趋势，可以改善单纯依靠模型极难完成的预警分析任务，保证风险早期预警的分析质量。专家评估模块的重点是建设涉及多领域、多专业的专家团队，明确专家的责任和分析评估程序。

因此，预警分析系统是一套综合的、可以最优化运用监测信息、统计数据、抽样调查资料和专家意见对城市更新风险进行评估的系统，以及对运行状态和趋势作出判断性预测的系统。

3）预警应对系统

预警应对系统的主要功能是根据分析、评估的结果进行预警应对，应对也称为反应。预警应对系统的输入端是预警分析的结果，输出端是预警控制指令。根据警情的不同，预警控制指令将给出预测、预报、警示、调控和快速应对等各种决策措施。

预警应对系统的构建工作量大，按照反应状况通常有两种情况，一是正常的风险状况监控，二是有危机状况显现时的防控。当预警分析结果给出状况为正常时，反应对策是继续常规监测。第二种有危机的状况是需要进行调控应对的。危机应对的关键是捕捉先机，在危机发生之前对其进行控制。如果危机产生是源于风险的累积效应，这类危机理论上是可以预测预防的，关键则是预防性的调控。预警应对系统的核心是建立危机应对制度和预警机制，基本构成有报告制度、信息发布制度和应急预案制度。预警机制主要是实施预警预案的方法和流程。

（1）报告制度。运用现代化电子网络手段，实现快速、高效、准确的数据分析，将问题和情况及时向上一级主管部门报告，并按照有关法律和规定向相关部门和社会通告，就构成了报告制度。

（2）信息发布制度。一旦预警信息生成，预警信号由谁来发布、通过何种渠道发布以及发布的具体办法由谁来制订等，这些构成了预警信息的发布问题。预警信息发布是一件政策性很强的工作，需要建立一套完善的预警信息发布制度。预警信息发布制度的建设，使信息通过权威机构发布，在规定的传媒和渠道公示，实现了信息的合理规范传播。

（3）应急预案制度。应急预案制度，是危机处理的计划与方法，是针对快速预防和控制风险事件而制订的规则和流程。一般应急预案对危机实行等级应对制度，将事件的危害程度分为特别严重、严重、较严重、一般四个等级，针对不同的等级确定相应的对策措施和方法。由于预警具有预防和控制两种功能，又重在预防功能，因此，常规状态下预警系统主要以预防为主，对输入的分析结果保持异议动态跟踪，加强监测，微调和修正运行中可能出现的偏差，预防问题出现。快速应对系统主要是应对突然爆发的重大风险问题，风险已经产生，并有可能进一步扩散、蔓延或状态恶化，必须快速控制风险状态，并促使形势好转。

2. 生态风险预警方法示例

生态风险预警是以生态风险评估为基础的，参考风险预警的通用方法可以制定出生态风险预警的具体方法如下。

（1）蓝灯区间：生态环境较少受到破坏，生态系统结构尚完整，功能尚好，一般干扰下可恢复。生态问题不显著，生态灾害不大。

（2）黄灯区间：生态环境受到一定破坏，生态系统结构有变化，但尚可维持基本功能，受干扰后易恶化。生态问题显现，生态灾害时有发生。

（3）橙灯区间：生态环境受到很大破坏，生态系统结构破坏较大，功能退化且不全，受外界干扰后恢复困难。生态问题较大，生态灾害较多。

（4）红灯区间：生态环境受到严重破坏，生态系统结构残缺不全，功能丧失，生态恢复与重建很困难。生态环境问题很大并经常演变成生态灾害。

7.2.4 风险应对

在城市更新项目中，常用的风险应对手段包括风险规避、风险保险、风险减轻、风险处置和风险自留等。

1. 风险规避

风险规避是一种最简单也彻底的风险应对技术，是指根据风险评价的结果，当风险发生的可能性太大，或一旦风险事件发生造成的损失太大时，主动放弃该项目或改变目标，重新组织项目，以消除规划或实施可能带来风险隐患的措施，使风险无法影响项目。

针对城市更新项目特点，常用的风险规避策略包括：

（1）重新调整规划。针对城市更新项目的风险因素，制定相应的规划调整内容。

（2）终止项目。挑选更合适的项目类型，选择更有利的市场环境。如发现某项目的实施将面临很大的潜在风险，应立即放弃该方案，停止项目的实施，以免遭受更大的损失。

（3）改受更新活动的性质、改变更新思路和更新地点等。

（4）加强公众参与。

2. 风险保险

风险保险是最常用、最重要的风险转移方式，当有些风险无法回避、必须直接面对，而以自身的承受能力又无法有效地承担时，购买保险就是一种十分有效的选择。该种应对策略通常适用于风险量比较大的情形。

3. 风险减轻

在风险无法避免的情况下，可以采取风险减轻的策略。风险减轻是指在风险发生前或发生时，为使风险降低到项目可以接受的程度而采取的降低风险损失发生的频率和缩小损失程度的各项措施。要达到风险减轻的目的，一是降低风险发生的概率；二是一旦风险事件发生应采用有效措施尽量降低其损失或双管齐下。城市更新风险的减轻策略包括：

（1）压缩更新规模，减少更新项目的影响。如减少拆迁征地规模，减少对生态环境的影响。最典型的社会风险规避措施如减小拆迁征地规模，尽可能减少因拆迁安置带来的社会问题。

（2）加强更新项目的公众参与度。在城市更新全过程引入公众参与机制，尽可能让公众最大程度参与并了解项目的概况，避免因为信息不公开或信息不对称引发社会不良影响，进而酝酿成为社会风险。

(3) 压缩更新周期。通过加快进度来减少项目实施过程中对周边生态环境及经济社会等的影响，在一定程度上避免不必要的风险损失。

(4) 调整更新内容，充分评估涉及风险影响的规划内容，完善和补充相关规划，形成配套完善的更新方案。

(5) 提高城市安全预防等级。城市安全是引发社会问题的重要内容之一，只有在安全的前提下才能充分保障市民的切身利益。涉及城市公共安全，主要包括市民的生命安全和财产安全，生命安全体系主要包括城市防灾、消防、市政设施、犯罪等方面，财产安全主要包括盗窃等社会问题。如提高城市防灾等级，尤其是城市大型公共设施的安全性，避免由于天灾人祸导致市民生命财产安全问题，避免城市公共安全危机。

4. 风险处置和风险自留

风险处置是指风险已经发生或即将发生的对策。风险处置的主要策略包括风险转移与风险自留。

(1) 风险转移是指在项目实施过程中重新组织项目，在风险事件发生之前有意识地改变风险发生的时间、地点或将开发主体不能或不愿承担的风险转嫁给其他经济单位(企业、开发商、居民、银行、其他主体)。通过转移方式处置风险，风险本身并没有减少，只是承担者发生了变化。例如，社会风险的作用对象主要是社会群体，社会风险转移一般由政府、开发主体承担，避免公众承受社会风险带来的不良影响。

(2) 风险自留指项目开发机构将风险留给自己承担，主要运用于控制那些风险损失较小、开发机构自己能够承担的风险。那些造成损失较小、重复性较高的风险因素，以及在风险评估过程已确定了其风险在项目有关各方承受能力以内的风险，在风险管理者的主动控制下，这些风险是可以接受的，最适合风险的自留、接受和利用。

7.2.5 风险管理后评价

风险管理后评价主要涉及项目完工后针对城市更新风险管理工作的绩效评估、风险损失的及时救助和相关保险事务的处理等工作。

(1) 风险管理绩效评估，科学编制事后救助规划。项目完工后，应及时开展风险管理绩效评估工作，总结成功的经验并认真吸取失败的教训，如何避免重蹈历史覆辙是每一位参与者必须要考虑的问题。此外，还应科学编制事后救助规划，指导生态、社会、经济及文化等各方面的恢复工作。

(2) 开展事后救助工作。事后救助工作包括生态结构的恢复、社会秩序的维护、经济秩序的稳定、文化财产的抢救及居民心态的安抚等。

(3) 保险理赔与投保方案调整。对投保内容开展保险责任判定和理赔等程序，并结合项目风险的动态变化情况，调整后续投保方案。

8 信息技术的应用

信息技术的不断发展催生出一系列风险防控的新方法，本章主要介绍风险管理信息平台、建筑信息模型（Building Information Modeling，BIM）技术、地理信息系统（Geographic Information System，GIS）技术、风险地图、大数据、无人机、人工智能等新型信息技术在城市建设风险防控中的应用。

8.1 风险管理信息平台

管理信息系统产生于20世纪70年代，它以计算机为工具，利用数据库、网络等技术，是具有数据处理、预测、控制和辅助决策功能的信息系统，技术基础主要包括网络与通信技术、数据库技术和GIS技术等。风险管理信息平台就是利用各种信息技术，结合城市公共安全形势特点，改造现有的城市风险管理业务流程，建立具备风险分析、信息报告、监测预警、综合研判、辅助决策、综合协调的信息平台，以期利用信息平台整合现有资源，重新进行资源配置，使其发挥出最大效用，帮助城市提升应对突发事件的快速响应和抗风险能力，以此来最大限度地降低突发事件造成的损失，保障人民群众生命财产安全。城市风险管理信息平台的建设应遵循以下原则：

1. 统一建设标准

参照政府发布的技术标准，基于统一的数据接口和技术规范，充分考虑城市自身现实需求，有序开展应急管理信息化建设工作，保证日后新功能、新业务的增加能够在不影响系统运行的情况下实现，也使当下构建的平台能够与今后开发的其他系统实现有效的资源共享和互联互通，从而使城市风险管理信息平台发挥出最大效能。

2. 整合已有资源

城市风险管理信息平台应依托城市现有的信息化基础设施和应用系统，统一管理协同规划，合理配置平台建设的各种资源。平台建设不能盲目追求技术、设备的先进性，而应以实用为主，避免重复建设和不必要的浪费。

3. 注重平战结合

城市风险管理信息平台不但要在发生公共应急事件时用于指挥调度决策，平时更要注意风险分析、风险信息实时监控与预警，平台的设计应考虑不同情境下系统运行的可靠性和可用性，要注意业务数据和统计分析数据相分离，在不影响原有业务系统运行的基础上，保证城市风险信息管理平台的高效可靠运行。

4. 分步有序实施

城市风险管理信息平台的构建是一项复杂的系统性工程，不可一蹴而就，平台的设计和规划必须高瞻远瞩，考虑长远，需要运用科学合理的评价方法和体系，对平台项目的质量和效能进行全方位多角度监测，及时了解并解决平台建设中存在的突出问题，分阶段有序实施平台建设规划。

风险监测预警系统是城市风险管理信息平台的核心组成部分，需要具备以下几个主要的功能，包括风险信息识别、风险信息评估、风险信息发布、风险信息查询以及系统维护等方面。其中，预警系统的风险隐患监测要涉及各类突发公共事件，能够对风险的动态变化进行实时监控，通过建立起来的信息发布系统将监测的风险信息发布给相关组织和个人。

8.2 BIM与GIS技术的集成应用

建筑信息模型(Building Information Modeling, BIM)是通过三维数字模型对项目的设计、建造及运维过程进行的模拟，所创建的模型包含了项目从规划设计到施工运营直至报废的全生命周期的信息，其应用范围通常在单个建筑以内。地理信息系统(Geographic Information System, GIS)是在计算机硬件和软件系统支持下，对实际地理情况的信息进行采集、储存、管理、运算、分析、显示和描述，并据此建立的空间信息系统，其应用范围通常为城市或区域，但无法深入到具体建筑。在城市管理中，BIM与GIS技术相辅相成，具有天然的融合优势。

BIM和GIS技术的集成和融合是未来智慧城市规划、设计、管理的技术基础，可使城市基础设施、建筑及地下管线等相关信息数字化，通过细化到构件级别的数字化信息模型，更准确地还原城市的真实状况。以BIM与GIS技术为主导的智慧城市基础设施，在智慧城市的建设中起着举足轻重的作用，还可为城市的建筑群体、市政建设等进行全方位整体规划、运营与管理。

BIM技术现在主要用于建筑项目的风险防控，如造价、进度、安全等方面；而GIS技术现在主要用于自然灾害的风险评估与区划。目前将BIM与GIS技术用于城市建设风险防控的理论研究与实践经验都十分欠缺，但是根据BIM与GIS技术的特点以及未来城市的建设方向，BIM与GIS技术集成是大势所趋。

8.3 风险地图

在城市安全管理中，风险地图是指利用3S(GIS; Remote Sensing, RS，遥感技术；Global Positioning System, GPS，全球定位系统)、三维虚拟现实、大数据、云计算、物联网、移动互联等最新信息技术，遵从顶层设计，编制相关标准规范，建立统一的安全风险监管数据库，构建城市安全风险地图系统。风险地图能够从宏观（城市区域）、中观（行业）及微观（具体风险点）的尺度上，全面实现城市安全风险的感知、辨识、展示、预警、管控的动态、可视化管理，支撑风险管控机制运行。

1. 城市安全风险地图系统主要功能模块

(1) 风险管理。对城市、区域和点状风险进行动态、可视化管理，通过城市风险指数提示城市整体风险情况，通过行业风险管理提示行业风险状况，通过点状风险实现微观层面的安全风险管控。

(2) 应急管理。针对城市、区域和点状风险状况，编制相应的应急预案，出现事故时，组织调度应急队伍和应急资源，快速决策，最大程度减少事故损失。

(3) 视频监控。将安防、重大危险源、重点作业场所等监控摄像头统一管理，建立索引，方便进行调阅，掌握安全风险点的实时状况，及时预警，避免事故发生。

(4) 在线监测。对重大危险源、重大风险点进行在线监测，实时了解危险源或风险点的运行状态，发现预警信息及时报警，提示管理人员进行处置，避免造成事故隐患。

(5) 数据维护。城市安全风险的数据来源有三种途径：一是源自风险管理平台自身更新；二是通过企业自查自报等途径辨识，提供风险数据；三是与安全生产监管平台或其他行业的监管平台进行数据共享，通过数据维护功能，实现不同来源风险信息的动态管理。

(6) 统计分析。根据管理尺度要求的不同，对区域、行业和点状风险等进行不同尺度下空间统计分析，满足不同管理部门的管理要求，为决策服务。

2. 提升城市安全风险管控效率

城市安全风险地图系统能够显著地提升城市安全风险管控效率，具体体现在如下方面：

(1) 风险辨识与评估成果展示。将安全风险评估与辨识研究成果有效地向各安全监管部门、城市管理部门展示出来，并得到有效利用。

(2) 风险可视化管理。通过传统视频、二维地图、三维场景以及物联网技术，将城市安全风险通过多种可视化手段进行表达，达到可视化管理的目的。

(3) 风险信息整合。对企业、行业风险管理数据信息进行整合，使分散的各种信息得到有效管理和综合利用，推进行业、企业安全管理信息化建设。

(4) 风险信息共享。建立安全风险信息共享平台，将安全风险信息与相关成员部门、企业等进行共享交换，共同助力城市安全发展。

8.4 大数据在风险防控中的应用

大数据是一个非常宽泛的概念，从自然界的状态到人类生产生活，理论上都可数字化、数据化。大数据有两个层面的含义：一是广义大数据，指基于非特定目的，对信息数据的收集和记录。这类似于图书馆功能，用于存储一切可以数字化的事物状态以及人类的思想成果，方便未来进行信息追溯。二是狭义大数据，是针对某种或多种既定的应用目的，按照一定的规则，对数据进行整理、梳理、组合，形成结构化或半结构化数据库，然后利用数据库的统计、运算和分析结果，可以提供依据以辅助决策。

大数据时代的城市建设风险防控体现在以下方面。

(1) 以大数据为基础，认识风险从形成、发展、衰退、转移/转化/转换到突变致灾的演化机理、传播路径及其产生的作用。

(2) 借助大数据技术，监测和认识承险载体在风险产生的物质、能量和信息等作用下的实时状态及其变化趋势，导致的本体和功能性破坏，以及可能诱发的次生衍生风险和事件。

(3) 基于大数据技术，掌握如何有效地识别管控介入点、工具、方法、路径和方案，从而减少或预防风险和公共安全事件的发生，增强城市韧性(如抵御和恢复能力)，进而减少经济、社会和环境损失。

8.5 无人机在风险防控中的应用

无人机，全称为无人驾驶飞机，是利用无线电遥控设备和板载控制程序操纵的非载人飞行器。随着无人机技术的发展，无人机在城市风险防控中的应用也越来越多，主要包括如下方面：

(1) 城市灾害监控。当城市发生爆炸、火灾、水灾等灾害时，为保障救援人员快速进入受灾区域，提高救援效率，利用无人机对受灾区域进行侦察，便于及时了解灾情。例如，在危险品爆炸火灾现场，在不清楚现场情况的条件下，可首先利用无人机对现场进行侦察，并将侦察数据传回，帮助救援人员及时了解现场情况，作出正确的决策。

(2) 小区域航拍监测。利用无人机携带摄像设备进行航拍，可获得城市中小区域的测绘数据及三维图像，方便对于城市中重点区域的风险监控，如滑坡易发区域等。

(3) 城市违章建筑巡查。清理城市违章建筑是城市风险管理的重要工作。通过航拍图像可以及时发现违章建筑，特别是高层建筑顶部的违章建筑，这些违章建筑危险性大且具有隐蔽性，常规巡查手段难以发现。通过无人机提供的航拍图像，结合图像识别技术能够轻易发现违章建筑，测量违章建筑的面积和高度，并精确定位。

(4) 城市反恐。城市反恐是城市风险管理面临的新问题。在反恐指挥控制中，掌握恐怖分子的分布、人质的情况等对指挥决策有重要的作用。无人机可以在人员的操控下，对现场实施侦查。

(5) 大型活动现场监控。城市中如集会等大型活动的监管难度很大，由于人数众多，极易出现突发事件。通过无人机在空中监控活动区域，可以帮助管理单位实时掌握现场动态，对异常情况及时响应。

8.6 多智能体人工智能技术

多智能体人工智能技术(Multi-Agent Based Artificial Intelligence)是人工智能技术的一部分。人工智能(Artificial Intelligence, AI)是研究通过计算机来模拟人的某些思维过程和智能行为(如学习、推理、思考、规划等)的一门学科,主要包括计算机实现智能的原理及制造类似于人脑智能的计算机,使计算机能实现更高层次的应用。人工智能的应用主要有两种不同的方式。一种是采用传统的编程技术,使系统呈现智能的效果,而不考虑所用方法是否与人或动物机体所用的方法相同,这种方法叫工程学方法(Engineering Approach),它已在一些领域内做出了成果,如文字识别、电脑下棋等。另一种是模拟法(Modeling Approach),它不仅要看效果,还要求实现方法和人类或生物机体所用的方法相同或类似,如仿生算法(包括遗传算法、粒子群算法、蚁群算法等),交互模型(包括 Agent 模型等)等。后者具有组织和学习能力,更灵活、更适合复杂问题的求解。

近年来,智能体 Agent 已成为人工智能研究的一个重要且热门的领域。依据有关学者的定义,Agent 是一个能根据自身和其环境而行动的现实的或者抽象的实体,它能观察到部分环境,并能在一个 Multi-Agent 世界中和其他 Agent 交互,它的行为是其观察、知识及和其他 Agent 交互作用的结果。Agent 可分为三种类型:反应型、慎思型和混合型。反应型 Agent 只是重新获得和反射相似的预设行为,而不维持任何内部的状态;慎思型 Agent 的行为更像它们在思考,通过对行为空间的搜索、维持内部状态、预测行为的效果;混合型 Agent 则兼具了以上两种 Agent 的特性。

工程项目风险防控正逐步成为 Multi-Agent 智能系统的一个主要应用领域。大型工程项目具有组织、技术及风险复杂的特点,常规的风险防控手段难以保证管理的有效、系统和敏捷。Multi-Agent 技术为实施大型复杂工程项目风险防控提供了新思路,将 Multi-Agent 技术引入风险分析系统中,Agent 技术具有独立性、智能性、可移动性,并有很强的协作能力,可以完成从工程风险数据的收集、风险因素识别、风险估计和评价,直至风险管理计划制订和控制、风险预警的全过程智能风险管理活动,适合在大型复杂工程项目风险管理中辅助管理者进行风险分析,提高风险管理效能。

第四篇

保险篇

保险是市场经济条件下风险管理的基本手段，是金融体系和社会保障体系的重要支柱，同时，保险也是城市建设风险防控的重要途径。城市建设过程中的风险不可避免，保险作为城市建设风险分担和转移的重要途径，在城市建设风险防控过程中应充分发挥其作用。本篇为保险篇，阐明了保险的含义及作用，简要介绍了工程保险具体险种，根据具体的实践工作，简单讲述了工程保险和索赔实务，体现了城市建设风险向保险转移的新思路。

9　工程保险概论

建立工程风险管理机制，无疑是我国经济转轨和工程管理改革过程中必须抓紧做好的一件大事，是建筑市场和房地产市场规范化的必由之路。在我国经济转型时期，仅靠传统的行政管理控制体系已经无法适应形势的发展，应该按市场经济规律，加快与国际建筑行业惯例接轨，把工程保险作为控制工程风险的主要手段。

9.1　工程保险的含义

保险通常意义上是指商业保险，即通过合同形式，运用商业化的经营原则，由专门机构向投保人收取保费，建立保险基金，对被保险人在合同范围内的财产损失、人身伤亡以及年老丧失能力的经济损失给付一定的经济补偿。

保险既是一种经济制度，又是一种法律关系。一方面，保险首先是一种经济制度，它是为了确保经济生活的稳定，对特定风险事故或特定时间内发生的事故所导致的损失，运用社会经济单位的共同力量，通过建立共同的基金来进行补偿或给付的一种经济保障制度。另一方面，保险又是一种法律关系，由于保险这一经济制度对于国民经济有着重要作用，所以世界大多数国家都将这一经济制度运用法律形式固定下来，借以巩固这一经济补偿制度。从法律角度看，保险是根据法律规定或当事人双方约定，由一方承担支付保险费的义务，获取另一方按照事先约定对其因意外事故出现所导致的损失进行经济补偿或给付权利的一种法律关系。

保险的法律关系与一般损害赔偿的民事法律关系不同。首先，保险事故的发生不是保险人的行为所致。保险人不是因侵权或违约行为而承担损害的赔偿责任，而是因为法律规定或保险合同确定所承担的补偿损失义务。同时，保险人承担的只是损失补偿的责任。造成损失就补偿，没造成损失就不补偿，在约定范围内，损失多少就补偿多少。其次，保险法律关系的另一方是以支付保费来换取风险保障的权利，所以保险费用的支出是取得风险保障的代价，保险法律关系是一种有一定代价的权利义务关系。

工程保险是适用于工程领域的保险制度，它主要是针对工程项目建设过程中可能出现的自然灾害和意外事故而造成的物质损失和依法应对第三者的人身伤亡和财产损失承担的赔偿责任提供保障的一种综合性保险。工程保险是从财产保险中派生出来的一个险种，主要以各类民用、工业用和公共事业用工程为承保对象。现代工程保险已经发展成为产品体系较为完善的具有较强专业特征且相对独立的一个保险领域。建立工程保险制度，对维护建设市场稳定和工程建设主体各方的经济利益具有十分重要的意义。

9.2 工程保险的作用

工程保险是工程风险转移的主要手段，在工程风险的防控中发挥重要作用。归结起来，工程保险的作用主要体现在分散市场风险、规范市场准入、实施全程监督、规范统筹事故处理程序四个方面。

9.2.1 分散市场风险，保障建筑市场的稳定发展

根据《保险法》规定，非人寿保险必须将每笔保险业务额的20%办理再保险，而对一次保险事故可能造成的最大损失所承担的责任不得超过该保险公司资本金加公积金总和的10%，超过部分必须购买再保险。这些规定使资金巨大的建筑工程通常以主保、分保和再保等形式在几家保险公司投保。因而，一旦事故发生，损失将由几家保险公司，甚至整个保险业承担。这样，通过保险使得建筑市场的风险被分散，事故发生后的震荡被减弱。由此，建筑市场的运转得以稳定，避免了因不可测因素而导致的建筑商破产及随之而来的市场动荡。

工程保险的另一作用是使企业可通过购买保险将不确定的成本转化为确定的成本计入预算内，使企业内部的管理稳定、规范，效益得到保障。建筑物在建设过程中事故风险概率大，因而不可预测的费用占预算成本的比例很高，这给管理与融资都带来很大的困难。用购买保险的方法，可使风险成本列入管理成本中，降低了经营与融资的风险。

9.2.2 规范市场准入，促进建筑市场建立"优胜劣汰"的机制

在国内建筑市场的投标竞争中，国家有关部门颁发的施工证书是施工单位能否参加投标的主要依据。但一些劣质的施工单位可以通过拉关系、走后门、请客送礼等不正当竞争手段获取证书和施工合同，使政府规范机制名存实亡。因为政府行政人员的行为是游离于市场之外的，能否准确地评估施工队伍的质量与他们的经济利益无直接关联。但保险公司则不同，让不合格的建筑商投保，将使保险公司蒙受惨重的经济损失。因而保险公司必然要对前来投保的施工单位的施工能力及管理水平进行严格审查，对资质差的建筑商不予投保或提高保费。

在市场经济成熟的国家，购买不到保险的建筑商无法进入建筑市场，用高费率买到保险的建筑商在竞标中也处于劣势。因此，保险公司客观上起到了市场规范者的作用。建筑商在安全生产与优质生产上投入成本多，就可在保险市场中获得优惠的认可，能够较为容易地进入建筑市场。这样，建筑市场优胜劣汰的良性循环系统逐步形成。

9.2.3 实施全程监督，保证施工安全和建筑质量

政府用发证评级的方式来制止劣质施工单位进入建筑市场是对建筑工程的事前监督，而质

检机构现有的完工验收又是一种事后监督,工程监理单位负责工程中的监督。国外对保险公司的调查研究说明,由于产生损失原因的多样性和复杂性,保险公司每年需赔付的赔偿金数额相当可观。作为经济实体,保险公司事先对建筑商的施工能力进行审查,而且还通过有关保险条例规范建筑商行为,并派出自己的监理员全程监督工程的施工,甚至从一开始就参与工程的设计,以便切实有效地降低风险,最大限度地降低事故发生概率,在事故发生后,最大限度地降低事故损失,以使保险公司的损失降到最小。保险公司的这一目标,客观上最大限度地保证了施工安全并提高了建筑质量。德国安联保险集团承保香港新机场的案例就说明了这一点。德国安联保险集团作为总保险人,参与香港机场及其基础设施建设的全过程,他们以雄厚的实力和香港政府一起制定出完善的风险管理计划。内容包括:工程进度报告、工程范围考察、可赔付风险范围、估算风险因素、分析风险因素、调查损失及其发生频率、推荐防损措施、不同阶段进行各种风险测试等。这种保险公司对建设项目全程的风险管理,更有效地保障了建设工程的质量。

9.2.4 规范统筹事故处理程序,合理保障事故各方的权益

建筑工程事故原因复杂,往往涉及各方面的利益,对于未投保工程,一旦发生事故,经常会引发诸多的经济和法律纠纷。由于各方对损害赔偿和损失分担无事先约定,极可能陷入一场旷日持久的谈判或诉讼中,耗费大量的精力和资金。伤亡者家属或动员大批亲友盘桓纠缠,或势单力孤听天由命,事故单位的主要负责人必须花费大量精力处理此类事情,甚至闹得无法办公、休息。企业和个人都蒙受巨大的精神和物质损失。在法制尚不健全的我国,此类纠纷屡见不鲜。如1993年上海海底皇宫娱乐总会火灾案中,分包单位的施工人员违规操作引起火灾,造成12人死亡、15人受伤,损失巨大。由于未投保任何工程险,对于事故责任和补偿尤其是对伤亡人员补偿费用的分担和补偿标准问题各方始终未能达成一致,导致双方对簿公堂,前后历时达7个月之久不能了结。若有保险公司的介入,损害赔偿、损失分担、协调和事后处理工作都可交由保险公司负责。保险公司在处理这些问题上有丰富的经验和完善的处理程序,并按照签订的保险合同严格执行,可使一切问题化繁为简,大大减轻政府部门和企业的负担,迅速妥善地处理纠纷,合理地保障事故各方的权益。

9.3 工程保险与风险防控的关系

工程保险是风险管理的一种风险转移方式,在保险上称为保险转嫁,也可以认为是风险管理的一种手段。风险管理者通过风险分析认为某些风险可通过购买保险来避免风险发生时造成的损害,保险作为一种预防手段运用于风险管理中。保险作为一种风险转移的手段之所以能够成立主要因为以下几点:

(1) 购买保险时付出较少的费用可以使遭受工程事故损失的被保险人得到几乎全部的经

济补偿。

(2) 购买保险可以使被保险人获得经济上和心理上的双重安全保障,有助于被保险人稳定施工经营。

(3) 购买保险方可以得到保险人的优质服务,保险人可以帮助被保险人制订风险控制计划,并提供防损措施及建议,有助于保险人控制风险;同时,发生保险事故时,购买保险方能够获得处理损失时的保险人服务,减少与其他有关责任方引起的不必要的纠纷。

工程建设过程中无时无刻不面临各类风险的威胁,因此应分析业主所拥有的各种财产可能遭遇何种风险,各类风险资产会造成何种损失,这类损失是否足以影响该工程的进程,或可以不予理会,业主又该采用何种方式来处理这些风险,以上种种皆为风险管理的范畴。然而国内的大部分工程项目迄今仍未重视对该领域的研究。风险管理在工程保险中的妥善应用,的确能降低业主的经济损失,同时也可降低保险公司的理赔成本。因此被保险人懂得一些保险知识和实施保险转嫁的具体做法是非常必要的。同时,作为风险转嫁接受者的保险人,透彻了解被保险人在选择是否投保时的心态和要求,从而有针对性地进行风险分析和及时提供优质服务也是非常必要的。从这个意义上讲,风险管理是保险双方在工程保险中均获得经济效益的重要途径,是一项不容忽视的工作。保险公司应为客户提供风险管理计划书,通过实施计划内容,达到保险双方共同防灾防损的目的。

风险管理是一门新兴的独立学科。在国外已有专门的风险管理公司,在大学里已设立风险管理专业,在美国、中国香港等地的风险管理公司的高层管理人员均为风险管理专业的专业人才。保险风险管理则更是一门边缘的交叉学科,虽然它还没有走进课堂,但国外已有一些专门的保险顾问公司在从事这方面的工作。国内的几家大型保险公司也在逐步开展风险管理工作,如设立风险控制部,对大型项目实行专家风险评估,进行人员的素质培训,提高风险认识等。

保险费率的科学性和合理性涉及保险人和被保险人直接的利益。我国现行的工程保险费率的划分很简单,存在着一定不科学的地方。例如,同样的两个建筑工程,标准保费相同,但两个工程的地理环境、施工条件和施工管理等多方面相差甚远,除去一定范围内费率优惠和费率浮动外,两个工程定为同一费率显得不够公允。若一定地区范围内采用风险评估模型,在保前查勘检验的基础上输入保险标的和各项危险参数来厘定保险费率,费率则客观、科学且公平、合理,可避免盲目性,高之有据,低之有理,使保户信服和接受。各家保险公司以优质的服务、完善的管理和信誉来赢得客户,避免同一保险标的各家保险公司报出的费率大相径庭的不正常现象,实现有序竞争,摒弃因争夺保源而竞相压低保险费率的急功近利的行为,应该说更有利于保险市场的健康发展。

结合我国的实际情况,如何针对风险管理在工程保险中的应用,使二者有机地结合起来,在工程项目的保险问题上形成一个新型的运作模式,更好地为业主和保险公司服务,就此项内容花费一些精力进行风险管理和工程保险的咨询和研究是十分必要的。

10 工程保险具体险种

近年来，为有效应对日益复杂化、专业化的各类建设工程风险，我国大力推进工程保险制度建设，并初步形成较为完整的工程保险险种体系。具体而言，我国的工程保险险种主要有建筑工程一切险、安装工程一切险、职业责任保险、工程质量潜在缺陷保险、建筑意外伤害保险五种险种。

10.1 建筑工程一切险

建筑工程一切险是承保以土木建筑为主体的工程在整个建设期间因自然灾害和意外事故造成的物质损失，以及被保险人对第三者依法应承担的赔偿责任为保险标的的险种。建筑工程保险的被保险人大致包括以下几方：建设单位、施工单位、其他关系方。建筑工程一切险适用于各种形式筹集资金所进行的改建、扩建及新建的建筑工程项目。

10.1.1 保险标的与保险特点

1. 保险标的

在我国建设工程领域，工程保险一般指建筑工程一切险，简称建工险，是承保以土木建筑为主体的工程在整个建设期间因自然灾害和意外事故造成的物质损失，以及被保险人对第三者人身伤亡或财产损失依法应承担的赔偿责任为保险标的的保险。建筑工程一切险的第三者责任险是指被保险人在工程保险期限内因意外事故造成工地附近的第三者人身伤亡或财产损失，依法应负的赔偿责任。

2. 被保险人

工程的建设通常由建设单位通过招标或其他方式将工程发包给施工单位。因此，在工程建设期间，建设单位和施工单位对所建工程都承担有一定风险，即具有可保利益，可向保险公司投保建筑工程一切险。保险公司可在一张保险单上对参与项目的各方提供合理的保险保障。建筑工程一切险一张保单下可以有多个被保险人，这是工程保险区别于其他财产保险的特点之一。

建筑工程一切险的被保险人一般包括：建设单位、总承包单位、分包单位、技术顾问、其他关系方。为避免有关各方相互之间的追偿责任，大部分建筑工程一切险附加交叉责任条款。其基本内容是:各个被保险人之间发生的相互责任事故造成的损失,均可由保险人负责赔偿,无须根据各自的责任进行互相追偿。

10.1.2 保险责任与除外责任

1. 保险责任

建筑工程一切险的保险责任分为物质损失部分的保险责任和第三者责任部分的保险责任。现行的建筑工程一切险承保物质损失部分的保险责任主要有以下几项:

(1) 在保险期限内,在保单列明的工地范围内的保险财产,因除外责任之外的任何自然灾害或意外事故造成的物质损失,保险人予以负责赔偿。自然灾害包括地震、海啸、雷电、飓风、台风、龙卷风、风暴、暴雨、洪水、水灾、冻灾、冰雹、山崩、雪崩、火山爆发、地面下沉下陷及其他人力不可抗拒的破坏力强大的自然灾害。意外事故是指不可预料的以及被保险人无法控制并造成物质损失或人身伤亡的突发性事件,包括火灾和爆炸。

(2) 因发生除外责任之外的任何自然灾害或意外事故造成损失的有关费用,保险人也予以负责。所谓有关费用包括必要的场地清理费用等,但不包括被保险人采取施救措施而支出的合理费用等。但这些费用并非自动承保,保险人在承保时须在明细表中列明有关费用,并加上相应的附加条款。如果被保险人没有向保险公司投保清理费用,保险公司将不负责该项费用的赔偿。国际保险公司一般对地震、洪水一类危险,不包括在基本保险条款之内,但可以另行协议加保。

第三者责任部分的保险责任实质上是一种以工程施工为经营活动,以工地为场所的公众责任保险。它承保建筑工程因意外事故造成工地以及邻近地区第三者人身伤亡或财产损失而依法应当由被保险人承担的赔偿责任,以及事先经保险人书面同意的被保险人因此而支付的诉讼费用和其他费用,但是不包括任何罚款。这里,建筑工程第三者责任险的“第三者”是指除所有被保险人以及与工程相关的雇员以外的任何自然人和法人;赔偿责任是被保险人在民法项下应对第三者承担的经济赔偿责任,不包括刑事责任和行政责任;赔偿责任不得超过保险单中规定的每次事故赔偿限额或保险单有效期内的累积赔偿限额。

2. 除外责任

建筑工程一切险物质损失部分的除外责任主要有:

(1) 设计错误引起的损失和费用。设计错误造成物质本身损失和引起的费用都属于除外责任范围。设计错误引起的损失是一种必然的风险;另外,这也是设计师应承担的责任,可以投保相应的职业责任险转嫁这一风险。

(2) 自然磨损、内在和潜在缺陷等。这是一种必然的损失,不属于不可预料的突然事故引起的损失,因此不是保险人的责任范围。与此相关的被保险人支付的维修费用,保险人也不负责赔偿。

(3) 因原材料缺陷或工艺不善引起保险财产本身的损失以及为置换、修理或矫正这些缺点错误所支付的费用。这里指的是对于原材料缺陷或工艺不完善等本身所引起的一切费用不予负责，不论其造成事故与否。如果已造成事故，保险人仅负责由此造成其他保险财产的损失，对于其本身的损失，仍应由被保险人向供货商或制造商索赔。

(4) 非外力引起的机械或电气装置的本身损失，或施工用机具、设备、机械装置失灵造成的本身损失。但是如果由于外来原因导致机器的损失，保险人需要负责赔偿。

(5) 维修保养或正常检修费用。这是一种可以预料的费用，因而不属于保险责任。

(6) 档案、文件、账簿、票据、现金、有价证券、图表资料及包装物料的损失。这类财产的价值不宜确定，又具有易损、易丢的特性，因此不能称为本保险项下的保险财产。如果被保险人确有保险要求，如现金可另行投保现金保险。

(7) 盘点时发现的物料短缺。因为盘点无法证明是意外事故所致，保险人不予负责。

(8) 领有公共行驶执照的车辆、船舶和飞机的损失。这些运输工具如领有公共行驶执照，可以在保险区域之外的范围内活动，风险较大，不宜用建筑工程险承保。但对没有公共行驶执照仅在工地上行驶作业的推土机、吊车等，可作为施工机具设备投保建筑工程险。

(9) 除另有约定外，在保险工程开始之前已经存在或形成的位于工地范围内或其周围的属于被保险人的财产的损失。

(10) 除另有约定外，在保险单的有效期内，保险财产中已由工程所有人签发完工验收证书，或验收合格或实际占有或使用或接受的部分发生损失。

在有设计错误和施工质量问题同时存在的事故中，要根据近因原则来确定事故损失，最直接的主要原因是由非保危险所致还是由被保危险所致，要做到实事求是，不要认为有设计错误就可完全按除外责任处理，而要看设计错误是不是造成事故损失最直接的主要原因。比如说某工程为现浇钢筋混凝土框架结构，主体结构已基本完工。该工程北侧，从四层楼一塌到底，造成2死1伤的重大倒塌事故。施工质量低劣为主要原因。因首先是二层的两根柱子混凝土破坏而丧失支撑力，继而柱中受力主筋压曲失稳，整个柱子折断造成整体倒塌。设计的疏漏等错误也属于倒塌的重要原因，造成了安全系数降低，但不是直接原因。因此根据事故分析，施工质量低劣是该事故中最直接的主要原因，为该事故的近因。按近因原则分析，施工人员不按施工规范操作造成施工质量低劣的意外事故为被保危险，属于保险责任。但保险公司对保险单项下负责的损失涉及其他责任方时，有权向其责任方追偿。因设计错误也为该事故的主要原因，故在履行赔偿时要扣除出现设计所增加的部分或改进所产生的额外费用。同时参考建筑主管部门对事故主要单位和次要责任单位承担经济损失的比例。

3. 第三责任部分的除外责任

(1) 保险单物质损失项下或本应在该项下予以负责的损失及各种费用。

(2) 由于震动、移动或减弱支撑而造成的任何财产、土地、建筑物的损失及由此造成的任何人身伤害和物质损失。这是因为建筑施工中的震动(如打桩)可能会给周围财产带来严重损坏的后果，是可以预见的危险。移动和减弱支撑都是建筑施工中最常见的现象。这些风险属于设计或管理方面的，保险人一般不予承保。

(3) 建设单位、施工单位或其他关系方或他们所雇用的在工地现场从事与工程有关工作的职员、工人以及他们的家庭成员的人身伤亡或疾病。

(4) 建设单位、施工单位或其他关系方或他们所雇用的职员、工人所有的或由其照管、控制的财产发生的损失。上述两条所提到的人员都不属于第三者的范畴，因此第三者责任保险对其人身伤亡和财产损失不予承保。

(5) 领有公共运输行驶执照的车辆、船舶、飞机造成的事故。

(6) 被保险人根据与他人的协议应支付的赔偿或其他款项。在责任保险中，保险人通常不承保被保险人承担的合同责任，而对被保险人承担的民事赔偿责任予以负责。

4. 总除外责任

总除外责任既适用于物质损失部分又适用于第三者责任部分：

(1) 战争、类似战争行为、敌对行为、武装冲突、恐怖活动、谋反、政变引起的任何损失、费用和责任。

(2) 政府命令或任何公共当局的没收、征用、销毁或毁坏。

(3) 罢工、暴动、民众骚乱引起的任何损失、费用和责任。

(4) 被保险人及其代表的故意行为或重大过失引起的任何损失、费用和责任。

(5) 核裂变、核聚变、核武器、核材料、核辐射及放射性污染引起的任何损失、费用和责任。

(6) 大气、土地、水污染及其他各种污染引起的任何损失、费用和责任。

(7) 工程部分停工或全部停工引起的任何损失、费用和责任。

(8) 罚金、延误、丧失合同及其他后果损失。

(9) 保险单明细表或有关条款中规定的应由被保险人自行负担的免赔额。

10.1.3 保险期限、金额与费率

1. 保险期限

建筑工程一切险的保险期限，是在保险单列明的建筑期限内，自投保工程动工日或自被保险项目被卸至建筑工地时起生效，直至建筑工程完毕经验收合格或实际投入使用时终止。

1) 建筑期

保险责任的开始有两种情况，工程破土动工之日或者保险工程材料、设备运抵或验收合格时。以先发生者为准，但不得超过保单规定的生效日期。

保险责任终止也有两种情况：

(1) 建设单位对部分或全部工程签发验收证书或验收合格时保险责任终止。

(2) 建设单位实际占有或使用或接受该部分或全部工程时。以先发生者为准且最迟不得超过保单规定的终止日期。在实际承保中，在保险期限终止日前，如其中一部分保险项目先完工验收移交或实际投入使用时，该完工部分自验收移交或交付使用时，保险责任即告终止。

2）试车期

对于安装工程项目，如全部或部分是旧的机械设备，则试车开始时，保险责任即告终止；如安装的是新机器，保险人按保单列明的试车期，对试车和考核引起的损失、费用和责任负责赔偿。

3）保证期

自工程验收完毕移交后开始，至保单上注明的加保日期或合同规定的日期满时终止，以先发生者为准。保证期长短应根据合同规定确定。保证期投保与否，由投保人自己决定，需要投保时，必须加批单，增收相应的保费。保证期有两种加保办法。

（1）有限责任保证期，主要承保在保单上载明的保证期内，因施工单位履行工程合同所规定的保证期责任而进行整修保养的过程中，因保险责任范围内的风险造成工程标的的损失，对于火灾、爆炸以及自然灾害造成的损失一概不负责。

（2）扩展责任保证期，是指在承保上项责任的同时还对保证其开始前已存在并由原材料缺陷、工艺不善等原因所造成的在保证期内保险财产的损失负责赔偿。同样对于火灾、爆炸以及自然灾害造成的损失不负责。对于第三者责任也不予承保。

（3）特别扩展保证期。根据特别拓展保证期条款，特别扩展保证期开始后对材料缺陷、工艺不善、安装错误以及设计错误等原因造成保险财产的损失负责赔偿。同样也对火灾、爆炸以及自然灾害造成的损失不负责。对于第三者责任损失也不予负责。

4）保险期限的扩展

在保险单规定的保险期限内如工程不能完工，经投保人申请并加缴规定的保费后，可签发批单延长保险期限。

2. 保险金额

1）保险金额的确定

建筑工程一切险的保险金额为工程概算总造价，包括原材料费用、设备费用、建造费、安装费、运输费、保险费、关税、其他税项和费用，以及由建设单位提供的原材料和设备的费用。工程施工现场内在建的主体工程，为主体工程建设服务的临时工程、机器设备、施工机械及原材料等都可以作为建筑工程一切险的保险项目并分别计算保险金额。

（1）建筑工程，包括永久性和临时性工程及物料。这是建筑工程一切险的主要保险项目。该项目下主要包括有建筑工程合同内规定建设的建筑物主体，建筑物内的装修设备，配套的道路、桥梁、水电设施、供暖取暖设施等土建项目；存放在工地的建筑材料、设备、临时建筑物。该部分保险金额为承包工程合同的总金额，也即建成该项工程的实际价格，其中应包括设计费、材料设备费、施工费（人工及施工设备费）、运杂费、税款及其他有关费用在内。

（2）安装工程，是指承包工程合同中未包含的机器设备安装工程项目，如办公大楼内发电供暖、空调等机器设备的安装项目。该项目的保险金额为该项目的重置价值。有的工程该项目已包括在承包合同内，在保险中应予以说明。

(3) 建筑用机器、装置和设备，是指施工用的推土机、钻机、脚手架、吊车等机器设备。此类物品一般为施工单位所有，其价值不包括在工程合同价之内。该项保险金额应按重置价格即重新换置同一厂牌、型号、规格、性能或类似型号、规格、性能的机器、设备及装置的价格，包括出厂价、运费、关税、安装费及其他必要的费用在内。有时，在合同价格内也包括一部分施工设备。

(4) 业主提供的物料及项目，是指未包括在工程合同价格之内的，由业主提供的物料及负责建筑的项目。该项保险金额应按这一部分标的的重置价值确定。

(5) 工地内现场的建筑物，是指在不承保的工程范围内的，业主或施工单位所有的或由其保管的工地内已有的建筑物或财产。该项保险金额要与投保人商定，但最高不得超过该建筑物的实际价值。

(6) 业主或施工单位在工地上的其他财产，是指上述 5 项范围之外的其他可保财产。该项保险金额可与投保人商定。

(7) 清理费用，这是建筑工程险所特有的一个保险项目，指发生承保危险所致损失后，为清理工地现场所必须支付的一项费用，不包括在工程合同价格之内。建筑工程在遇到危险并造成损失时，常在施工现场产生大量残砾，包括工程的受损部分及任何外来无用的土石、泥沙等物体。为恢复现场、保证施工顺利进行，必须将这些残砾清理出去，为此要支付数额不小的费用。所以，特将此项费用单独列出作为一个保额。该项保险金额一般按大工程不超过其工程合同价格的 5%，小工程不超过工程合同价格的 10%计算。

以上各部分之和为建筑工程险物质损失部分总的保险金额。

2) 保险金额的调整

如果被保险人在投保时按照保险工程合同规定的工程概算总造价确定投保金额，那么被保险人在保险期限内必须调整保险金额，则：

(1) 在保险工程造价中包括的各项费用因涨价或升值原因而超出原保险工程造价时，必须尽快以书面形式通知保险人，保险人据此调整保险金额。

(2) 在保险期限内对相应的工程细节精确记录，并允许保险人在合理的时候对该项记录进行查验。

(3) 如果保险工程的建造期超过 3 年，必须从保险单生效日起每隔 12 个月向保险人申报当时的工程实际投入金额及调整后的工程总造价，保险人将据此调整保险费。

(4) 在保险期限届满 3 个月内向保险人申报最终的工程总值，保险人据此以多退少补的方式对预收保险费进行调整。

总之，保险人必须按照上述情况对保险金额进行调整。否则，被保险工程将视为保险金额不足。

3) 赔偿限额

在建筑工程一切险中，地震、海啸、洪水、风暴和暴雨都被视为特种风险。为了控制这类风险的赔偿责任，除了规定免赔额之外，保险人还规定有赔偿限额。凡保单中列明的特种风险造成的物质损失，无论发生一次或者多次，其赔款均不得超过该限额。限额的高低主要根据工程所处的自然地理条件、该地区发生此类灾害的历史记录以及工程本身的抗灾能力等因素综合考虑后确定。

第三者责任险的赔偿限额应根据责任风险的大小确定，一般有两种规定方法：

(1) 只规定每次事故赔偿限额。保险人承担保险责任以约定的每次事故赔偿限额为限，因此保险单要对“每次事故”作出明确定义。

(2) 规定保险期间累积赔偿限额。即保险人规定一个保险期内总的赔偿限额，同时对于每次事故的赔偿要受事故发生时有效限额的限制。在使用保险期间累积赔偿限额时，被保险人需要考虑是否选择恢复赔偿限额的问题。

3. 保险费率

1) 建筑工程一切险费率的考虑因素

建筑工程一切险的费率依各个工程的具体情况分别确定。一般来讲，制定建筑工程险的费率应考虑以下因素：

(1) 工程的性质、建筑材料、建筑物的高度和总造价。

(2) 工地及邻近地区的自然条件、有无特别危险存在。

(3) 工程所处的地理位置。

(4) 工期长短及施工季节。

(5) 巨灾的可能性，最大可能损失程度。

(6) 施工现场安全防护条件。

(7) 施工单位及工程其他有关方的资信情况，施工人员的素质及施工单位的管理水平。

(8) 免赔额的高低及特种危险的赔偿限额。建筑工程险规定特种危险的赔偿限额是为了控制巨灾损失。特种危险的赔偿限额是指由于保险单中列明的地震、洪水、暴风等特种危险造成保险财产物质损失的赔偿总额，不论发生一次或多次事故，赔款均不能超过该限额。特种危险赔偿限额的确定要根据工地自然地理条件、以往发生灾害的记录以及工程本身的抗灾能力等因素确定。如果工程的位置在遭受这类灾害可能性较大的地区，赔偿限额应稍低一些；反之，可稍高一些。一般可按物质损失部分总保险金额的80%左右确定。

(9) 保险公司以往对类似工程的投保情况。

2) 建筑工程一切险费率的组成

在承保时，由于同一工程，尤其是大型工程，其不同保险项目的风险程度是不一样的，因此，建筑工程险的费率应分项厘定，一般可以分为以下几项：

(1) 建筑工程、安装工程、业主提供的物质及项目、工地内现场的建筑物、业主或施工单位在工地上的其他财产等，这些项目的费率按整个工期费率计收保险费。

(2) 建筑用机器、装置及设备为单独的年费率，保险期不足1年的，按短期费率计收保险费。

（3）第三者责任保险费率为工期性费率，按每次事故赔偿限额计算保险费。

（4）试车期和保证期费率是按照工期性费率乘以总保险金额计收保险费。

（5）各种附加险也是按照整个工期一次性费率计收保险费。

对于一般的工程项目，为方便起见，在费率构成考虑了以上因素的情况下，可以只规定整个工程的平均工期性费率。但是，在任何情况下，建筑用施工机器装置以及设备都必须单独以年费率为基础开价承保，不得与总的平均工期性费率混在一起。如果被保险人采用工程概算总造价投保，保险人在开具保险单时所收取的保险费仅仅是预收的保险费。在工程结束时，按照双方事先约定，保险人应根据被保险人提供的工程结算实际金额和约定的保险费率，对保险费进行结算，并根据计算结果多退少补。

3）第三者责任部分保险费的规定

第三者责任部分可以使用不同的赔偿限额承保。在累计赔偿限额与每次事故限额相结合使用时，计算基础不变，但是费率应该适当降低；在使用每次事故赔偿限额时，只能以此作为计算保险费的基础，再乘以对应的保险费率，费率可以参照公众责任保险费率中关于建筑安装工程一切险一档办理。

在较大的工程项目中，由于第三者责任保险部分的保险费远小于物质损失部分的保险费，甚至只相当于物质部分保险费的百分之几，所以在实务中将第三者责任保险作为工程保险的一个承保条件，不再另行收费，该做法已成为一种趋势。计算出各个项目的保险费后，得到保险费的综合，然后再除以物质部分的总保险金额，就是保险单明细表载明的表定费率。

10.1.4 保险的赔偿处理

1）赔偿处理的注意事项

接到出险通知后，详细记录出险日期、工程出险部位、估计损失情况等，并立即组织人员到现场勘查定损，经核实后及时赔付。

（1）被保险人在索赔时除提供事故报告外还须提供保险单、损失清单、账册等保险公司认为有必要提供的单证。

（2）保险财产发生损失，保险人的赔款以恢复现状为限，残值应予以扣除。

（3）保险人可有三种赔偿方式，即现金支付赔款、修复或重置、赔付修理费用。具体采用哪种方式应视具体情况与被保险人商定。但保险人的赔偿责任就每一项或每一件保险财产而言不得超过其单独列明的保额，就总体而言不得超过保单列明的总保险金额。

（4）如果保额低于规定的要求，保险公司就要按比例承担赔偿责任，即：

$$赔款金额=损失金额\times某项目现行保额/某项目按规定应投保金额$$

（5）损失赔付后，保额应相应减少，要出具批单说明保险财产哪一项从何时起减少多少保额，要与明细表中的保险财产项目取得一致。对减少部分的保额不退回保费。如果被保险人要求恢复保额，也应出具批单说明从何时起至何时止对何项保险财产恢复多少金额，并对恢复部分按日比例增收保费。

(6) 如同一保险财产损失存在着一种以上的保险保障,不论该保险赔偿与否,保险公司按该种保险的保险单保额与所有保单保额之和的比例承担保险责任。

2) 赔偿标准

(1) 部分损失的赔偿标准。对于可以修复的部分损失,保险人支付修理费将保险财产修复到受损前的状态。如果修复中有残值存在,残值应在保险人赔款中扣除。

(2) 全部损失或推定全损的赔偿标准。在全部损失的情况下,保险人按照保险金额扣除残值后进行赔偿,如果发生推定全损,保险人有权不接受被保险人对受损财产的委付。

(3) 任何成对或成套设备项目,若发生损失,保险人的赔偿责任不超过该受损项目在所属整对或整套设备项目的保险金额中所占的比例。

(4) 发生损失后,被保险人为减少损失而采取必要措施所产生的合理费用,保险人可予以赔偿,但该项费用的赔偿金额以保险财产的保险金额为限。

3) 第三者责任损失的赔偿

(1) 未经保险人书面同意,被保险人或其代表对索赔方不得做出任何承诺或拒绝、出价、约定、付款或赔偿。在必要时,保险人有权以被保险人的名义处理任何诉讼的抗辩或索赔。

(2) 保险人有权以被保险人的名义,为保险人的利益自付费用向任何责任方提出索赔的要求。未经保险人书面同意,被保险人不得接受责任方就有关损失作出的付款或赔偿安排,或放弃对责任方的索赔权利,否则,由此引起的后果将由被保险人承担。

(3) 在诉讼或处理索赔过程中,保险人有权自行处理任何诉讼或解决任何索赔案件,被保险人有义务向保险人提供一切所需的资料和协助。

10.1.5 被保险人的义务

任何建筑工程一切险条款都设有被保险人的义务一项,我国的条款也设有这一部分内容,包括十项义务,如下所述。

(1) 诚信义务。投保时,被保险人对投保申请书中列明的事项以及保险公司提出的其他事项做出真实、详尽的说明或描述。

(2) 缴纳保险费义务。被保险人应根据保险单明细表和批单中的规定按期交付保险费。

(3) 防灾防损义务。保险期限内,被保险人应采取一切合理的预防措施,包括认真考虑并付诸实施保险公司代表提出的合理防损建议,慎重选用施工人员,遵守一切与施工有关的法规和安全操作规程,由此产生的一切费用均由被保险人承担。

(4) 损失通知义务。被保险人在发生引起或可能引起保险单项下索赔的事故时,应及时通知保险公司,并在 7 天或经保险公司书面同意延长的期限内,以书面报告提供事故发生的经过、原因和损失程度。

(5) 减少损失义务。采取一切必要的措施防止损失的进一步扩大并将损失减少到最低程度。

(6) 保留事故现场义务。事故发生后,保险公司的代表或检验师进行勘察前,保留事故现场及有关实物证据。

(7) 报案的义务。被保险财产遭受盗窃或恶意破坏时,立即向公安部门报案。

(8) 法律诉讼的通知义务。预知可能引起诉讼时,立即以书面形式通知保险公司,并在接到法院传票或其他法律文件后,立即将其送交保险公司。

(9) 损失举证义务。根据保险公司的要求,提供作为索赔依据的所有证明文件、资料和单据。

(10) 纠正缺陷义务。在某一被保险财产中发现的缺陷表明或预示类似缺陷亦存在于其他被保险财产时,被保险人应立即自付费用进行调查并纠正该缺陷;否则,由类似缺陷造成的一切损失应由被保险人自行承担。

10.2 安装工程一切险

安装工程一切险是以设备的购货合同价和安装合同价加各种费用或以安装工程的最后建成价格为保额,以重置基础进行赔偿,专门承保以新建、扩建或改造的工矿企业的机器、设备或钢结构建筑物在整个安装、调试期间,由于保险责任范围内的风险造成的保险财产的物质损失和列明的费用的保险。建筑工程一切险和安装工程一切险在形式和内容上基本一致,是承保工程项目相辅相成的两个险种,只是安装工程一切险针对机器设备的特点,在承保和责任范围方面与建筑工程一切险有所不同。

10.2.1 保险标的与保险特点

1. 保险标的

安装工程一切险简称安工险,是指以各种大型机器设备的安装工程项目在整个安装期间因自然灾害和意外事故造成的物质损失,以及被保险人对第三者人身伤亡或财产损失依法应承担的赔偿责任为保险标的的保险。

2. 被保险人

安装工程责任方主要有业主(应对自然灾害及人力不可抗拒的事故负责),承包单位(应对不属于卖方责任的安装,试车中的疏忽、过失负责),卖方(应对机器设备本身问题及技术指导致安装试车过程中的损失负责)。由于安装期间发生损失的原因很复杂,往往各种原因交错,难以截然区分,因此,将有关利益方,即具有可保利益的,都视为安装工程险项下的共同被保险人。安装工程一切险的被保险人大致有以下各方:

(1) 建设单位。

(2) 总承包单位。

(3) 分包单位。

(4) 供货人,即负责提供被安装机器设备的一方。

(5) 制造人,即被安装机器设备的制造人,但因制造人的过失引起的直接损失,即本身部分,在任何情况下都应除外,不包括在安装工程险责任范围内。

(6) 技术顾问。

(7) 其他关系方。

3. 安装工程一切险的特点

与建筑工程险相比较,安装工程一切险主要有以下特点:

(1) 建筑工程险的价值从开始后逐步增加,保险责任也是从零逐步增加到100%;而安装工程险的保险标的,从安装一开始时就存在于工地上,保险人一开始就承担着几乎全局的保险价值,而且危险比较集中。

(2) 在一般情况下,自然灾害造成建筑工程一切险标的的损失的可能性较大,而安装工程险的标的,多数是建筑物内安装,自然灾害损失的可能性相对较小一些,而受人为事故损失的可能性大一些。

(3) 安装工程在交接前必须经过试车考核,在试车期内任何潜在的因素都可能造成损失,损失率要占整个安装工期的一半以上。由于风险集中,对安装工程险的试车期保费可以占整个工期保费的1/4~1/3。对旧机器设备在试车期一开始保险责任即告终止。

(4) 建筑工程险中对设计错误是一概除外的。但安装工程一切险对设计错误引起的其他保险标的损失予以负责。因此要注意区分设计错误的本身损失和引起其他保险标的的损失,赔偿时要注意扣除本身损失部分。

(5) 安装工程常涉及的是价值昂贵、技术密集、结构复杂的机器设备,应掌握一定的专业知识。

10.2.2 保险责任与除外责任

1. 安装工程一切险物质损失部分的保险责任与除外责任

安装工程一切险的保险责任与建筑工程一切险基本相同,主要承保保单列明的除外责任以外的任何自然灾害和意外事故造成的损失及有关费用。只是安装工程一切险针对机器设备的特点,在除外责任方面与建筑工程一切险有所区别。具体表现在以下两个方面:

(1) 因设计错误、铸造、原材料缺陷或工艺不善引起的保险财产本身的损失,以及为置换、修理和矫正这些缺点错误所支付的费用,都属于除外责任范围。值得注意的是,安装工程一切险只对设计错误等原因引起保险财产的直接损失及其有关费用不予负责赔偿,而对由于设计错误等原因造成其他保险财产的损失还是予以负责。因为设计错误等原因造成保险财产的直接损失,被保险人可根据购货合同向设计者、供货方或制造商要求赔偿。建筑工程一切险也不承保设计错误等原因引起的保险财产本身的损失及费用,同时也不负责因此种原因造成其他保险财产的损失和费用。

(2) 由于超负荷、超电压、碰线、电弧、漏电、短路、大气放电及其他电气原因造成电气设备或电气用具本身的损失。由于这类事故往往是由于电气设备本身存在质量问题的原因造成的。因此,安装工程一切险将这类风险损失作为除外责任。但是,对于因各种电气原因造成其他保险财产的损失还是予以赔偿,这是建筑工程一切险除外责任中所没有的。

2. 安装工程一切险第三者责任部分的保险责任与除外责任

安装工程一切险的第三者责任主要承保被保险人在安装工程期间,因意外事故造成安装场所以及附近区域第三者的人身伤亡或财产损失,依法应承担的赔偿责任。安装工程一切险第三者责任部分的除外责任与建筑工程一切险绝大部分相同,但是建筑工程一切险的第三者责任部分对"由于震动、移动或渐弱支撑而造成的损失"是不予负责的,而安装工程一切险第三者责任的除外责任部分就没有此项规定。

10.2.3 保险期限、金额与费率

1. 保险期限

安装工程险的保险期限,是在保险单列明的安装期限内,自投保工程动工日或自被保险项目被卸至安装工地时起生效,直至安装工程结束完毕经验收时终止。

1) 安装期

(1) 保险责任的开始。在保险单列明的起期日前提下,实际保险责任的开始有两种情况:投保工程动工之日;保险财产运到施工地点。以先发生者为准,但不得超过保单列明的生效日。

(2) 保险责任的终止。保险责任的终止也有两种情况:安装完毕签发验收证书或验收合格时终止;建设单位实际占有或使用或接受该部分或全部工程之时,最晚终止之日不超过保险单中列明的终止日期。在实务中,工程的安装一般分期或分项进行,尤其是大型项目。所以对于在保险期限内提前验收移交或实际投入使用的部分项目,则在验收完毕或实际投入使用时对该部分的责任即告终止。

2) 试车考核期

试车考核期是指工程安装完毕后的冷试、热试和试生产。其长短由保险人和被保险人商定或根据工程合同上的规定来决定,并在保单上列明。试车考核期的保险责任一般不超过 3 个月,若超过 3 个月,应另行加费。对于试车考核期内,因试车引起的损失、费用和责任,保险人负责赔偿;若保险设备是使用过的,则自试车之时起,保险人的责任终止。

3) 保证期

被保险人自己决定是否加保保证期保险。保证期的保险期限与工程合同中规定的保证期一致。保证期自工程验收合格或建设单位使用时开始,以先发生者为准。工程提前完工,则从该日起算加上规定的月份数至该期限的最后一天终止;如按时完工,则按保单上规定的日期终止。保证期的长短应根据合同规定来确定,一般为 12～24 个月不等。保证期的保险期限最长

不得超过保单列明的期限。要注意的是，对旧的机器设备，一律不负责试车，也不承保保证期责任。试车一开始，保险责任即告终止。

4）保险期限的扩展

在安装工程工期内不能按时完工，被保险人要求延长保险期限时，必须事先获得保险人的书面同意，保险人同意后出具批单加批并按规定增收保费。

2. 保险金额的确定

安装工程一切险的保险金额是按保险工程安装完成时的总价值确定的，包括原材料费用、设备费用、建造费、安装费、运输费和保险费、关税、其他税项和费用，以及由建设单位提供的原材料和设备的费用。应该注意的是，安装工程承包合同价并不包括被安装设备的价值，仅仅包括安装费用和安装过程中必需的辅助材料的费用。因此，确定保险金额时，一定要以被安装设备的总价值加上安装合同的承包价之和为准。根据安装工程一切险的项目划分，可以来确定安装工程一切险的保险金额。

（1）安装项目。这是安装工程险承保的主要保险项目，包括被安装的机器设备、装置、物料、基础工程以及工程所需的各种临时设施如水、电、照明、通信等设施。适用安装工程险保单承保的标的，大致有三种类型：①新建工厂、矿山或某一车间生产线安装的成套设备。②单独的大型机械装置如发电机组、锅炉、巨型吊车、传送装置的组装工程。③各种钢结构建筑物如储油罐、桥梁、电视发射塔之类的安装和管道、电缆的铺设工程等。这部分保险金额的确定与承包方式有关，在采用完全承包方式时，为该项目的承包合同价；由业主投保引进设备时，保险金额应包括设备的购货合同价加上国外运费和保险费、国内运费和保险费、关税和安装费（人工、材料）。

（2）土木建筑工程项目，指新建、扩建厂房必须有的工程项目，例如宿舍、办公室、食堂、仓库等。保险金额应为该工程项目建成的价格，包括设计费、材料设备费、施工费、运杂费、税款及其他有关费用在内。

（3）安装施工用机器设备。保险金额按重置价值计算。

（4）业主或施工单位在工地上的其他财产。保险金额可与被保险人商定，但最高不能超过其实际价值。

（5）清理费用。此项费用的保险金额由被保险人自定并单独投保，不包括在工程合同价内。保险金额对大工程一般不超过其工程总价值的5%，对小工程一般不超过工程总价值的10%。

以上各项之和即可构成安装工程一切险物质损失部分总的保险金额。

安装工程一切险保险金额的调整与赔偿限额与建筑工程险的要求一样，在此不再详述。

3. 保险费率

1）保险费率的确定

安装工程一切险的费率，应按不同类型的工程项目确定，主要考虑以下因素：

(1) 工程本身的危险程度、工程的性质及安装技术难度。

(2) 工地及临近地区的自然地理条件,有无特别危险存在。

(3) 最大可能损失程度、工地现场管理和施工以及安全条件。

(4) 被安装机器设备的质量、型号。

(5) 工期长短及安装季节,试车期和保证期的长短。

(6) 施工单位及其他工程关系方的资信,施工人员的技术水平和管理人员的素质。

(7) 同类工程以往的损失记录。

(8) 免赔额的高低及特种危险的赔偿限额。安装工程险也要规定特种危险的赔偿限额,即由地震、海啸、洪水、暴雨和风暴特种危险造成保险物质损失的赔偿总额。不论发生一次或多次事故,赔偿均不能超过该限额。限额的高低应根据工地自然地理条件,以往发生这类灾害的记录以及工程本身的抗灾能力等因素研究确定。遭受这类灾害可能性大的工程,限额应稍低一些;反之,可稍高些。总的幅度,可按物质损失部分总的保险金额的50%~80%掌握,对于这类风险不大或基本上没有的地区,也可不规定。

2) 保险费率的种类

安装工程险的费率主要有以下几类:

(1) 安装项目。土木建筑工程项目、业主或施工单位在工地上的其他财产和清理费用为一个总的费率,是整个工期一次性费率。

(2) 试车期为一单独费率,是一次性费率。

(3) 保证期,是整个保证期一次性费率。

(4) 各种附加保障增收费率,也是整个工期一次性费率。

(5) 安装、建筑用机器,装置及设备为单独的年费率。

10.3 职业责任保险

按照国际上通行的定义,职业责任(Professional Liability)是指专业人员或单位因自身在提供职业服务过程中的疏忽或过失造成他们的当事人或其他人的人身伤害或财产损失,依法应由提供职业服务的专业人员或单位承担的赔偿责任。主观上的有意或无意是鉴别是否属于职业责任保险承担范围的主要依据。其中,专业技术人员是指掌握了某一领域的专业知识,能为他人提供技术上的服务、技能、咨询和帮助的人员。

职业责任保险是指以各种专业技术人员的职业责任为承保风险的责任保险。因此,职业责任保险的标的没有有形的物质载体,保险的标的是责任。一旦由于上述责任风险产生导致了业主或其他第三方的损失,其赔偿将由保险人来承担,索赔的处理过程也由保险人负责。在国外,职业责任保险又常常被称为职业赔偿保险或过失责任保险,有时也称为专业责任保险,其实质是把专业人员或单位需要承担的全部或部分风险转移给保险人的一种机制。

在工程项目的开发建设过程中，管理、设计、施工等工程技术人员往往不可避免地会因为过失、疏忽等行为给业主或第三方造成危害，也就是存在前面讨论过的职业责任风险。这一类损害一旦发生，造成损害的经济损失通常会超过专业技术人员或单位的经济承受能力，对遭受损害的一方的补偿是非常有限的。对于致害的一方来说，也是极其不经济的，极有可能对专业技术人员或单位造成不可弥补的损害，致害人同时也可能是受害人，这就是责任风险所具有的两重性。而职业责任保险的建立则为专业人员或单位提供了一条安全而经济的途径，来转移因为其职业过失给业主或第三方造成损失所必须承担的责任风险，从而使双方的利益都得到合理保护。

10.3.1 保险标的与保险特点

1. 保险标的

工程保险中的职业责任保险(Professional Liability Insurance)是专门针对直接为工程服务的专业人员或单位(如建筑师、工程师、监理工程师等)在工作中的疏忽和过失而设立的一种保险，从性质上说属于责任保险的范畴，其保险的标的是责任而不是财产，这一点和建筑工程一切险、安装工程一切险不同。该险种除了适用于工程领域的专业人员或单位外，同样也适用于其他的专业人员或单位(如医生、律师等)。但在本书中，所涉及的职业责任保险均与工程有关，因此，将其归入工程保险中一起加以讨论。

职业责任保险是以职业责任为保险标的的保险，其保险的标的没有形成有形的物质载体。除故意犯错可能构成犯罪违反刑法外，职业人员或单位可能由于自己在工作中的过失行为承担民事赔偿责任，如果受害方与职业人员或单位存在合同关系，称为违约责任；如果不存在合同关系，称为民事侵权行为。职业责任保险主要承保上述第二种民事侵权责任，也可包括违约责任，但违约责任(如竣工后 1 年内承包单位的维修责任)主要通过保证保险、保证、保证金等方式解决。

职业责任保险涉及的专业技术人员是多方面的，在本书中所讨论的仅仅是和建设工程有关的专业技术人员的责任保险。工程技术人员通常都受过良好的教育、高水平的训练并具有丰富的实践经验，社会公众往往对专业技术人员的服务存在较多的依赖，他们从事的工作客观上要求他们对社会公众负有更多的责任。一般情况下，职业责任保险主要承保职业人员因疏忽或过失行为引起的民事侵权责任风险，当侵权责任和违约责任存在重合的情况时，可附带承保合同责任风险或违约责任风险。

2. 承保方式

(1) 以损失为基础的承保。以损失为基础的承保又称为期内发生式，即在保单有效期内，以损失发生为基础，不论业主或受损失的第三方提出索赔的时间是否在保单有效期内，只要在保单有效期内发生由职业责任造成的损失，保险人都需承担责任。这种以损失为基础的承保方式，使保险人的责任期延长到保险合同有效期之后，为了防止责任期太长而使保险人增加过大的风险，通常都会规定一个宽限期。由于职业责任风险的发生可能需要一个较长的时间和诱因，但这种诱因并不是在任何时候都会出现，因此，责任的宽限期太短，对保险人的风险不大，但专业人员或单位的责任风险得不到保障，会挫伤专业人员或单位投保的积极性；如果宽限期太长，则保险人的风险太大。从国际上通行的做法来看，采用这种承保方式的责任保险保单，其宽限期限一般不超过 10 年。

(2) 以索赔为基础的承保。以索赔为基础的承保又称为期内索赔式，即只要索赔是在保单的有效期内提出，对过去的疏忽或过失造成的损失就由保险公司承担赔偿责任，而不管导致索赔的时间发生在什么时候，这种承保方式实际上使保险的有效期提前到保险合同的有效期前。考虑到工程质量事故发生的滞后性，引起索赔的事件往往是在保单有效期之前进行，为了减少保险公司的承保风险，通常都对这种索赔设置一个追溯期，在第一次投保时，追溯期可设置为零，其后相应延长，但追溯期最长不宜超过 10 年。这种承保方式比较适用于连续投保，任何时候都必须保证保单是有效的。首先，提供专业服务和实际提出索赔之间可能有相当大的时间滞后。其次，对大多数职业责任的索赔，不仅是在项目建设期间，而且可能是在项目竣工移交业主之后，因此，如果提出索赔时，保险单无效，那么对该索赔就没有了保险。

(3) 项目责任保险。对某些情况而言，上述两种方式的承保都不是最佳方式，从灵活方便的角度出发，可以针对具体的项目来购买职业责任保险。这种保险方式不必像上述保单一样连续投保，其保险的有效期通常是从投保开始至业主接受该工程为止，其后设置一个宽限期，一般为 10 年。这个 10 年的期限，一般是指从业主接收该工程后的 10 年期限，而不是指从购买保险日开始的随后 10 年期限，10 年的责任期结束后，仅对保险公司免责，而不是职业人员或公司。按照我国建筑法，对于主体工程，职业人员在整个工程生命期内均要承担职业责任。

3. 保险特点

职业责任保险是一种广义的财产保险，具有一般财产保险的特征，但是，它也具有自身的特殊性，具备一些有别于普通财产保险的特征，如下所述：

(1) 法律责任界定困难。这是职业责任保险有别于其他责任险的一个重要特征，专业技术责任的界定较为困难，尽管法律规定了相关责任，但是专业技术方面的风险涉及的面较广，专业技术性强，风险的暴露需要一定的时间和诱因，责任的识别和确认较为困难。例如，监理工程师按照正常的程序和方法对工程质量进行了监控，但工程的某些隐患仍然不一定会被发现，或者说不一定及时发现，如果将来没有特殊的一些诱因，问题可能永远不会暴露，即使问题暴露，要对责任做出明确的识别和确认也都需要一个十分复杂、漫长的过程。

(2) 通常工程职业责任的主体是业主和承包商之外的，为工程建设项目提供技术服务的各种工程专业技术人员和机构。在工程项目的开发建设过程中，这些专业技术人员和组织涉及的工作内容是多方面的，其职业责任可以分为两大类，即过失责任及合同责任。

过失责任是指专业技术人员没有履行其作为专业技术人员应该履行的责任，或是做了作为专业技术人员不应该做的事，而这些过失恰恰造成了业主或第三方的损失，因此，必须承担相应的民事赔偿责任。合同责任，是指专业技术人员作为技术服务合同当事人的一方违背了合同的规定，没有适当地履行合同规定的义务，从而给另一方造成了损害，因此，必须依据合同承担相应的经济赔偿责任。

(3) 责任方及受害方都得到保障。在职业责任保险中，责任方是专业技术人员，他们依靠自身所掌握的专业知识为业主提供技术服务，自身的经济赔偿能力是非常有限的。而他们工作的对象，即工程建设项目，涉及的人力、财力都是巨大的，且他们的工作涉及社会公众的切身利益，对责任方来说，损失也是无法估量的。通过职业责任保险，一方面可将这种责任风险转移到保险人，由保险人承担这种责任的赔偿，受害人的利益因此得到了切实的保障；另一方面，也使责任方不至于因为这种责任使自身的服务和生活受到严重的影响。

10.3.2 保险责任与除外责任

职业责任险保单负责的是被保险人的职业疏忽行为，被保险人除了包括自身外(机构或个人)，还包括前任从事该业务的人员，以及被保险人的雇员和从事该业务的雇员的前任的职业疏忽行为。

1. 保险责任

随着社会进步和科学技术的发展，人们对各种专业技术服务的依赖越来越多，另外，人们的法律意识不断增强，对专业技术服务的水平要求也越来越高，职业责任保险也因此不断取得发展，有关的职业责任保险险种日益增多，如律师责任险、建筑师责任险、医生责任险等。尽管责任保险的名目繁多，但其保险的责任条款中通常涉及如下几个方面：

(1) 保险只针对专业技术人员在提供服务时由于疏忽行为、错误或失职而造成受害方的损失，这种行为是无意的，且仅限于专业人员或单位专业范围内的行为，而不负责和专业范围无关的疏忽行为所造成的损失。

(2) 专业技术服务往往是一种集体的行为，职业责任保险可以以专业人员所在单位的执业机构名义购买，也可以以专业人员自身的名义购买，因此，除了被保险人自身外(机构或个人)，责任还应包括从事某项专业技术服务的有关人员，如前任专业人员或单位、雇员以及前任雇员等的专业疏忽行为。例如，某建筑师在提供技术服务时，以他的名义购买了职业责任保险，而他的助手在从事工作时发生了疏忽，建筑师本人也未能发现这种从专业角度来说本应该发现的疏忽，这对建筑师来说也是一种疏忽，对于保险人来说，应该承担赔偿责任。

(3) 由于索赔的处理可能导致被保险人的执业声誉受损，影响被保险人今后的职业生涯，因此，保险人在处理此类承保的索赔事件时，都必须征得被保险人的同意，不能随意处置。但是，应该做到处理结果和信息的共享。

2. 除外责任

职业责任保险的一部分除外责任和一般责任保险的除外责任是类似的，例如下列各类：

(1) 被保险人的故意行为。

(2) 战争、罢工、核风险等。

(3) 被保险人的家属、雇员的人身伤害或财产损失。

(4) 被保险人所有的或由其照管、控制的财产损失。

(5) 被保险人的契约责任,对未在契约中规定的,被保险人依法应负责的除外等。

下列情况是职业责任保险中的特有的一些除外责任:

(1) 被保险人以及其前任专业人员或单位、雇员以及前任雇员等的不诚实、欺骗、犯罪或者恶意行为引起的任何损失。

(2) 因文件灭失或者损失引起的任何索赔。

(3) 在保险有效期内被保险人不如实向保险人报告应报告的情况所引起的任何责任。

(4) 因被保险人被指控对他人诽谤或者恶意中伤行为而引起的任何索赔。

10.3.3 保险期限、金额与费率

1. 保险期限

职业责任保险的保险期限通常为 1 年。由于职业责任事故的产生到受害方提出索赔,有可能间隔一个相当长的期限,例如 1 年、2 年甚至更长的时间。

2. 保险金额

职业责任保险承保的是被保险人的民事损害赔偿责任,因此,保单上无法列示保险金额,而仅规定赔偿限额,即最高赔偿责任限额。职业责任保险的保单的赔偿限额一般为累计的赔偿限额,而不规定每次事故的赔偿限额,但也有些承保人采用每次索赔或每次事故赔偿限额而不规定累计赔偿限额。诉讼费用在赔偿限额以外赔付。

(1) 赔偿限额。通常情况下,采用一个赔偿的限额来代替赔偿的金额,保险单内只载明赔偿的最高限额,这个限额取决于专业人员或单位从业的记录、信誉,也可能和专业工作对象的实物价值有关。关于限额的设定,可以采用两种方式,其一是采用累计限额方式,只要在保单有效期内,并不规定每次的限额,可以逐次累计直到达到最高的限额;其二是规定每次的限额而不规定累计限额的总额,每次超出限额的部分由投保人自行负担。

(2) 免赔额。每个保险单所要求的免赔额,代表着除保险赔偿之外,要求被保险人从自己的资金中支付一定的金额。设立免赔额的好处是可以激励被保险人在提供专业服务时更加细致小心、减小疏忽,并坚持采取高标准的损失防范措施,同时,运用保险免赔额也可以避免大量小额索赔引发较高的理赔费用,从而引发保险费率水平的上涨。

(3) 诉讼费用。和其他责任保险一样,保险公司对职业责任保险承担的赔偿责任包括两个方面:一是在上述限额内的赔偿金;二是法律诉讼费用,这笔费用一般都在赔偿限额之外。当然,如果赔款总额超出了上述赔偿限额,法律诉讼费用也可以按比例由被保险人及保险公司分摊。

3. 保险费率

1）保险费率的计算

职业责任保险的纯保险费等于损失金额除以保险单位。由于职业责任保险的业务性质差异较大，故保险单位的划分，也根据业务的不同而不同。在计算保险费率时，既要以5年期间的平均结果为基础，又要以现行费率为条件，然后再以二者加权平均之后得到保险费率。权数的大小，决定于每一分类团体在计费区域内所发生的案件数。资料的多少，决定统计分析结果的精确程度。保险费的计算方法同其他险种相近。总保险费由纯保险费和附加保险费组成。

2）保险费率的确定

毫无疑问，保险费率的确定是一个至关重要的问题，需要考虑的因素很多，主要有如下方面：

(1）职业的种类。也就是被保险人所从事的职业类型，不同类型的职业在赔款额度上可能相差很大。

(2）工作场所。即被保险人从事职业技术服务的所在地区，不同地区经济情况可能有所不同。

(3）工作单位的性质。营利性或非营利性、不同的所有制形式。

(4）被保险人的专业信誉、专业技术水平。

(5）被保险人及其雇员的责任心和个人品质。

(6）被保险人的索赔记录、处理情况。

(7）业务数量，被保险人每年提供专业技术服务的数量、服务对象的数量。

(8）赔偿限额、免赔额和其他承保条件。

10.3.4 建设工程设计责任保险

1. 保险标的与被保险人

建设工程涉及责任保险按其保险标的的不同，可以分为综合年度保险、单项工程保险和多项工程保险叠加三种。

(1）综合年度保险是指以工程涉及单位1年内完成的全部工程设计项目可能发生的对受害人的赔偿责任作为保险标的的建设工程设计责任保险。综合年度保险的年累计赔偿限额由工程设计单位根据该年承担的设计项目所遇风险和出险概率来确定，保险期限为1年。

(2）单项工程保险是指以工程设计单位完成的一项工程设计项目可能发生的对受害人的赔偿责任作为保险标的的建设工程设计责任保险。单项工程保险的累计赔偿限额一般根据最大可能赔偿金额确定，保险期限由工程设计单位和保险公司具体约定。

(3）多项工程保险叠加是指以工程设计单位完成的数项工程设计项目可能发生的对受害人的赔偿责任作为保险标的的建设工程设计责任保险。多项工程保险的累计赔偿限额一般为数个项目工程的总造价之和，或数个项目工程的总造价之和的一定比例，保险期限由工程设计单位与保险公司具体约定。

我国的工程设计职业责任保险的投保人和被保险人均是单位(法人),而国外的设计职业责任保险的投保人和被保险人也可以是设计师个人。根据我国设计职业责任保险条款的措辞,被保险人为"凡经国家建设行政主管部门批准,取得相应资质证书并经工商行政管理部门注册登记依法成立的建设工程设计单位",而设计师个人的职业责任风险是通过设计单位体现并分散的。

2. 保险责任与除外责任

1) 建设工程设计责任保险的保险责任内容

(1) 工程设计单位对造成建设工程损失、第三者财产损失或人身伤亡依法应承担赔偿责任。

(2) 事先经保险公司书面同意的保险责任事故的鉴定费用。

(3) 事先经保险公司书面同意,为解决赔偿纠纷而交给仲裁机构或人民法院的仲裁费用或诉讼费用以及聘请律师等费用。

(4) 发生保险责任事故后,工程设计单位为缩小或减轻依法应承担的赔偿责任所支付的必要的、合理的费用。

2) 被保险公司列为除外责任的导致损失或费用的情况

(1) 武力行为、暴力行为。

(2) 核反应、核辐射和放射性污染。

(3) 不可抗力。

(4) 火灾、爆炸。

(5) 故意行为。

(6) 违法行为。

(7) 其他间接行为。

3. 保险期限

建设工程设计责任保险的保险期限是指保险公司承担保险责任的有效期限。也就是说,在此期间,由于设计过失造成事故引起经济损失并提出索赔,保险公司应承担赔偿责任。建设工程设计责任保险的险种不同,保险期限也不一样。

(1) 综合年度保险。综合年度保险的保险期限为 1 年。具体的起止日期由工程设计单位与保险公司商定,并在保险单明细表中列明。

(2) 单项或多项工程保险。单项或多项工程保险的保险期限由工程设计单位与保险公司具体商定。

(3) 追溯期。追溯期是指工程设计单位事先不知道由于保险开始日期前的过失行为可能引起索赔的情况下,在保险期限内对此类过失行为引起的索赔提供保险的期限。

追溯期适用于采用期内索赔制的综合年保,一方面是为了解决工程设计风险滞后的问题;

另一方面是为了控制保险公司承担的风险责任无限地前置，需要规定一个责任追溯日期作为限制性条款。

4. 赔偿限额

赔偿限额一般分为每次事故赔偿限额、保险期限内累计赔偿限额。在每次事故赔偿限额、保险期限内累计赔偿限额中又可以分为财产损失赔偿限额、人身伤亡赔偿限额。财产损失赔偿限额是指保险公司对建设工程本身的损失及对第三者的财产损失赔偿的最高额度，人身伤亡赔偿限额是指保险公司对第三者人身伤害或死亡赔偿的最高额度。

免赔额有相对免赔额和绝对免赔额两种。二者相同之处：损失不超过免赔额的则不赔。二者不同之处：当损失超过免赔额时，相对免赔额方式由保险公司赔偿全部损失，在绝对免赔额方式下保险公司仅赔偿超过免赔额的损失部分。

建设工程设计责任保险的免赔额通常采取的是绝对免赔额方式，也就是说，无论受损害的财产是否全部损失，免赔额内的损失均由工程设计单位自己来赔偿。

5. 保险费率

建设工程设计责任保险费率的制定，应根据工程设计的风险大小及损失率的高低来确定，影响工程设计责任保险保险费率的因素主要有：

(1) 工程设计业务的性质及其产生损害赔偿责任可能性的大小。

(2) 法律对工程设计损害赔偿的规定。

(3) 工程设计单位的资质高低。

(4) 承包区域的大小。

(5) 每笔投保业务数量的多少。

(6) 工程设计单位管理水平及其雇员的专业水平高低。

(7) 赔偿限额、免赔额的高低。

(8) 工程设计单位以往是否发生责任事故以及损失的大小情况。

10.3.5 工程监理职业责任保险

1. 保险标的与被保险人

工程监理职业责任险是以监理职业责任为保险标的的一种责任保险，它承受监理人在履行国家法律、法规及委托监理合同所规定的监理义务过程中，造成委托人（即业主）或其他第三方的人身伤害或财产损失时，依法应由监理人承担的赔偿责任。

凡经建设行政主管部门批准，取得相应资质证书并经工商行政管理部门登记注册，依法设立的工程建设监理企业，均可作为本保险的被保险人。

2. 保险责任和除外责任

在保险单明细表中列明的保险期或追溯期内，被保险人在中华人民共和国境内（不包括港、澳、台地区)开展工程监理业务时,因过失未能履行委托监理合同中约定的监理义务或发出错误指令导致所建立的建设工程发生工程质量事故,给委托人造成经济损失,在保险期限内,由委托人首次向被保险人提出索赔申请,依法应由被保险人承担赔偿责任时,保险人根据保险合同的约定负责赔偿。同时,保险人还负责赔偿:①事先经保险人书面同意的仲裁或诉讼费用及律师费用;②保险责任事故发生时,被保险人为控制或减少损失所支付的必要的、合理的费用。

除外责任(exclusions)规定保险人不负赔偿责任或给付保险金责任的范围。除外责任的表示一般有两种:一是采用列举方式,即在保险条款中明文列出保险人不负赔偿责任的范围;二是采用不列举方式,即凡是保险单中未列入保险责任的都属于除外责任。一般的保险条款都采用列举方式。但我国有关职业责任保险则采取列举为主、不列举为辅的方式,即先列举各种保险人不负赔偿责任的情况,再在除外责任最后一条,以不列举方式将其他不属于保险责任的情况全部除外。

除外责任可以划分为:绝对除外责任(absolute exclusions)和相对除外责任(relative exclusions)。

绝对除外责任包括不可抗力、他人的责任以及被保险人的责任。

对建筑工程监理职业责任保险而言,相对除外责任包括:①文件、图纸或其他资料的损毁、灭失;②由于合法监理分包单位的行为导致的向被保险人(总包)的索赔;③交叉责任(cross liability)。在投保人要求下,保险人可将同一保单所载的每一被保险人均视作单独的被保险人。任何被保险人造成其他被保险人的损害,保险人负责赔偿,并不再向有责任的被保险人追偿。

3. 赔偿限额

监理工程师职业责任保险和普通的职业责任保险有共同的一面,但也有其特殊的一面。监理单位责任保险的主要内容只针对监理单位根据委托监理合同在提供监理服务时,由于疏忽行为、错误或失职而造成业主或依赖于这种服务的第三方损失,这种行为必须是无意的,且仅仅限于监理服务范围内的行为,而不负责和专业范围无关的疏忽行为造成的损失。

保险人在保险单明细表中列明的追溯期或保险期限内,在中华人民共和国境内(包括港、澳、台地区)履行建设工程委托监理合同(以下简称“监理合同”)时,由于疏忽或过失而未能履行监理合同所规定的监理义务或者由于指令错误,从而致使委托人发生经济损失,依法应由被保险人承担经济赔偿责任的,并且在本保险期内,该委托人首次向被保险人提出书面索赔要求并经被保险人向保险人提出索赔申请时,保险人将根据保险条款的规定,对于下列损失和费用负责赔偿:①监理合同中所列明的被保险人应承担的委托人的直接经济损失;②事先经保险人书面同意的诉讼费、仲裁费、律师费及鉴定费;③被保险人为减少或缩小对委托人的经济赔偿责任所支付的必要的、合理的费用。

上述三项损失和费用的每次赔偿总金额不得超过保险单明细表中列明的每次事故赔偿限额,并且每一保险年度的累计赔偿限额不得超过保险单明细表中列明的累计赔偿限额。

4. 保险费率

纯费率加附加费率为毛费率(gross rate)。而确定实际汇率时,还需要考虑以下因素:监理单位的规模、资质等级、业务性质;监理单位的运营及盈利状况;监理人员的技术水平、素质、数量、职业道德状况;内部质量控制情况;发生意外损失赔偿责任的可能性、大小;赔偿限额、免赔额的高低;有关法律对损害赔偿的规定;承保区域的大小;责任事故的历史损失资料及索赔处理情况:监理委托人的情况、采用的委托监理合同的种类;监理项目的种类;保险期限;等等。也就是说,还有必要对毛费率进行调整。毛费率调整后可形成修正费率(modification rate)。

10.4 工程质量潜在缺陷保险

工程质量潜在缺陷是指建设工程在竣工验收时未能发现的,因勘察、设计、施工、监理及建筑材料、建筑构配件和设备等质量原因造成的不符合施工图设计文件、工程建设标准和合同要求,并在正常使用过程中暴露出的工程质量缺陷。工程质量潜在缺陷保险(Inherent Defects Insurance, IDI)是指由工程潜在缺陷的可能责任主体投保的,保险公司根据保险条款约定,对在保修范围和保修期限内出现的由于工程质量潜在缺陷所导致的投保建筑物损坏,履行赔偿义务的保险。

为了控制工程质量潜在缺陷带来的风险,我国先后出台了相关政策和建议。建设部和中国保险监督管理委员会 2005 年 8 月联合发布了《关于推进建设工程质量保险工作的意见》(建质〔2005〕133 号),提出要大力推进建设工程质量保险发展。2006 年,中国保监会、原建设部和中国人民财产保险股份有限公司对北京、上海等 14 个城市进行了建筑工程质量保险试点工作。2016 年,上海市政府出台《关于本市推进商品住宅和保障性住宅工程质量潜在缺陷保险的实施意见》,正式向社会推广工程质量内在缺陷保险,经过 3 年的实践,上海总结了推进建设工程潜在缺陷保险的经验,于 2019 年对该文件进行修订(见本书附录)。这些政策的制定旨在建立完善的工程质量保险制度,从而提高工程质量,使受害者获得有效经济赔偿。

10.4.1 保险标的与保险特点

工程质量潜在缺陷保险也称工程质量保证保险,承保由于被保险财产结构部分的内在缺陷引起的质量事故造成建筑物的损坏,相对于由外在原因引起的损失。绝大多数工程质量责任保险的期限为 10 年。

在有了职业责任保险的情况下还要引进工程质量内在缺陷保险,是为了解决职业责任保险理赔中的责任界定久拖不决、业主无法尽快获得赔偿的问题。投保工程质量潜在缺陷保险,在质量缺陷显现后,无须界定是哪个建造方的责任,就可从保险公司获得赔偿。

工程完工移交业主后,总是会存在内部缺陷的显现并导致完工工程发生损失的风险,内在缺陷引起的质量事故主要有:

(1) 整体或局部倾斜、倒塌。

(2) 地基产生超出设计规范允许的不均匀沉降。

(3) 阳台、雨篷、挑檐等悬挑构件坍塌或出现影响使用安全的裂缝、破损、断裂。

(4) 主体承重结构部位出现影响结构安全的裂缝、变形、破损、断裂。

(5) 围护结构的保温工程以及屋面防水工程,有防水要求的卫生间、房间和门窗、外墙面防渗漏处理工程出现质量缺陷。

目前我国部分城市已开展了建筑工程质量潜在缺陷保险的尝试,但总体还处于探索阶段。在西方国家,这类保险已得到广泛应用,并正在形成迅速增长的市场。

此保险生效前、与保险人就保险单条款达成协议是一个相当耗时的过程:本保险在工程实际完工、经过技术检查机构检查并签发同意证书,确认此建筑物就工程质量保证保险而言属于正常的风险水平 1 年后,保险人签单同意承保后,此保险方可生效。

理赔不仅包括修复损失的费用,还包括矫正引发损失的缺陷费用。不管是设计、原材料还是工艺缺陷,此类缺陷可能对整个被保险建筑物都有影响。

10.4.2 被保险人与投保人

工程质量潜在缺陷保险的被保险人是对内在缺陷有经济利益关系的一方或数方,指所有权人、承租人或融资机构,也可以是财产的后续购买者或其代理人。工程质量潜在缺陷保险的投保人通常是建筑开发商或最初的工程所有权人。

10.4.3 保险责任与除外责任

保险单通常承保引起损坏或引起即将到来的倒塌威胁的内在缺陷。赔偿的损失通常包括:在正常使用条件下,因潜在缺陷在保险期间内发生的质量事故造成的建筑物毁坏、物质损失或即将到来的倒塌威胁而引起的修复、重置或加固费用,还包括残渣清理、法律费用、专业费用、因遵守修订的建筑法律法规而承担的额外费用。以下情况导致的损失一般被列为该保险的除外责任:①非结构工程和设备的缺陷;②由于缺少维护和错误使用导致的缺陷;③验收接受后由于结构变化导致的缺陷;④验收接受前的已知缺陷。

质量保证保险保障被保险人在建筑物上的利益,但同时应该考虑缺陷事故的间接损失。质量保证保险可以承保缺陷事故导致的间接损失,这种保障通常以年度保险单形式进行安排。业主也可能在整个内在缺陷保险单的保险期限内都需要间接损失保障,就要每年续保,但在续保时,由于内在缺陷风险的变化,此保险需要安排定期重新评估。以保证在整个工程质量责任保险期限内将间接损失保障保持在一个满意的水平。

10.4.4 保险期限、金额与费率

1. 保险期限

保险期限较长,通常为竣工验收后的第 2 年至第 10 年,在整个保险期限内保单不能撤销。

这意味着保险单条款需要考虑整个保险期限内的通货膨胀水平。另外，保险单利益可以转移至对此财产具有保险利益的其他方。

2. 保险金额

保险金额包括总保险金额和每张保险凭证的保险金额。总保险金额为保险合同载明建筑物的总造价；每张保险凭证的保险金额为被保险人所购买单元的建筑物的建筑面积与保险合同载明的单位建筑面积工程造价之乘积。

以业主委员会作为被保险人的，该保险凭证项下的保险金额为建筑物公摊部分面积与保险合同载明的单位建筑面积工程造价之乘积。

对于投保人尚未出售的建筑物的保险金额也按照每张保险凭证的保险金额约定计算：

$$单位建筑面积工程造价=建筑物总造价/建筑物总面积$$

3. 保险费率确定

保险合同成立时，保险人依据建筑物施工合同上列明的工程总造价计收预付保险费。在建筑物竣工验收合格并完成竣工决算之日起一个月内，投保人应向保险人提供实际工程总造价，保险人据此调整总保险金额并计算保险费。预付保险费低于保险费的，投保人应补足差额；预付保险费高于保险费的，保险人退回高出的部分。

10.5 建筑意外伤害保险

意外伤害保险（Accidental Injury Insurance）可定义为以被保险人因遭受意外伤害造成死亡、残疾、支出医疗费、暂时丧失劳动能力为给付保险金条件的人身保险业务。

这一定义包括以下含义：意外伤害保险属于人身保险的业务种类之一，人身保险作为独立于人寿保险和财产保险的第三领域，在我国目前的商业保险市场中由人寿保险公司和财产险公司的人身险业务部门经营。

意外伤害保险的保险责任是被保险人因意外伤害所致的死亡和残疾，不负责疾病所致的死亡。

2019 年最新修正的《中华人民共和国建筑法》第四十八条规定：“鼓励企业为从事危险作业的职工办理意外伤害保险，支付保险费。”

10.5.1 保险特点与功能

1. 建筑意外伤害险的特征

对于建筑意外伤害险的特征，通过意外伤害险与人寿保险、健康保险的比较来加以说明。

（1）意外伤害险与人寿保险的联系。无论是意外伤害险还是人寿保险，保额约定和保险金的给付是相同的，不是由保险标的价值确定的，也不存在超额投保或不足额投保的问题，而是采取定额投保的方式，即由保险双方约定保险金额，当发生意外事故时，按照事先约定保险金额给付。二者的投保人与被保险人可以是同一人，也可以不是同一人，二者都可以被指定为受益人。

(2) 意外伤害险与人寿保险的区别。意外伤害险承保的是由于受外来的、剧烈的、突发的事故对人体造成的伤害、残疾或死亡，与从事的职业和生活环境有密切的关系；而人寿保险承保的是人的生死、死亡给付、养老金的领取或满期领取等，与人的新陈代谢有密切的关系。

就费率制定而言，意外伤害险保险费率的厘定是根据过去各种意外伤害事故发生概率的经验计算的，不同的职业发生意外伤害事故的概率不同，其费率也不同。例如，团体人身意外伤害险分为机关、事业单位、一般工商企业人员，从事建筑、冶金、搬运、装卸、筑路、地下采矿、汽车驾驶、高空作业等行业的人员，从事井下采矿、航空执勤等行业人员三大类。其费率分别按照2‰，4‰和7‰收取保险费。此外，意外伤害险还具有短期性、季节性和灵活性的特点。意外伤害险最长的保险期为一年，属于短期保险；而人寿保险属于长期保险。意外伤害险具有季节性：春秋季节，旅游人身意外事故多；炎热的夏天，游泳池人身意外伤害较为集中；寒冬腊月、北国冰封，摔伤的意外事故较多。许多意外事故保险保单的订立大多是由当事人签订的协议书，双方协商约定一个最高限额作为保险金额，保险责任范围相对也显得灵活。

(3) 意外伤害险与健康保险的联系与区别。意外伤害险与健康保险都属于人身保险，二者有许多共同之处，以致有人将二者合二为一，统称健康保险。其实二者的保险事故责任完全不同，健康保险也称“疾病保险”，是指被保险人在保险有效期限内所发生的医疗费用支出或因疾病致残或死亡时，或因疾病、伤害不能工作而减少收入时，由保险人负责给付保险金额的一种保险，包含两层意思：一是由于疾病或意外事故所用的医疗费用即医疗保险；二是由于疾病或意外事故所致收入的损失，即称为残疾收入补偿保险。显然，意外事故伤害险与健康保险是不同的。意外伤害险是被保险人因意外伤害事故造成死亡和残疾时，保险人按照约定给付保险金的保险。健康保险中的医疗保险可以用来对因意外事故造成的医疗花费提供补偿，残疾给付可以补偿被保险人因意外伤害导致暂时或永久失能而造成的收入损失，与意外伤害险中按照事先约定的数额给付残疾或死亡金仍有本质的区别。

2. 建筑意外伤害险的功能

建筑施工是安全风险事故多发的高危行业。其生产方式具有劳动密集性、施工组织的交叉性、施工技术的复杂性等特点，安全事故发生较为频繁。

推行建筑意外伤害险，具有经济补偿功能和安全服务功能。

1) 经济补偿功能

按照建筑意外伤害险的条款，被保险人在发生意外人身伤害时，可获得一定的经济补偿。具体表现为：

(1) 死亡给付。被保险人遭受意外伤害造成死亡时，保险人给付死亡保险金使被保险人自身损失得到一定的补偿，保证被保险人的法定受益人的基本生活条件。

(2) 残疾给付。被保险人因遭受意外伤害致残时,保险人按残疾程度大小分级给付残疾保险金。

(3) 医疗结付。被保险人因遭受意外伤害支出医疗费时,保险人根据实际情况酌情给付。医疗给付规定有最高限额,且意外伤害医疗保险一般不单独承保,而是作为意外伤害死亡残疾的附加险承保。

(4) 停工给付。被保险人因遭受意外伤害暂时丧失劳动能力,不能工作时,保险人给付停工保险金。一些意外伤害险是作为综合险而制定的,具有停工给付的功能。

由于建筑意外保险具有经济补偿的功能,对于维护施工人员的合法权益,减轻施工企业的经济压力都具有十分重要的意义。因此,建筑意外伤害险是建筑施工企业转移风险的重要手段和形式,对稳定企业生产和稳定社会秩序具有重要意义。

2) 安全服务功能

按照企业获取最大利润原则,保险人承保后必定对施工现场安全提供服务,以便使标的少发生或不发生意外伤害事故,避免保险人支付赔偿费用;根据有关法规规定,保险人具有对工程安全提供附加安全服务的责任。保险人对项目施工安全的介入,形成了政府安全生产监督部门、项目部安全生产管理组织、监理单位和保险机构多方一体的安全监督网络,有利于建筑施工安全工作的开展,减少意外事故造成的损失,有效保护施工人员的人身安全。

10.5.2 保险责任与除外责任

1. 建筑意外伤害险的责任范围

(1) 建筑意外伤害险的性质与地点及责任范围。保险公司所制定的建筑意外伤害险对被保险人的工作性质与地点范围进行规定。对被保险人在从事建筑施工及与建筑施工相关的工作或在施工现场或施工期限指定的生活区域内,因遭受意外伤害事故而致身故或残疾,保险人承担赔偿责任。包括三个方面的内容:一是被保险人在从事建筑施工或与建筑施工有关的工作时,发生意外事故的;二是在施工现场范围内;三是在施工期限指定的生活区内发生的人身意外伤害所造成的经济损失。

(2) 事故后果责任范围的规定。意外伤害的保险责任包括死亡给付和残疾给付,即只有被保险人发生的意外事故造成人身伤亡或人身残疾的情况下,保险人才负责进行经济上的赔偿,未造成上述后果的则不予给付。

(3) 赔偿责任期的规定。责任期不同于保险期的概念,它是意外伤害险的特有概念,是指自被保险人遭受意外伤害期之日起的一定时间期限如 90 天、180 天、1 年,有时也称观察期;而保险期是指保险单所提供的保障期限,即从保险责任开始到终止的时间。在意外伤害保险条款中有关责任期限的规定是指在多长时间内造成死亡或残疾才构成保险责任。如被保险人遭受到伤害,然后导致死亡,这种以伤害为直接原因的被保险人死亡,必须发生于伤害之日起的一定天数之内,保险人才负责赔付。如保险期约定为 180 天,那么对此被保险人在 180 天之内造成了死亡的后果，保险人就应该赔付，否则不予负责。对于造成的残疾后果，责任期限是指确定残疾程度时间的界限。当被保险人遭受意外伤害后，需要经过一段时间的治疗，才能够确定是否造成了残疾以及造成何种程度的残疾。治疗时确定残疾在责任期限内的，保险人予以赔付，但被保险人在保险期限内发生意外伤害事故，责任期限结束时而治疗过程尚未结束，那么不论将来丧失程度如何，应当推定责任期结束这一时刻被保险人的残疾是永久的，保险人负责赔偿。以后，无论被保险人的程度减轻或加重，保险人均不再承担残疾保险金的追偿或给付。

2. 建筑意外伤害险的除外责任

建筑意外伤害险的除外责任有以下几点：危险的发生是被保险人故意造成的并非出于偶然，如自杀；违反国家法律和社会公德的行为，如被保险人犯罪导致其死亡事故的发生；后果难以估计的，如战争致死、因病致死等不属于意外伤害险的保险责任。

10.5.3 保险期限与保险金额

1. 保险期限

意外伤害保险的保险期较短，一般不超过 1 年，最多 3 年或 5 年。

被保险人的死亡或残疾发生在责任期限之内。责任期限是意外伤害保险和健康保险特有的概念，指自被保险人遭受意外伤害之日起的一定期限(如 90 天、180 天、1 年等)。在人寿保险和财产保险中，没有责任期限的概念。

责任期限对于意外伤害造成的残疾实际上是确定残疾程度的期限。如果被保险人在保险期限内遭受意外伤害，治疗结束后被确定为残疾时，责任期限尚未结束，当然可以根据确定的残疾程度给付残疾保险金。

2. 保险金额

(1) 保险金额的确定。意外伤害保险属于定额给付性保险，当保险责任构成时，保险人按保险合同中约定的保险金额给付死亡保险金或残疾保险金。

在意外伤害保险合同中，死亡保险金的数额是保险合同中规定的，当被保险人死亡时如数支付。残疾保险金的数额由保险金额和残疾程度两个因素确定。

(2) 赔偿限额。在意外伤害保险中，保险金额不仅是确定死亡保险金、残疾保险金数额的依据，而且是保险人给付保险金的最高限额，即保险人给付每一被保险人死亡保险金、残疾保险金累计以不超过该被保险人的保险金额为限。

11 工程保险与索赔实务

工程保险投保是指投保人(承包商、业主或其他相关建设主体)根据项目风险的实际情况，在做出保险安排计划，确定标的、选择条款和确定保险人的赔偿条件后，向保险人提交保险申请书及相关资料，保险人按照一定程序做出承保决定后，投保人与保险人签订保险合同的整个活动过程。工程投保方案的制定受多种因素的影响与制约，首先必须遵守国家有关工程保险的法律法规，这是投保的基本前提，为此，本章先介绍有关法律、合同范本对工程险投保的规定，然后按照投保的一般程序介绍有关的内容。

11.1 国内法律约束

11.1.1 建筑法律的有关规定

2019 年 4 月修正的《中华人民共和国建筑法》第四十八条规定："建筑施工企业应当依法为职工参加工伤保险缴纳工伤保险费。鼓励企业为从事危险作业的职工办理意外伤害保险，支付保险费。"

《建设部关于加强建筑意外伤害保险工作的指导意见》(建质〔2003〕107 号)文件中，要求建筑施工企业为施工现场从事施工作业和管理的人员，在施工活动过程中发生的人身意外伤亡事故提供保障，办理建筑意外伤害保险、支付保险费。这是保护建筑从业人员的合法权益、转移企业风险、增强企业预防和控制事故能力、促进企业安全生产的重要手段。

11.1.2 国家开发银行对贷款项目保险的安排规定

1999 年 10 月颁发的《国家开发银行贷款项目工程保险管理暂行规定(试行)》指出：国家开发银行人民币贷款的国家大中型建设项目以及贷款额在 3 000 万元(含 3 000 万元)以上的其他建设项目，借款人或工程承包方等原则上应当根据风险情况投保相应险种。险种包括建筑(安装)工程一切险、综合财产险；借款人使用开发银行的贷款自行采购原材料、设备的，应要求制造方、运输方、供货方办理产品制造、运输等履约环节的保险手续。

11.1.3 《建设工程施工合同(示范文本)》的规定

2017 年，住房和城乡建设部与国家工商行政管理总局发布的《建设工程施工合同(示范文本)》(GF—2017—0201)第二部分通用合同条款第十八条规定：

1. 工程保险

除专用合同条款另有约定外，发包人应投保建筑安装工程一切险；发包人委托承包人投保的，因投保产生的保险费和其他相关费用由发包人承担。

2. 工伤保险

(1) 发包人应依照法律规定参加工伤保险，并为在施工现场的全部员工办理工伤保险，缴纳工伤保险费，并要求监理人及由发包人为履行合同聘请的第三方依法参加工伤保险。

(2) 承包人应依照法律规定参加工伤保险，并为其履行合同的全部员工办理工伤保险，缴纳工伤保险费，并要求分包人及由承包人为履行合同聘请的第三方依法参加工伤保险。

3. 其他保险

发包人和承包人可以为其施工现场的全部人员办理意外伤害保险并支付保险费，包括其员工及为履行合同聘请的第三方的人员，具体事项由合同当事人在专用合同条款约定。

除专用合同条款另有约定外，承包人应为其施工设备等办理财产保险。

4. 持续保险

合同当事人应与保险人保持联系，使保险人能够随时了解工程实施中的变动，并确保按保险合同条款要求持续保险。

5. 保险凭证

合同当事人应及时向另一方当事人提交其已投保的各项保险的凭证和保险单复印件。

6. 未按约定投保的补救

(1) 发包人未按合同约定办理保险，或未能使保险持续有效的，则承包人可代为办理，所需费用由发包人承担。发包人未按合同约定办理保险，导致未能得到足额赔偿的，由发包人负责补足。

(2) 承包人未按合同约定办理保险，或未能使保险持续有效的，则发包人可代为办理，所需费用由承包人承担。承包人未按合同约定办理保险，导致未能得到足额赔偿的，由承包人负责补足。

7. 通知义务

除专用合同条款另有约定外，发包人变更除工伤保险之外的保险合同时，应事先征得承包人同意，并通知监理人；承包人变更除工伤保险之外的保险合同时，应事先征得发包人同意，并通知监理人。

保险事故发生时，投保人应按照保险合同规定的条件和期限及时向保险人报告。发包人和承包人应当在知道保险事故发生后及时通知对方。

11.2 FIDIC 合同规定

工程项目在实施前需要购买何种保险，一般是在工程项目投标过程中由业主和中标承包商双方协商确定，工程项目实施阶段的风险分担和保险的安排最终会反映在工程承包合同中。国际咨询工程师联合会（Fédération lnternationale Des lngénieurs Conseils，FIDIC）编辑出版的工程合同标准格式是受世界工程界广泛认可的合同范本，其对于工程实施过程中的风险分担、保险购买都有较为详细的规定，我国工程界也开始结合国际化的工程（外资参与工程、世界银行、亚洲开发银行贷款工程）使用或推广这一合同条款。

11.2.1 FIDIC 合同简介

国际咨询工程师联合会（FIDIC）于 1999 年出版了新的合同标准格式，包括《施工合同条件》《生产设备和设计——施工合同条款》《设计采购施工（EPC）/交钥匙工程合同条款》和《简明合同格式》。

《施工合同条件》适用于业主或其代表工程师设计的建筑或工程项目，通常由承包商按照业主提供的设计进行施工，但该工程可以包含由承包商设计的土木、机械、电气和（或）构筑物的某些部分。

《生产设备和设计——施工合同条款》推荐用于电气和（或）机械设备供货和建筑或工程的设计与施工，通常由承包商按照业主的要求，设计和提供生产设备和（或）其他工程，可以包括土木、机械、电气和（或）构筑物的任何组合。

《设计采购施工（EPC）/交钥匙工程合同条款》适用于移交钥匙方式提供工厂或类似设施的加工或动力设备、基础设施项目或其他类型的开发项目，通常由承包商进行全部设计、采购和施工，提供一个配备完善的设施"转动钥匙"即可运行。

《简明合同格式》推荐用于资本金额较小的建筑或工程施工，但这种格式也可以适用于部分或全部由承包商设计的土木、机械、电气和（或）构筑物的合同。

11.2.2 FIDIC 合同的风险分担原则

FIDIC 合同条款按照"近因易控"即"谁能最有效地防止和谁能最方便地处理风险就由谁来承担该风险"的原则，在业主和承包商之间分摊风险。由最有能力承担某项风险的一方承担此风险，显然可以有效地降低整个风险成本，从而降低合同的总造价。

在施工阶段，业主与承包商之间的风险分担情况如下：

（1）由于自然、经济、社会及政策控制、业主自身行为以及业主控制的行为产生的风险由业主承担，如不可预见的自然条件、物价上涨、后续立法、设备采购等。

（2）承包商承担自身行为风险，如报价、施工方法及工艺、劳务及材料采购等风险。

（3）对于地质勘察和工程设计产生的不明地质条件及设计错误风险，要根据工程合同的情况而定。如果采用《施工合同条件》，工程设计和勘察是由业主委托承包单位以外的勘察设计单位完成的，则对承包商而言，查明地质、设计合理是业主应尽的义务，因而应由业主来承担最为合理；如果采用"交钥匙"合同，由承包商进行全部设计、采购和施工，显然应由承包商承担技术风险(包括施工技术风险)更为合适。

(4) 因为财产的所有者最愿意保护自己的财产,也最容易管理自己的雇员,所以自然风险、社会风险对财产的损害责任按所有权分担、对人身的伤害按雇佣关系分担最为合理。

(5) 鉴于风险无法消除和避免,当事人承担灾害损失的能力有限,FIDIC 条款规定,承包商应以合同工程、业主材料及设备、承包商自身设备为标的,将自然风险及其行为风险向保险公司转移,以增强合同双方抵御灾害风险的能力,同时保障业主利益不受承包商不良行为或过失的损害。

(6) 即使在 EPC 合同下,业主肯定还需要承担一定的风险,如战争、恐怖主义和类似风险以及其他不可抗力的风险等。但对合同双方来说,在签订合同前,讨论其他风险分担方案常常是可能的,有时是明智的。在 BOT 项目下,通常是一揽子谈判。在 EPC 合同条件下,一般由项目发起人与 EPC 承包商协商的交钥匙施工合同规定的风险分配方案,可能需要进行调整,以便在组成整个项目的各类合同前对所有风险的最终分配进行通盘考虑。

我国大部分工程建设都采用《施工合同条件》和《设计采购施工(EPC)/交钥匙工程合同条款》适用的模式,即由承包商按照业主提供的设计进行工程施工。但是随着我国对工程项目总承包模式的逐步推进和公用设施民营化的发展,EPC 合同、交钥匙合同、BOT 合同的项目将会有较大幅度的增长。

11.2.3 《施工合同条件》对风险分担和保险的安排

在《施工合同条件》第 17 条“风险与职责”以及第 18 条“保险”中。对各方如何进行风险分担和购买保险事宜做了具体安排。

1. 风险分担

1) 承包商的风险责任

(1) 由于承包商自身的设计、施工和竣工以及维修等活动造成的业主人员的人身伤亡,承包商承担风险责任。

(2) 由于承包商的设计、施工和竣工以及维修等活动或由于承包商人员的疏忽、故意行为或违反合同造成的业主财产的损失,承包商承担风险责任。

(3) 从开工之日起,承包商承担照管工程及货物的全部责任,直到颁发工程接收证书(或根据合同规定视为已颁发)之日止,这时工程照管职责应移交业主。如果对某分项工程或部分工程已颁发(或根据合同规定视为已颁发)接收证书,则对该分项工程或部分工程的照管职责届时移交给业主。也就是说,在整个施工期内,承包商应承担对工程本体及工程使用的材料、货物的照管的风险。如果在承包商负责照管期间,由于业主的风险以外的原因,致使工程、货物或承包商文件发生任何损失或损害,承包商应自行承担风险和费用,修正该项损失和损害,使工程、货物或承包商文件符合合同要求。

2) 业主的风险责任

(1) 由于业主的任何疏忽、故意行为或违反合同造成的承包商人员的人身伤亡,业主承担风险责任。

(2) 由于业主本身的设计、材料或工艺缺陷造成的处于有缺陷状况的工程部分,为复原有缺陷的工程而遭受损失或损害的某一工程部分,以及业主已接收的工程部分,业主承担风险责任。但如果这部分已经列入保险责任范围,则应由保险公司承担此责任。

3) 必须由业主承担的风险

下列风险造成的工程、货物或承包商文件的损失或损害以及工程延期,应由业主承担:

(1) 战争、敌对行动(不论宣战与否)、入侵、外敌行动。

(2) 工程所在国内部的叛乱、恐怖主义、革命、暴动、军事政变篡权或内战。

(3) 有承包商人员及承包商和分包商的其他雇员以外的人员参与的在工程所在国内的暴乱、骚动或混乱。

(4) 工程所在国内部的战争军火、爆炸物质、电离辐射或放射性引起的污染,承包商使用此类军火、炸药、辐射或放射引起的除外。

(5) 由声速或超声速飞行的飞机或飞行装置所产生的压力波。

(6) 除合同规定以外,业主使用或占有的永久工程的任何部分。

(7) 由业主人员或业主对其负责的其他人员所做的工程任何部分的设计。

(8) 不可预见的或不能合理期望一个有经验的承包商通过采取足够预防措施应对的任何自然力作用。

2. 保险安排

"应投保方"是指按照承包商中标时与业主协商确定的对办理并维持相关条款中规定的保险负责任的一方。

1) 应就工程和承包商设备办理的保险

(1) "应投保方"应为工程、生产设备、材料和承包商文件投保,保险金额应不低于全部复原的费用,包括拆除、运走废弃物的费用以及专业费用和利润。

(2) "应投保方"应维持保险期限至颁发履约证书的日期为止。

(3) "应投保方"应对承包商设备投保,保险金额不低于全部重置价值,包括运至现场的费用。对每项承包商的设备,该保险期限都应在从该设备运往现场的过程起,直到不再需要为止。

2) 其他规定

除非在专用条款中另有规定,对上述各项保险规定如下:

(1) 应由承包商作为"应投保方"办理和维持。

(2) 应由有权获得赔偿的各方进行联合投保,保险赔偿金额在各方间保有或分配,用于弥补工程损失或损害。

(3) 应对未列入"业主的风险"中的任何原因造成的所有损失和损害提供保险。

(4) 还应对由于业主使用或占用工程的一部分造成工程另一部分的损失或损害,以及由于"必须由业主承担的风险"(3)、(7)、(8)项所列的风险造成的损失或损害提供保险,不包括按商务合理条件不能投保的风险，免赔额不应超过投标书附录中规定的数额(如果没有规定此数额，本项不适用)。

(5) 可以不包括下列部分的损失、损害及复原：

① 由于其本身的设计、材料或工艺缺陷造成的处于有缺陷状况的工程部分；

② 为恢复由于存在设计、材料或工艺缺陷以及处于有缺陷状态的其他工程部分，而遭受损失或损害的某一工程部分；

③ 业主已接收的工程部分，但承包商对其损失或损害应负某种程度的责任时除外；

④ 根据“拟用于工程的生产设备和材料”的规定，不在工程所在地的货物。

3) 人身伤害和财产损害保险(第三者责任险)

“应投保方”应为可能由承包商履行合同引起，并在履约证书颁发前发生的任何物质财产(上述工程和承包商设备保险规定的被保险物品除外)的损失或损害，或任何人员(下述“承包人员的保险”中的被保险人员除外)的死亡或伤害，办理责任保险。

除非专用条件中另有规定，本款规定的各项保险：

(1) 应由承包商作为“应投保方”办理和维持。

(2) 应由各方联合名义投保。

(3) 保险范围应扩展到由承包商履行合同引起的业主财产(上述工程和承包商设备的保险规定的被保险物品除外)的所有损失或损害。

(4) 可以不包括以下事项引起的责任：业主具有的使用土地建造永久工程，以及为了工程占用该土地的权利；由承包商履行施工及修补任何缺陷的义务时，造成的不可避免的损害；“业主的风险”列举的某项原因。

4) 承包商人员的保险

承包商应对其雇用的任何人员或其他任何承包商人员的伤害、患病、疾病或死亡引起的索赔、损害、损失和费用(包括法律费用和开支)的责任办理并维持保险。此类保险应在这些人员参加工程实施的整个期间保持有效。

11.3 投保原则

投保是工程项目风险管理的重要手段。在保险合同签订和制定风险方案中，会遇到许多复杂问题，往往是盘根错节，矛盾丛生，甚至是相互对立的。因此，投保过程中应该遵守以下几项原则。

1. 充分评估风险的原则

保险是工程项目风险管理的重要工具，无论对被保险人还是对保险人来讲，充分对项目风险进行识别和评估，不但是施工单位制订风险管理计划的有效途径，也是科学、合理地进行保险安排的基础条件。因此，投保人对项目实际风险情况要做到心中有数，充分评估风险。包括风险发生原因的评估，如火灾、爆炸、倒塌、撞击、碰撞、下陷、沉降、塌方、隆起、震动、地震、季节因素、盗窃等风险。工程标的评估包括工程主体、施工机具与设备、临时工程、额外费用与第三者财产和人员的损失赔偿责任。工程主体是指业主兴建的工程。施工机具与设备，包括承包商拥有的或租赁的施工机具设备，如推土机、吊车、塔机等动力机械，模板、钢板桩、架板等支撑型设备以及业主可能提供的特殊施工机具。额外费用是指工程承包合同及以外的拆迁清理费用及额外的修复费用等。

2. 满足风险分散的原则

投保的目的是使投保人——承包商、业主分散风险，确保工程项目稳定、顺利进行。投保人在保险方案确定中始终要满足自己的被保险人分散风险的需要，始终要考虑风险保障是否具有充分性，要将需要分散的风险尽可能地纳入保险责任范围之中；此外还要考虑到补偿的充分性，当保险事故发生后，被保险人或投保人所产生的损失应尽可能地得到保障，使工程损失降到最低点。

3. 实现公平与对价的原则

在投保中应充分体现公平与对价的原则。在保险方案确定的过程中，与保险人应保持平等的地位，不能居高临下，也不能曲意逢迎，要以平等协商的态度处理投保过程中的问题，充分考虑双方的利益。在确定保险条件与费率的过程中，应当坚持对价的原则，应根据风险的实际情况，确定与其对等的费率，形成二者对等和对应的关系。

4. 遵守法律惯例原则

近年来，随着我国建设工程保险制度的完善，一些保险法规相继出台，在投保时，应积极加以贯彻和执行。国内各类工程项目应遵守相关项目的有关法律条文，国外投资的项目应遵守相应的法律规定。

11.4 选择工程保单

11.4.1 工程保单的作用

保险活动的核心是保险合同，保险合同作为经济合同的一种，其成立需要有两个步骤：一是要约，二是承诺。要约是指合同一方向另一方做出的订立合同的条件，希望对方能完全接受此条件的意思表示，要约的内容必须包括要约人愿意与守约人订立合同的决心和合同的主要条款。承诺则是指受约人对要约完全接受的意思表示。在保险合同的订立过程中，需要经过要约和承诺两个步骤。因此，投保人应根据保险公司提供的条款和费率资料等，填写投保单并将其交付给保险人，这一行为就是保险合同订立过程的要约。而保险人根据投保人提交的投保单，经过审核认为其符合保险条件并在投保单上签章，就是对投保人要约的承诺。在完成了以上步骤后，保险合同宣告成立。由此看出，投保单是投保人要约的证明，是保险人承诺的对象，是确定保险合同内容的依据。投保单出现问题，就有可能导致合同无效或部分无效。因此，投保人在投保的过程中，应该对投保单给予足够的重视。投保人应该在保险人员的指导下，按照有关规定认真填写，注意检查填写的项目是否完整和准确，投保人绝不可以让他人代填投保单，以免产生不必要的差错。

工程保单与其他保险不同，在投保过程中扮演着更加重要的角色，它不仅仅起到投保人要约证明、合同签订依据的作用，而且还作为风险调查和问询表出现，其中要求投保人详细填报与工程、工程风险有关的各种信息。有的保险公司还会针对一些具有特殊风险的工程项目，如公路、桥梁、铁路、大坝、隧道等设计专门的风险调查和问询表，使保险人对标的了解得更加清楚。

保单附件是指保险人为了全面地掌握标的风险情况，需要了解更丰富、更全面、更系统的工程信息，如可行性研究报告、地质勘测报告、建筑设计图纸、施工合同、施工进度计划等，以便对情况进行总体把握和科学分析。因此，投保人在准备投保的时候，应该将这些资料准备好作为附件，这些资料将成为合同的有效组成部分。同时，在发生索赔时，这些资料也将被作为保险人进行理算和履行保险合同的重要依据。

11.4.2　保单类型选择

投保人应根据工程及风险状况的实际需要，选择保单进行投保。保单一般可分为如下几类：

1. 按投保范围划分

按照投保人投保的范围不同，保单可分为列明除外保单和列明风险保单。

1）列明除外保单

列明除外保单也称“一切险”保险单，是指保险人承保除了列明的除外责任以外的一切风险造成的损失，这种类型的保单具体表现形式有两种：

（1）直接明示保单。该保单在责任范围的规定上，采用“除外之除外”的方式，通常以“因本保险单除外责任以外的任何自然灾害或意外事故造成的物质损坏或灭失”作为自己的责任范围，直接对被保险人作出明示，然后逐一列出除外责任。

（2）否定除外保单。该保单在责任范围的规定上，采用列明的方式，列明承保的责任范围，但在其责任范围的最后一条，通常的措辞为“除本条款除外责任规定以外的其他不可预料的和突然事故”。这一措辞通过否定除外的方式，使保险单成为列明除外式的“一切险”保险单。

有些投保人往往将列明除外保险单看成是“一切险”保单。但要注意的是，它仅仅是普通商业保险意义上的“一切险”，投保人不能将“一切险”理解为广义上的保障一切风险的保险，或者将其称为“全险”，这显然是错误的。从商业保险的角度理解“一切险”应注意把握以下两点：一是一般的商业保险所承保的风险具有可保性，即造成损失的风险应具有突发的、不可预见的、人力无法抗拒等特点，什么都保，结果就什么也保不了，就失去了可保性。二是它所针对的风险是除外责任风险以外的，即它所指的“一切”是除外责任以外的“一切”。目前，大多数工程合同如FIDIC合同，为了最大限度地维护和保障工程各个方面的利益，在关于工程保险安排中均明确要求应采用列明除外式即“一切险”保单。

2）列明保单

列明保单也称列明责任保单，是指保险人仅仅承保保单中列明的风险造成的损失。在这种保单的责任范围规定中，在列明了承保的风险之后，通常会出现一条“关门”的条款，其措辞为“其他不属于保险责任范围内的损失和费用。”例如在前面我们介绍的建安险就属此例。

这种保险单显然要比列明除外保单的保障范围窄得多，投保人在使用这种保单时，应当对此有充分的了解和把握。一般这种保单仅用于小型工程项目或某些简单的、风险较为单一的工程项目。

2. 按保险标的划分

为满足工程项目投保的各种需求，按照保险需求的不同可分为单一项目保单、开口保单。

（1）单一项目保单。单一项目保单是指对某一个工程项目或者某一个项目的一部分进行投保。在工程建设中，往往需要由各方承包商合作共同完成。一些承包商则独立地完成项目其中的一部分，例如地基基础工程、结构工程、砌体工程等。但投保人应该注意，保险人一般不愿接受对风险较为集中的“某一部分”进行承保，如地基基础工程。此外还应注意“某一部分”应该有一个独立的工程合同。再者，承保人在接受项目“某一部分”的保险时，一般不接受第三者责任保险。因为在这种情况下第三者责任的风险较大，也较为复杂。如果要坚持进行第三者责任保险，投保人必须对项目各方关系、项目划分、工地管理等风险情况进行详尽的规划和组织，并向保险人进行说明，在此情况下，投保人才可能获得保险公司的承保，这一类型保单在工程保险中最常见。

（2）开口保单。开口保单是指由于工程建设的特殊需要，投保人需要一种统一条件的预约保险单。例如，投保人对于一个开发区进行建设时，进行一系列的项目开发，为了统一风险管理水平、避免重复劳动、便于合同的统一和规范管理，防止由于疏忽等原因可能出现漏保而导致损失。在项目开发前，可以将要进行建设的所有项目的保险条件一次性地同承保人进行协商，在协商的基础上，双方签订的一个开口保单。在以后的开发建设中，投保人一旦签订了工程合同或者开工建设一个项目时，只需要将项目向承保人进行开工申报，就可以将工程合同纳入开口保单范畴，获得统一的风险保障，不需要逐个对所开发的项目进行协商和签订保险合同。

3. 按保险的保期划分

投保人根据自身要求和项目的特点可选择营造期保单或年度保单。

（1）营造期保单。建设工期有长有短，短则1年，长则3～5年，按照工期长短，保险人可提供整个项目营造期的保单。

（2）年度保单。投保人需要承保人提供在一年内施工活动的风险保单。在施工建设中，承包商需要提供与经营管理相配套的风险保障服务，为方便企业年度核算和管理，需要这种年度保单，向承包商提供一定期限（1年）内工程的保险，不管工程何时开始、何时结束，只要这些在建的项目是由投保人承建的，并在一年合同期内发生损失，投保人均能获得赔偿。

（3）年度保单分类。年度保单又可分为新项目年度保单、期间年度保单和混合年度保单。

新项目年度保单是指投保人要求保险人对在保险期限(年度)内开工的项目进行保险,对于在保险期限内(年度)开始之前已经开工的项目不进行保险;期间年度保单是指投保人要求保险人对在保险期间的所有项目进行保险,不论项目是否为保险期限以内开工;混合年度保单为新项目年度保单和期间年度保单的混合。

11.5 工程保险索赔

工程保险索赔是被保险人投保的目的,一旦工程保险标的遭受损失,被保险人将向保险人要求经济赔偿,达到恢复正常施工、保障被保险人财务稳定的目的。

11.5.1 索赔的基本原则

1. 及时性原则

报案是保险合同规定的被保险人的义务,是履行保险合同的一个重要内容,也是索赔的根本前提。强调及时性原则,不单单是履行被保险人义务或出于索赔要求,还具有防止损失进一步发展,从而减少损失的作用。这是因为工程事故发生后,其险情往往是持续的,其损失有时是不断累加的。

2. 真实性原则

实事求是是处理保险索赔的基本原则。在工程合同执行过程中,经常会遇到各种各样的情况,无论是损失还是损失的原因,往往是错综复杂的。在索赔过程中由于被保险人与保险人利益相对,意见观点往往不一致。在这种情况下,保险双方均要在尊重客观事实的基础上,对灾害或意外事故进行客观而实际的分析鉴定,明确灾害或意外事故的原因、性质以及责任。尤其是被保险人更应当坚持实事求是的原则,客观地、全面地介绍工程受损的情况,合情合理地提出索赔的要求,只有实事求是才能够使双方达成一致,得到保险人的认同,索赔才能获得成功。

保险公司理赔人员对灾害、事故不仅要查勘其损失事实,更重要的是要查清灾害、事故的原因,并按近因原则来确定其归属的责任。比如,某建筑物为大型水泥仓库,上部结构为圆筒形,直径 13 m,高 30 m,在建筑封顶并装储水泥后,仓库发生大量沉降,并整体倾倒,地基土被挤出地面高达 6 m。从仓库倾倒现象上看是突发性地陷导致仓库倾倒,造成财产损失。可套用自然灾害的突发性地陷责任。但从事故近因分析,仓库倾倒是由于设计荷载超过地基土的抗剪强度(或地基极限荷载强度),导致地基产生整体滑动破坏而造成。因此仓库倾倒原因主要为勘察问题和设计错误所致。按近因原则分析,设计错误属非保危险,故仓库倾倒引起的损失、费用和责任属除外责任。所以保险理赔人员要有建工的一般专业知识,必要时,可请有关专家、学者、专业组织机构如质监站等进行鉴定。

3. 合理性原则

保险制度存在的意义和保险合同的本质内涵就体现在损失补偿,被保险人索赔的目的也主要在于获得损失补偿。但是索赔补偿应该是合理的，合理就是按照实际损失，按照事前保险合同的有关规定，提出补偿要求，不能脱离实际提出抬高补偿额的要求，否则会造成索赔未果，或拖延赔偿时间，使工程项目损失不能得到及时补偿，对工程建设产生不良影响。

4. 协商性原则

保险合同的执行过程在一定意义上是一个沟通协商的过程，尽管合同对于双方的权利与义务进行了明确规定，但合同不可能将所有问题均包括在内，在执行合同和索赔的过程中，会遇到许多合同中没有规定或规定不明确的事项，尤其是工程保险这样专业性和技术性很强的合同执行过程，更容易出现分歧和争议。因此，被保险人在索赔过程中，应当充分与保险人沟通协商，通过这种途径将问题解决。

5. 法律性原则

当前，我国保险市场尚处于发展初期，保险市场行为规范化程度不高，一些保险公司可能存在不规范保险行为，在保险索赔的过程中被保险人会遇到一些阻力，产生一些意想不到的纠纷和争议，为解决这些纠纷和争议，被保险人在坚持实事求是的基础上，对于那些不信守合同、意见分歧较大的索赔事件，可以通过聘请律师，通过法律途径对产生的索赔疑难问题加以解决。因此，被保险人应该学会拿起法律的武器，对索赔中遇到的纠纷加以解决，使被保险人的损失能够得到合理、及时的补偿。

11.5.2 工程险索赔人

"谁受损谁索赔"的原则是为了防止道德风险，维护受损者利益的需要而制定的。但是在工程保险索赔中，由于工程保险人的多方性，以及工程合同所构成的权利与义务关系的复杂性，由谁来进行索赔变为较为复杂的问题。例如，业主对工程项目进行了统一保险并缴纳了保费，此时承包商也就是被保险人之一了。如果承包商发生保险事故，承包商理应可以成为索赔人向保险人进行索赔。但是在承包合同中规定由于人力不可抗拒因素造成的损失由业主赔偿，或者规定了保险责任范围内的损失由业主赔偿，这样承包商直接向保险公司索赔就不合适了，而是由业主向保险人索赔获得赔偿后，再赔偿承包商。所以投保人在与保险人签订保险合同时就应该确定发生事故后由谁来索赔的事项。

确定索赔人总的原则是：谁缴纳保费谁索赔。因为投保人对于签订保险合同的过程和条款较为了解，掌握的有关信息较为丰富，可以提高索赔的效率。另一个原则就是承包合同的约定，承包合同中约定由谁索赔就应该由谁索赔。

11.5.3 工程索赔程序

索赔程序包括索赔通知、索赔证明的提供和权益的转让等环节。

1. 索赔通知

索赔通知又称为"报案"或"出险通知"。事故发生后，被保险人应在第一时间通知保险人，并要求保险人来现场进行处理。当发现有犯罪行为嫌疑时，应及时通知公安机关。索赔通知可以采用口头、书面、电话等形式，将损失标的、时间、地点、原因、部位、损失状况等有关情况进行汇报。同时被保险人可以采取措施，组织抢救，向有关部门报案（行政主管部门、业主、监理单位、消防部门、公安部门）并对现场及有关事务证据进行保护，以便保险人能够较为准确地了解损失情况。如果施救费用较高时，应在施救的同时尽快通知保险人，同时拍下受损部位照片作为损失证明。准备一份事故报告，内容包括损失日期、原因、地点、估计损失额、联系人、向其他机关单位报告情况、受害人和目击者的姓名和地址等。

2. 诉讼通知

被保险人在预知可能引起诉讼时，应该立即以书面的形式通知保险公司，并在接到法院传票或其他法律文件时立即将其送交保险人，使保险人充分掌握赔偿责任。未经保险人同意，被保险人或其他代表不得对索赔方作出任何承诺或拒绝、出价、约定、付款或赔偿，否则将影响被保险人的索赔。

3. 填写索赔报告，提供索赔单据和证明

被保险人在确定事故损失后，应及时以书面形式向保险人提出索赔。索赔报告内容包括出险经过、损失程度、请求赔付的金额等。同时提供有关单据和证据，包括保险单和保险合同、工程承包合同清单、购置发票、施工记录、会计册等（主要证明受损财产是否属于保险标的及其价值多少）；出险证明，例如消防部门、工程监理单位、气象部门等相关的证明材料，责任损失赔偿要提供第三者向被保险人索赔的材料（主要证明事故发生的原因、过程及损失的事实）；损失清单（主要说明索取赔款的计算依据以及有关费用的项目和用途）。在损失清单中，应详细列明损失的名称、规格、式样、价格、受损程度等内容。被保险人在保险人对事故定责后，可以向保险人提出预付赔款的要求。

4. 损失财产处理与修复费用

这是索赔工作的重要内容。由于被保险人对损失物质的性能、用途等方面较保险人更为熟悉，能更好地履行义务，所以损失物质处理都是由被保险人来完成的。当然，被保险人在对其进行处理时，应通知保险人，并征得保险人的同意。被保险人应负责制订修复或重置计划，从其他方面获得报价、预算或评估报告，并取得保险人的书面确认，尽快完成修理和重置工作。

5. 保留向第三者的追偿权

如果保险标的损失是由第三者造成的，被保险人除了通知保险公司外，应向第三者索赔。如第三者暂时难以赔偿，被保险人可以向保险公司索赔，还应以书面形式向第三者提出索赔，保留追偿权利，以便保险人在对被保险人赔偿后再向第三者追偿。被保险人如果不向第三者提出索赔，造成丧失追偿权利的部分损失，保险公司可以拒绝向被保险人赔偿。一般情况下，只有被保险人向保险人表明已经履行了向第三者追偿的手续后，保险公司才予以相应赔偿，然后再向第三者追偿。

第五篇

应用篇

本篇为应用篇，讲述了建设风险防控的具体手段、途径和措施。案例一为松浦大桥改造工程，按照城市建设风险防控原理对桥梁工程实践进行深入分析。案例二为某地铁工程，对其建设过程中的风险进行风险分析并梳理防控措施，最后提出了总体保险方案。本篇将为城市建设的工作人员提供实践指导。

12 松浦大桥改造工程风险防控案例

松浦大桥位于上海市松江区东南部黄浦江上，1974 年 4 月兴建，1976 年 6 月 29 日建成通车，是黄浦江上第一座大桥，为通往上海石油化工总厂的金山支线重点工程。松浦大桥是一座公铁两用双层跨江桥梁，上层为两车道公路，两侧设人行道及护栏，下层为单线铁路，桁架外侧各设有约 1.5 m 宽的检修道。

松江区东部地区开发量较大，松浦大桥又是松江区内为数不多的免费过江通道，交通需求大、路幅窄，使得通道拥挤，通行压力大，同时对桥面结构造成一定损害。松浦大桥建成后，已依照桥梁监测结果进行多次维修。2014 年在对大桥进行全面的检测和评定中发现，公路桥面系及主桁结构整体锈蚀程度较轻，铁路桥面系的某些构件出现了锈蚀病害，支点加劲弦锈蚀情况相对严重，但大桥整体未产生明显损伤。

为满足现代通行需求，解决结构损害，决定对松浦大桥进行改造，包括拼宽松浦大桥老桥，增加上层公路桥面积，改建后设置双向 6 车道；下层桥梁作为慢行交通过江专用通道，其中原铁路部分作为双向非机动车道，增加原下层铁路桥两侧检修道宽度至 4.22 m，作为行人通道的一部分，具体情况如图 12-1 所示。改造后，全长近 1.9 km 的松浦大桥将成为黄浦江上第一座“慢行桥”，也是目前黄浦江上改造规模最大的越江大桥。

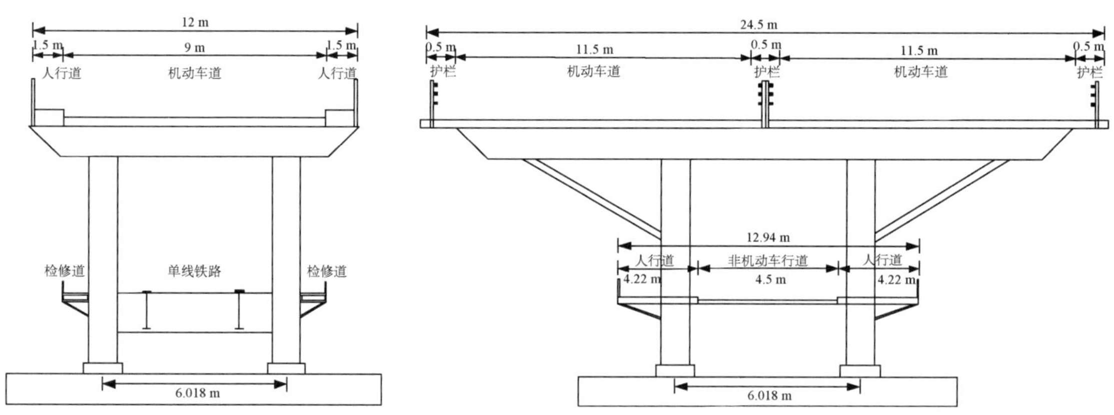

图 12-1　松浦大桥主桥大修前后示意图

12.1　松浦大桥改造工程概况

1. 自然环境

(1) 地形。松江区位于北纬 31°，东经 121°45′，总面积 604.67 km^2，占上海市总面积的 9.5%，整个区域南宽北窄，南北长约 45 km，东西宽约 50 km，略呈梯形，其中陆地面积占 87.91%，水域面积占 12.09%。松江区地处上海市西南，扼据黄浦江上游，东邻闵行、奉贤两区，南与金山区接壤，西北与青浦区毗连，位于江、浙、沪二省一市的交界处和长江三角洲经济圈的中心地带。

(2) 地质。松江区地处长江三角洲前缘河口滨海平原，山丘总面积约 2.4 km^2，全区均为第四纪沉积物所覆盖，其厚度在 300 m 左右。本区域属于滨海平原地貌类型的正常沉积区。土层分布较为稳定，除表层的黄～灰色粉质黏土及个别地段夹黄～灰色砂质粉土、灰色砂质粉土外基本为淤泥质土。18.5～24.0 m 处除个别地段为灰色粉砂外，均为土质一般的灰色黏土，24.0 m 以下大部分属于粉质黏土、砂质粉土出露的正常沉淀区，局部范围有古河道沉积。粉质黏土、砂质粉土土质较好，但其厚度较小，出露也较浅，下层为灰色粉细砂层，土质较好且厚度较大。

(3) 水文地理。松江区地处太湖流域碟形洼地底部，区内地势平坦，东、南部略高，西、北部低洼，为长江三角洲平原，西北部有十几座小山丘。黄浦江三大源流在本区南部汇合，东流出区域。区域内河渠纵横，池塘众多，是典型的水网地带。所有河流均系感潮河道，每昼夜涨、落各两次。黄浦江最高水位为吴淞零上 3.8 m，警戒水位 3.3 m，危险水位 3.5 m。

(4) 气候。松江区气候属北亚热带季风气候，受冷暖空气交替影响。年平均气温 15.4℃，最高气温 38.2℃，最低气温零下 10.5℃，无霜期 230 天。年平均降水量 1 103.2 mm，雨日 137 天。6～7 月有梅雨，平均 20 天左右。夏秋季常有台风，平均每年 1.5 次。局部地区有时有龙卷风、冰雹危害。秋冬季多雾。易涝少旱。

(5) 地震。根据上海市工程建设规范《建筑抗震设计规程》(DGJ 08—9—2013)及国家标准《建筑抗震设计规范》(GB 50011—2010)(2016 年版)，本工程场地土的类别属软弱土，场地类别为Ⅳ类，本桥地震基本烈度 7 度，地震动峰值加速度为 0.10g，设计地震分组为第二组，桥梁的抗震设防类别为 B 类。

2. 交通概况

(1) 陆路交通。松浦大桥是位于松江区东部的接线道路，交通需求大、路幅窄使得该通道比较拥挤。松江大桥所在车亭公路拥挤度最高，近年在交通量接近饱和状态下，该段车亭公路交通量依然处于增长态势，年平均增长率约为 2%。改造后将极大改善车亭公路和松浦大桥通行条件，作为黄浦江在该区域最重要且珍贵的免费过江资源，通行条件的改善将形成较大的诱增交通量。

(2) 水运交通。松浦大桥沿线通航河道黄浦江为 3 级航道，通航净高 10 m，最高通航水位为 3.82 m(吴淞高程)。黄浦江为上海市最重要的航段，船流密度及船舶吨位均较大，施工期间应切实做好交通组织工作。

12.2 松浦大桥改造风险识别

风险识别是发现、列举和描述风险要素的过程，目的是确定可能影响系统或组织目标得以实现的事件或情况。风险识别过程包括对风险源、风险事件及其原因和潜在后果的识别。本部分简要介绍了松浦大桥改造工程设计阶段和施工阶段的风险识别过程。

12.2.1 设计阶段风险识别

1. 建设条件风险

1) 地震灾害

我国是世界上的多地震国家之一。地震灾害不仅使大量地面构筑物和各种设施破坏和倒塌，而且次生灾害中因交通及其他设施的毁坏造成的间接经济损失也十分巨大。桥梁工程作为人类的生命线工程，在发生地震时，其本身结构的破坏不但对人类的生产生活和生命安全造成极大的影响，如图 12-2 所示，同时也将造成震后其他救灾工作的巨大困难，使次生灾害加重。

图 12-2 桥梁震害示意图

从以往历次的地震震害来看，每个桥梁所遭受损坏的性质和程度，不仅与场地的地面运动特性密不可分，而且与桥梁具体构造细节有重要的关系。尽管每次地震灾害给桥梁带来的风险都存在着很大的不确定性和变异性，但由于许多地震风险类型都是重复发生的，所以人们还是能从过去地震损伤中总结规律。工程师通过总结出来的经验教训采用了不同的措施以降低地震的影响，尽管可以通过抗震设计在一定程度上减轻损害，但是却不可能完全避免损失或者事故的发生。

2）气候灾害

（1）风致灾害。松浦大桥位于松江区，夏季常有台风，受季风以及台风影响较大，区域风环境具有风速高、作用频繁且持续时间久的特点，往往伴有强暴雨、大雾、雷电，对大桥设计、施工及运营产生不利影响，此处着重对桥梁在风荷载作用下的风险展开分析。

风作为桥梁的常遇荷载，现在已经成为大跨度桥梁结构设计的主要控制因素。风对桥梁结构在施工和运营阶段的影响可以从结构稳定失效、风振疲劳、风振舒适性和行车安全性风险等方面来理解。结构稳定失效包括风致动力和风致静力稳定问题，如颤振、驰振、横向屈曲、静力扭转等，稳定性问题一旦发生，对结构将造成毁灭性的损失。风振疲劳是风对结构长期往复作用引起的结构破坏现象。风振舒适性是指由于风引起结构和临时施工设备的振动，使人感觉不适或不安全，导致设备的损坏和人员伤亡事故。行车安全性风险主要是考虑在强风条件下车辆通过桥梁的安全性问题，避免翻车、侧移等情况出现。

（2）暴雨影响。根据上海暴雨成因和城市化对降水影响，结合本市暴雨过程的时空分布和暴雨的天气气候类型等分析，上海的暴雨主要由梅雨期暴雨和台风暴雨组成。在松浦大桥正常运营期间发生暴雨及以上等级强降雨天气时，对于桥梁结构的直接影响较小，主要影响交通运营，车辆通过效率将大大降低，甚至引发交通事故，尤其是上层高速公路受到的影响极大。下层地方道路由于大桥的双层特性，受强降雨天气影响较小。

（3）冰雪影响。公路积雪时，轻则影响行车速度，重则使交通中断。积雪深度达 5～10 cm 时，路面湿滑，容易出现交通事故，车辆行驶速度明显降低；积雪深度达 10～20 cm 时，行驶困难；积雪达 20 cm 以上，一般不能行驶。若雪被碾压或外界条件使雪融化或雨雪冻成的道路路面，在零下气温时与车轮间附着系数值在 0.08～0.20，车辆操作性、制动性与驱动性明显降低，其中黑色路面最薄，对公路运营的影响也最大。

松浦大桥正常运营期间，冰雪天气的出现对于桥梁结构的直接影响一般，主要是影响交通运营。受到冰雪天气的影响，车辆通过效率将大大降低，甚至引发交通事故，上层公路受到的影响更大。下层慢行交通通道由于大桥的双层特性，受冰雪天气影响较小。

（4）雾影响。凡是大气中因悬浮的水汽凝结使能见度低于 1 km 时，气象学称之为雾。通常以水平能见度表示雾的浓度：小于 50 m 为浓雾，50～500 m 统称为中雾，500～1 000 m 为薄雾。上海是雾的多发地。每年的冬春季，上海地区如果出现比较明显的辐射降温、海洋水气向大陆流入以及冷暖空气对峙等，都可能导致上海地区发生大雾，对城市交通造成严重影响。虽然上海多发大雾，但上海靠海临风的优越地理位置，决定了其即使出现浓雾天气，在海风吹拂以及阳光直射下，大雾也能很快消散。据统计，上海大雾的持续时间通常不超过 3 小时，少数可维持 3～6 小时，超过 1 天的大雾十分罕见。

2. 结构方案风险

（1）车辆荷载不确定性风险。标准和指南是桥梁设计的重要依据。近 20 年来，我国对公路的使用条件要求不断变化，相比之下，标准和指南更新周期长，因此可能发生设计技术标准与使用条件不符的情况。如果应用技术标准过低或结构技术安全储备过低，会大大增加事故发生的可能性，或影响结构的长期性能。

本桥地处松江区，在建成后车流量较大，其实际的车辆荷载模式与规范规定的有较大差距，会使得桥梁在实际运营过程中的结构状态与设计状态存在一定的差别，对结构的安全性和耐久性带来一定的风险。在施工图设计中该风险需要引起足够重视。

（2）混凝土桥面板开裂风险。目前，“混凝土有裂缝是绝对的，没有裂缝是相对的”已经成为工程界的共识，并且结构裂缝问题是桥梁工程界十分关心的课题之一，因为裂缝的出现涉及结构外观的破损、力筋的锈蚀及结构功能的丧失，桥梁结构的倒塌大多也是从裂缝扩展开始的。裂缝对桥梁性能的影响是多方面的，一是对桥梁使用性能的影响。开裂使桥梁刚度降低，变形增大，跨中挠度超标，继而影响其正常使用，严重的开裂问题导致桥梁承载力下降，影响桥梁的安全性能。二是对桥梁的耐久性及使用寿命的影响。桥面板混凝土结构的开裂是由于设计与施工不同阶段的许多因素引起的，概括说来大致有塑性收缩、沉降、温度收缩、干燥收缩和弯折引起的裂缝，如图 12-3 所示。

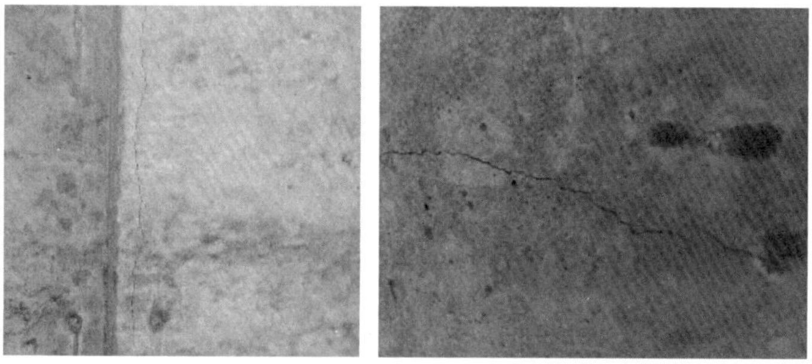

图 12-3　桥梁裂缝示意图

（3）钢梁斜腹杆安全性风险。松浦大桥改造工程可行性研究方案中将原挑臂接长并设置斜撑，在节点横梁及挑臂上设置支座，组合桥面搁置在支座上。由于主桁竖杆宽度分为 300 mm、400 mm 两类，为保证斜撑顶底板与相接竖杆宽度一致，在竖杆宽度为 300 mm 位置处，局部切除斜撑翼缘，以平顺相接。

斜撑与上层桥面系横梁连接采用焊接，其余节点均采用高强螺栓连接，尽量减少对原有构件的损伤，并便于现场施工。杆件对接节点主要承受杆件轴心拉、压力，在顶底板、腹板分别设置连接板，单侧布置高强螺栓。

在大修方案中，桥宽由 12 m 拓展到 24.5 m，钢梁悬臂端长度较长，通过斜腹杆支撑在钢桁梁上。因此需要对斜腹杆在施工全过程以及使用阶段进行强度、稳定性验算，保证其安全性。

（4）横桥向桥面倾覆风险。在公路与城市道路桥梁中，在进行抗倾覆验算时首先应该设计出桥梁要素的提取表，将桥梁结构的重要参数列出来进行统计，特别是和抗倾覆性密切相关的结构参数，主要有桥梁结构形式、桥梁设计年代、平曲线半径、设计荷载标准、制作间距以及车行道宽等。这样就能够对桥梁所有的信息有一个较为全面而系统的了解，而且能够依照各种要素对信息库予以适当排序。

通过经验得出，桥梁抗倾覆的安全性能主要是由墩柱的具体承受能力所决定的，除此之外，道路桥梁桥面宽和边制作之间的距离比也会对桥梁的抗倾覆性产生重要影响，比值越大，说明桥梁的抗倾覆性越低，特别是对于路面宽和边支座间距比超过 2.5 的道路桥梁，一定要予以高度重视，在进行抗倾覆排查时，应该将比值较大的桥梁挑出来重点进行分析。

(5) 主桁杆件稳定性风险。钢桁架桥是一种主要承受压力的空间杆系。对于该体系的失稳现象表现为结构的整体失稳或局部失稳。局部失稳是指部分子结构的失稳或个别构件的失稳。局部失稳常常导致整个体系的失稳。结构失稳是指结构在外力增加到某一量值时，稳定性平衡状态开始丧失，稍有扰动，结构变形迅速增大，使结构失去正常工作能力的现象。目前研究结构稳定问题都是在外荷载作用下结构存在变形的条件下进行的，此变形应该与所研究结构失稳时出现的变形相对应。构件失稳时产生的变形可能受到与其相连构件的影响，有时甚至与整个结构的变形有关，因此需要将局部构件的分析与整个结构的分析相互联系。通过对全桥模型的初步试算，得到主桁杆件及节点较为不利工况，其关键部位需要进行加固处理。

(6) 主桁节点板强度安全性风险。节点板是钢结构的主要零件，桁架结构各杆件之间，甚至一些构件之间都要通过节点板来传递内力，这些节点板绝大多数是外加式的。桁架节点为多根杆件交汇处，其构造复杂，还存在着作用力在异种材料之间传递的问题，需能保证钢腹杆、钢斜撑、型钢弦杆之间作用力平顺地传递。

主桥改建后，主桁节点受力增大，需要对部分节点板进行加固，针对不同的节点板受力情况采取具有针对性的加固方案。主桁节点板的加固主要采用局部与整体加固结合的方法。节点板撕裂、水平抗剪、法向应力不满足项较少，各项验算承载力欠缺较少的，可以采用局部外贴钢板的方法增强验算截面，节点板不满足项较多，各项验算承载力欠缺较多的，则需要通过整体外贴钢板的方法进行加固；杆件与节点板连接铆钉数量不足的，则需要通过盖板增加节点板与杆件连接的铆钉数量。铆钉的分布间距与原铆钉分布保持一致，经过验算可以拆除部分铆钉后将新增板件与节点板重新锚固，或者利用杆身、节点板区域外的铆孔重新进行铆接。

综上所述，松浦大桥设计阶段风险识别成果如表 12-1 所示。

表 12-1　　松浦大桥设计阶段风险识别成果表

类别	编号	风险	风险所处阶段			描述
			设计	施工	运营	
建设条件	1	地震	√	√	√	(1) 低估可能发生地震的等级和危害程度，由于抗震标准取用不合理，可能造成结构震损； (2) 抗震构造设计不合理，未能实现最优的抗震方案，影响结构抗震性能的发挥； (3) 在施工过程中由于桥梁还没有形成稳定的体系，地震引起的损毁较运营期要大很多

(续表)

类别	编号	风险	风险所处阶段			描述
			设计	施工	运营	
建设条件	2	气象	√	√	√	(1) 风荷载包括静风荷载和振动惯性力,影响截面承载能力的检验; (2) 风稳定包括静风稳定、颤振稳定和驰振稳定,可能造成全桥损失; (3) 风振动包括对结构安全、施工机具和人员的影响,通常以振幅和加速度进行描述; (4) 暴雨、冰雪冻灾害可能对桥梁安全造成影响
结构方案	3	车辆荷载变化	√	√	√	车辆形式变化快、超载率高,造成实际运营荷载与设计不符,降低结构安全储备
	4	桥面板开裂	√	√	√	(1) 塑性混凝土的收缩与沉降; (2) 硬性混凝土的温度收缩及干燥收缩等因素引起的开裂
	5	钢梁斜腹杆	√	√		大挑臂结构斜腹杆的强度、刚度及稳定性问题
	6	横桥向倾覆稳定性	√	√	√	桥面较宽,横桥向存在倾覆风险
	7	主桁杆件稳定性	√	√	√	主桁受拉、受压杆件的稳定性风险
	8	主桁节点板强度	√	√	√	主桁连接件节点板强度问题

12.2.2 施工阶段风险识别

根据相关要求,充分考虑主桥大修工程的特点及相互关系,松浦大桥总体分为两个阶段进行施工。施工工艺流程如图 12-4 所示。

第一阶段:施工桥头堡、主桥下层,拆除下层桥面系及附属,安装加固件,安装下层桥面板,搭设防护棚(施工平台),更换主桁横向连接系,该阶段不影响松浦大桥的现状交通。开放下层行人及非机动车道后,再进行主桥上层施工。

第二阶段:封闭上层公路交通,拆除现有上层桥面系,完成主桥支座更换以及全部主桁加固工作后,安装上层桥面板,最后进行桥面系及附属工程施工。

根据本工程的实际情况,结合专家意见,确定了风险事故概率和损失(人员伤亡、经济损失、工期延误、环境破坏)的等级评定标准。各风险发生概率的定性等级划分标准如表 12-2 所示,定量描述如表 12-3 所示。四类风险损失子项等级标准定量描述如表 12-4—表 12-7 所示。

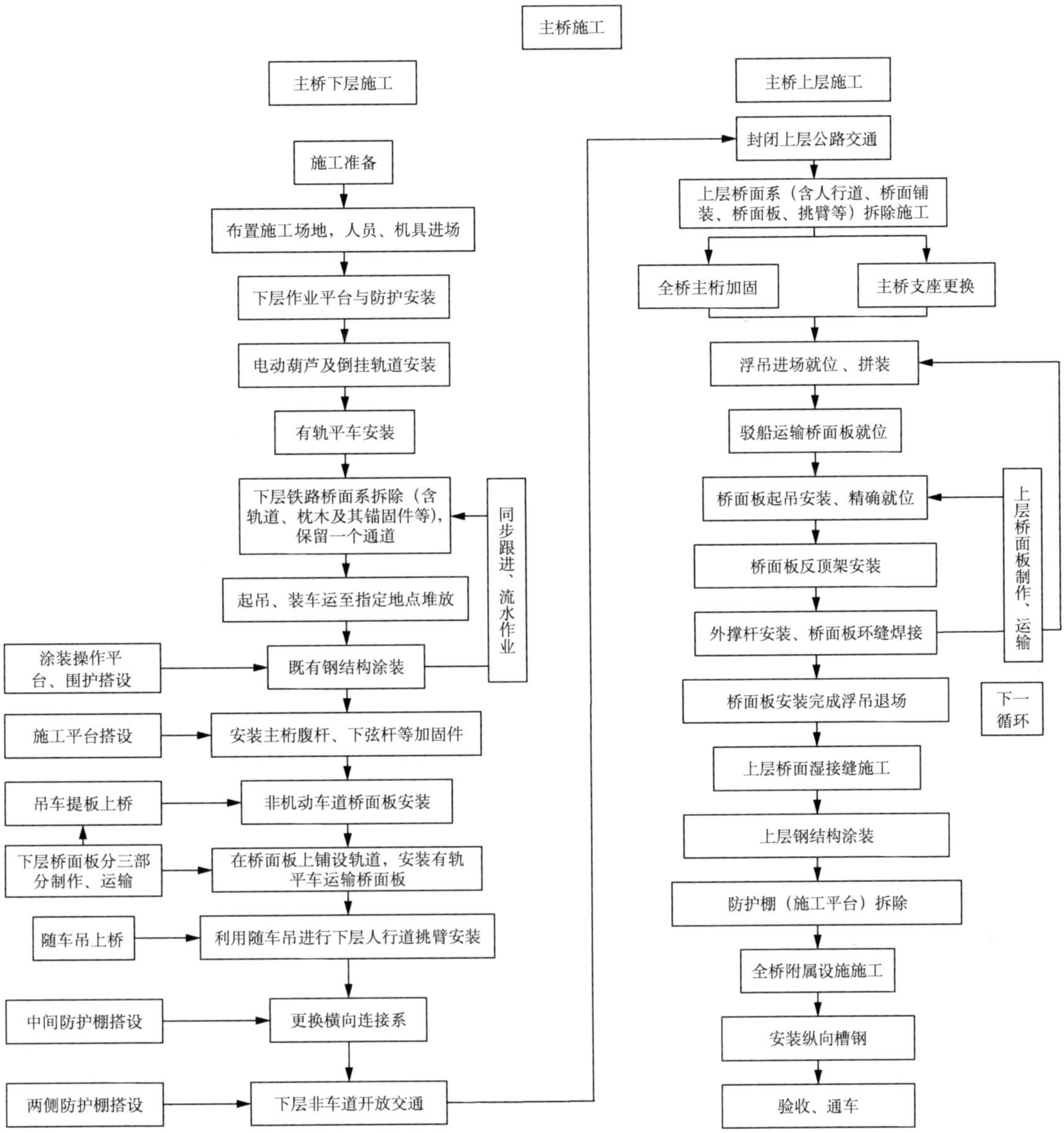

图 12-4　松浦大桥主桥施工流程示意图

表 12-2　　　　　　　　　风险发生概率定性等级标准

等级	概率描述	定义
1	极低	几乎不可能发生
2	低	难以发生
3	中	偶然发生
4	高	可能发生
5	极高	频繁发生

表 12-3　　风险发生概率等级标准的定量描述

等级	概率区间	中值
1	$P<0.0003$	0.000 1
2	$0.0003\leqslant P<0.003$	0.001
3	$0.003\leqslant P<0.03$	0.01
4	$0.03\leqslant P<0.3$	0.1
5	$P\geqslant 0.3$	1

表 12-4　　人员伤亡等级标准的定量描述

等级	定义
1	重伤人数≤5 人
2	人员死亡(含失踪)人数≤3 人或 5 人<重伤人数≤10 人
3	3 人<人员死亡(含失踪)人数≤10 人或 10 人<重伤人数≤50 人
4	10 人<人员死亡(含失踪)人数≤30 人或 50 人<重伤人数≤100 人
5	人员死亡(含失踪)人数>30 人或重伤人数>100 人

表 12-5　　经济损失等级标准的定量描述

等级	定义
1	经济损失≤500 万元
2	500 万<经济损失≤1 000 万元
3	1 000 万<经济损失≤5 000 万元
4	5 000 万<经济损失≤10 000 万元
5	经济损失>10 000 万元

表 12-6　　环境破坏等级标准的定量描述

等级	定义
1	涉及范围很小,无群体性影响,需紧急转移安置人数≤50 人
2	涉及范围较小,一般群体性影响,50 人<需紧急转移安置人数≤100 人
3	涉及范围大,影响正常经济、社会活动,100 人<需紧急转移安置人数≤500 人
4	涉及范围很大,生态功能部分丧失,500 人<需紧急转移安置人数≤1 000 人
5	涉及范围非常大,生态功能丧失,需转移安置>1 000 人,严重影响经济社会活动

表 12-7 风险对施工工期影响的定量描述

等级	定义
1	影响施工工期≤7 天
2	7 天＜影响施工工期≤30 天
3	30 天＜影响施工工期≤90 天
4	90 天＜影响施工工期≤180 天
5	影响施工工期＞180 天

表 12-4—表 12-7 给出了风险损失四个子项人员伤亡、经济损失、环境损失、工期延误损失等级评定的定量描述，对桥梁设计与施工方案做出风险评估，故采用综合分析损失作为风险损失的代表值。综合风险损失与风险损失四个子项的判定关系如表 12-8 所示。为了表示方便，将人员伤亡、经济损失、环境损失、工期延误损失分别记为风险损失子项 1、风险损失子项 2、风险损失子项 3、风险损失子项 4。根据不同风险概率等级和风险损失等级，建立风险分级评价矩阵，如表 12-9 所示。不同等级的风险需采用不同的风险控制对策与处置措施，结合风险评价矩阵，不同等级风险的接受准则和相应的控制对策如表 12-10 所示。

表 12-8 综合风险损失分级描述

等级	风险程度	风险损失描述	综合判定标准
1	轻微的	损失控制在局部范围，不影响结构安全，不造成人员死亡，不具有持续影响	(1) 任意 1 项或 2 项损失为 1 级； (2) 除子项 1 外其他 3 项损失均为 1 级
2	一般的	损失影响范围可能较大，但不影响结构整体安全，可能造成少量人员伤亡，不具有持续影响	(1) 任意 1 项损失为 2 级； (2) 子项 1 损失为 1 级，其余任意 2 项或 2 项以上损失为 1 级
3	严重的	损失影响范围较大，对结构整体安全的影响处于可控状态，可能造成少量的人员伤亡，可能有持续影响但处于可接受的范围	(1) 任意 1 项损失为 3 级； (2) 子项 1 损失为 2 级，其他 3 个子项中任意 2 个或 2 个以上损失为 3 级
4	非常严重	损失严重，对结构整体安全有一定影响，可能造成一定人员伤亡，其持续影响仍可控制，但比较困难	(1) 任意 1 项损失为 4 级； (2) 子项 1 损失为 3 级，其他 3 个子项中任意 2 个或 2 个以上损失为 3 级
5	灾难性的	损失严重，对结构整体安全有显著影响，可能造成大量人员伤亡，其持续影响控制困难，并可能引起连锁反应	(1) 任意 1 项损失为 5 级； (2) 子项 1 损失为 4 级，其他 3 个子项中任意 2 个或 2 个以上损失为 4 级

表 12-9 风险水平等级矩阵表

风险损失	风险概率				
	1	2	3	4	5
1	Ⅰ	Ⅰ	Ⅱ	Ⅱ	Ⅲ
2	Ⅰ	Ⅱ	Ⅱ	Ⅲ	Ⅲ

（续表）

风险损失	风险概率				
	1	2	3	4	5
3	Ⅱ	Ⅱ	Ⅲ	Ⅲ	Ⅳ
4	Ⅱ	Ⅲ	Ⅲ	Ⅳ	Ⅳ
5	Ⅲ	Ⅲ	Ⅳ	Ⅳ	Ⅳ

表 12-10　　风险水平接受准则

风险等级	要求
Ⅰ	风险水平可以接受，当前应对措施有效，不必采取额外技术、管理方面的预防措施
Ⅱ	风险水平有条件接受，工程有进一步实施预防措施以提升安全性的必要
Ⅲ	风险水平有条件接受，必须实施削减风险的应对措施，并需要准备应急计划
Ⅳ	风险水平不可接受，必须采取有效应对措施将风险等级降低到Ⅲ级及以下水平；如果应对措施的代价超出项目法人（业主）的承受能力，则更换方案或放弃项目执行

1. 通航运行风险

在建设期间，上层桥面板施工时引起的震动可能影响到下层交通通行的安全，施工时因为操作疏忽导致的物体散落会导致行人、非机动车受到伤害。

对于铁路运行，施工时其他散落物，或者桥头堡拆除时物体可能散落至铁道，影响铁路的运行安全；对于航道，在施工过程中涉及浮吊的吊装，其翻覆、坠落或者与船只、桥墩/码头发生碰撞均为安全隐患，在建设期间通航运行存在较多风险。

2. 引桥顶升风险

引桥顶升的施工阶段中，控制系统应保证运作良好，电脑控制系统的故障或者泵站的断电、千斤顶发生内泄等意外事故会导致千斤顶不能提供足够的顶升力，导致梁体倾斜、坠落。

在顶升操作中，顶升不同步会造成严重的后果，包括梁体坠落、梁体结构变形或产生大量裂缝、梁体倾斜等。在引桥顶升施工过程中，存在以上一些风险损失较大的风险。

3. T 梁施工风险

T 梁的施工是建设期间的关键阶段，首先是 T 梁的架设，其过程中可能发生 T 梁不稳、不竖直，架桥机过孔时主梁纵坡、横坡超标，前支腿总重超标。若在施工时缺少统一指挥及观察者，还会导致架桥机撞击桥孔、实验过程中工作温度超标等风险。

在 T 梁的拆除阶段，吊装设备、构件及系统和其中机械因监管不力还会出现失稳状况，存在安全隐患。

4. 墩台施工风险

墩身盖梁的施工过程中，首先应保证浇筑时模板的稳定，确保混凝土浇筑进程。

在搭设脚手架时，可能存在一系列不规范操作，包括未经允许或不按方案规定随机拆除或改动脚手架、安全网；脚手架底部未按规定垫木和加绑扫地杆；各杆间搭接不符合规定；脚手架基础未平整夯实，无排水措施；操作人员无相关证件或违反安全技术措施方案；脚手架未经验收就使用。上述操作均可能造成脚手架的坍塌，甚至人员伤亡。

在钻孔灌注的过程中，承台的浇筑过程中引起的裂缝以及桩与承台间连接长度不足均导致结构不利，灌注水下混凝土及吊放钢筋笼可能发生塌孔、骨架摆动碰撞孔壁或者骨架变形等意外事故。

5. 主桁施工风险

在主桁的加固与涂装过程中，钢结构涂装时未搭建全封闭作业棚导致的材料掉落会严重影响下部通行安全；高强螺栓施工过程中，铆接后验收缺失或者无专人跟踪检查会导致高强螺栓施工质量不达标；栓扭工期短也会影响高强螺栓的施工质量。现场管理不当，还会引起钢板、铆钉、螺栓掉落等问题。

6. 桥面施工风险

桥面施工包括多个步骤。首先是上层桥面板的安装，在护栏工程中，缝隙未封闭、吊具不合格、安装顺序错误以及未进行防腐涂装导致锈蚀，严重影响护栏的施工质量；对于湿接缝，则要保证混凝土养护周期以及质量达标，防止钢模板出现倾覆、掉落等状况。在桥面板吊装时，人行道及非机动车道可能出现高空坠物，也要防止提吊速度过快；主桥支座更换时顶升不同步，还可能引起主梁的倾覆甚至坠落。

其次是下层人非道桥面的安装，人行道为木质桥面板，吊装车工作区要保证管理到位，做好防火工作。在非机动车道钢桥面的焊接施工时，可能出现以下风险因素：未进行第三方检验导致未能发现问题焊缝；定位焊出现气孔或裂纹；定位焊焊工未持有相应资质导致焊接质量不达标；焊缝长度、宽度、厚度不达标；使用锤击落引弧板和引出板；未按要求设防风棚导致物体坠落；等等。在钢桥面板安装过程中同样需防止出现高空坠物，在其提运过程中碰撞桥梁桁架。钢桥面板在陆上运输时，要防止构件与地面、周边物体直接接触甚至滑落导致损坏。钢桥面板的安装还包括电动葫芦，保证桥面四台电动葫芦同步运行，防止其跑出轨道，在临时横撑连接处还要进行防腐处理，安装高强螺栓，搭设脚手架，确保施工安全。

桥面施工还包括主桥桥面的拆除，在上层桥面拆除时，可能出现以下风险因素：汽吊超重超载，汽吊限位保护器失灵，人非通道正常运行时出现高空坠物，悬臂梁截断后吊耳焊接位置错误导致板件坠落，移运过程捆绑不牢固、桥面板切割未完全脱离以及起吊部位不牢固导致板件坠落。在下层桥面拆除过程中，同样可能出现一系列意外事故，包括吊带使用不当导致人员、物体坠落，构件未按规定装运、捆绑导致人员、物件伤害，高空动火作业安全措施不足导致火灾，起重吊装作业时未划定警戒区域，无专人监控导致人员伤害，倒挂轨道梁安装时梁体坠落，配件运输专用轨道沿线安全管理缺失导致人员伤害，电气切割钢轨现场防火措施不当导致火灾等情况。

综上所述，松浦大桥施工阶段风险识别成果如表 12-11 所示。

表 12-11 松浦大桥施工阶段风险分析表

编号	风险	风险所处阶段			描述
		设计	施工	运营	
1	通航运行		√		下层桥面通行风险;铁路运行风险;航道运行风险
2	引桥顶升	√	√		系统故障;千斤顶顶升力不足;顶升不同步
3	T 梁施工	√	√		钢模板安装偏差;架设过程风险;T 梁拆除吊装设备失稳
4	墩台施工	√	√		墩身盖梁浇筑时的模板倒塌,脚手架不规范使用;钻孔灌注时承台施工、灌注水下混凝土及吊放钢筋笼的施工风险
5	主桁施工	√	√	√	高强螺栓施工质量不达标;现场管理不当
6	桥面施工	√	√	√	上层桥面板中护栏工程、湿接缝施工质量不达标,桥面板吊装、主梁支座更换时存在安全隐患;下层人非道桥面板中人行道木桥面板、非机动车道钢桥面板安装过程中存在施工风险;主桥上下层桥面拆除时设备使用不当、安全措施不足

12.3 松浦大桥改造风险分析与评估

风险分析主要目的是增进对风险的理解。风险评估则是将风险分析的结果与预先设定的风险准则相比较,或者在各种风险的分析结果之间进行比较,确定风险的等级。风险分析与评估为接下来的风险防控策略和方法提供信息支持。

12.3.1 设计阶段风险分析与评估

1. 建设条件风险分析与评估

考虑大桥建设场地情况,地质、水文情况以及地震发生条件等,本次就施工期地震损伤风险、风致结构灾害风险、水文灾害风险等因素进行评估。

1) 地震灾害

桥梁使用期间和施工期间可能遭受地震,地震发生的概率相等。地震对进入使用阶段的桥梁结构造成的影响和结构抗震性能、场地特性、桥址周边环境、地震等级,乃至具体桥梁构造细节有关。目前,降低桥梁地震损失的主要措施仍集中在设计阶段,因此,研究抗震等级、抗震构造等设置是否合理,是降低地震风险损失的主要手段。

施工期间结构不断变化,抗震体系尚未形成,因此其损失的不确定性较大。但考虑到施工期总体较短,其风险等级常常相对较低。

2) 气象灾害

(1) 风致灾害。风对桥梁结构在施工和运营阶段的影响可以从结构稳定失效、风振疲劳、风振舒适性和行车安全性风险等方面来理解。风对结构的影响复杂,可能对结构安全、人员安全、施工设备、正常使用等几方面产生影响。具体影响程度则与平时的风环境、不同台风情况下的风环境和结构抗风性能密切相关。桥梁改建过程中，其抗风性能较差，可能遭受多次台风的袭击，设计中应对关键施工阶段予以考虑，施工时应进行预案，制订合理的应对措施。

(2) 暴雨影响。在松浦大桥正常运营期间发生暴雨及以上等级强降雨天气时，对于桥梁结构的直接影响较小，主要影响交通运营。强降雨天气对大桥结构的直接影响，主要体现在：①短时间强降雨量超过大桥设计的排水能力，或者养护不周导致排水管道堵塞，造成桥面积水。水沿着路面下渗，从而加速混凝土结构的老化。②强降雨天气时，积水严重，雨滴大，溅起的水会进入一些平时被遮挡的部位并造成积水，从而引起钢构件局部腐蚀。

(3) 冰雪影响。松浦大桥正常运营期间，冰雪天气的出现对于桥梁结构的直接影响较小。冰雪天气对大桥结构的直接影响，主要体现在：①未及时清扫的冰雪会增加桥梁结构的荷载。对结构进行计算分析，可知对结构产生应力和位移很小，可以忽略此影响。②冰雪反复冻融的过程，会使桥面铺装及混凝土桥面板发生老化、破坏；冻融过程中产生的水有可能经防水层损坏处流入钢构件，导致其锈蚀。③目前最常用的除冰盐是 NaCl。除冰盐在使用过程中，尤其是在冻融循环的条件下，将会引起混凝土剥蚀破坏，其破坏速度远快于普通冻融循环引起的破坏及其他种类的破坏，从而严重影响混凝土桥面板的使用寿命。除冰盐随着融化后的水流到钢构件上，加速钢构件的腐蚀。

针对风险分析结果，开展了松浦大桥建设条件风险评估，根据专家调查统计情况，评估结果如表 12-12 所示。

表 12-12　松浦大桥建设条件风险评估表

编号	风险源	典型风险事态	风险概率	风险损失	风险等级
1	地震灾害	施工期地震损伤	1	2	Ⅰ
2	气象灾害	风致灾害	3	1	Ⅱ
		暴雨灾害	—	—	Ⅱ
		冰雪灾害	—	—	Ⅱ

2. 结构方案风险分析与评估

1) 车辆荷载风险

我国的桥梁设计过程中引用的规范和指南多为全国通用的版本，对地方区域没有明显的针对性，且未对大跨径桥梁和小跨径桥梁进行明显区分。目前我国桥梁设计过程中不同地区、不同类型及不同规模的桥梁设计中基本采用相似的车辆荷载模式，与实际车辆荷载有一定的差别。松浦大桥建成后车流量较大，给结构的安全性和耐久性带来一定的风险。

2) 混凝土桥面板开裂风险

桥面板混凝土结构的开裂概括说来大致有以下几种类型：塑性收缩、沉降、温度收缩、干燥收缩和弯折引起的裂缝。

（1）塑性收缩：刚浇注完并且尚未开始养护的混凝土表面，当其蒸发率超过了泌水上升到表面的速率时，会由于混凝土的收缩及其自重产生的约束而出现开裂，这种由于表面水分的蒸发引起的收缩裂缝形状不规则且比较浅。

（2）塑性混凝土的沉降：新拌混凝土抹面后当水泌出往表面上升时会产生沉降，桥面板里的水平配筋阻碍这种沉降，使钢筋上方出现与其平行的裂缝，这种性质的裂缝根据顶部钢筋的走向，在纵向大梁支承的桥面板上呈现横向，在混凝土板上呈现纵向。

（3）硬化混凝土的温度收缩：混凝土在养护期间由于释放水化热使温度上升，这种初始的温升和膨胀趋势不会在混凝土中形成残余压应力。因为在这种塑性转化到硬化状态时，其弹性模量还非常低，当混凝土达到温值，它也硬化了。接着，硬化混凝土冷却下来，温度与环境相当。在这一过程中，纵梁约束了由于冷却产生收缩的桥面板，这个现象又引起桥面板产生拉应力，出现横向裂缝，这种裂缝通常在顶部横筋的上方出现并且是贯通的。温度收缩开裂的程度与其受约束的大小有关，桥面板受纵梁约束，其温度收缩的大小取决于处于温峰时的混凝土和此时支撑梁之间的温差，支撑梁的温度通常和环境温度是一样的。

（4）硬化混凝土的干燥收缩：混凝土桥面板经养护后暴露在大气中要失去部分拌和水并产生收缩，在此过程中，纵梁约束着收缩，引起桥面板横向开裂，与温度收缩类似，干缩裂缝也常在顶部横筋的上方出现并呈贯通状。混凝土的干缩通常是一个逐渐的过程并可能要延续 1 年以上，因此混凝土的徐变可以使其松弛并延缓开裂，所以，引起开裂的收缩值要比只在几天里就完成的温度收缩来得大。

对松浦大桥上部桥面系进行施工过程模拟吊装计算分析，分别对上部桥面系进行无附加措施吊装试算以及采用反顶架吊装试算，分析混凝土桥面板的横向受力及变形情况。结果发现主纵梁对应位置的桥面板位置应力较大，面临较大风险。

3）钢梁斜腹杆安全性风险

采用有限元软件对松浦大桥上部桥面系进行施工过程计算分析，对斜腹杆加固构件进行试算其施工过程及使用阶段的受力性能。计算结果表明，在施工阶段及使用阶段，斜撑均可满足要求。同时，为验证斜撑及钢梁结构的稳定性，对整体桁架结构进行第 1～3 阶屈曲模态分析，根据计算结果，其结构稳定性良好且有较高的安全储备。

4）横桥向桥面倾覆风险

松浦大桥大修后，上层桥面由原来的双向两车道改为双向 6 车道，桥面宽度将比现状桥宽增加 1 倍，整个断面显得有些“头重脚轻”，根据《公路钢结构桥梁设计规范》(JTG D 64—2015)，对主桥结构进行横桥向抗倾覆计算。根据计算可知，在基本组合作用下支座未出现支反力，满足要求。

5）主桁杆件稳定性风险

采用软件对主桥全桥进行建模计算，未拆除的主桁构件在建模时保持原设计截面不变，新增构件按照实际尺寸建模；从有限元模型中提取主桁老构件在新结构下的内力，并按照《公路钢结构桥梁设计规范》(JTG D64—2015)逐一进行构件加固前验算，确定不满足受力要求的杆件及节点；针对不满足受力要求的构件提出加固方案，并根据计算以及多方面的比较、论证确定最为合理、有效的加固方案；更新上述有限元模型中需要加固的构件并进行再计算，提取构件内力，进行构件加固后验算，确保主桥结构构件全都满足规范要求。计算结果显示，各杆件的强度基本都能满足要求，针对受拉杆件净截面强度不足的问题，可采取增加截面面积等措施进行加固。

6）主桁节点板强度安全性风险

主桥改建之后，需要采取具有针对性的加固方案。根据结果显示，部分节点受力不满足要求的情况，需要针对不同部位的问题进行针对性加固。节点板的加固方案主要是对受力不满足要求的节点板整体或者节点板局部进行贴板加固，局部加固需要根据计算拆除部分铆钉，增加钢板后重新用铆钉将节点板与新增钢板进行铆合，节点板整体加固需要拆部分铆钉并在节点板没有铆钉的位置处将新增钢板与其进行铆合，从而达到整体加厚节点板的目的。

针对风险分析结果，开展了松浦大桥结构方案的风险评估，根据专家调查统计情况，评估结果见表 12-13。

表 12-13　　松浦大桥结构方案风险评估表

序号	风险源	典型风险事件	风险概率	风险损失	风险等级
1	车辆荷载	车辆荷载不确定性风险	—	—	Ⅱ
2	混凝土桥面板	桥面板开裂风险	3	2	Ⅱ
3	钢梁斜腹杆	斜腹杆强度、刚度及稳定性风险	1	2	Ⅰ
4	横桥向结构	倾覆风险	1	3	Ⅱ
5	主桁结构	杆件稳定性风险	2	2	Ⅱ
6		节点板强度风险	1	1	Ⅰ

12.3.2 施工阶段风险分析与评估

1. 通航运行风险分析与评估

(1) 下层桥面通行风险。面临的风险有未检查施工程序，致使有影响的振源设备同时使用；未选择动平衡性能好的设备，未定期维修或更换；未在必要时于振源设备附近设置防震沟。

(2) 铁路运行风险。面临的风险有未加强自身的安全意识，向铁道抛掷杂物；未加强对施工人员相关安全意识的教育和宣传；未定期巡查施工现场和防护网。

(3) 航道运行风险。面临的风险有对于航道，在施工过程中涉及浮吊的吊装，其翻覆、坠落或者与船只、桥墩/码头发生碰撞均为安全隐患。需要采取一定措施如注意收集天气等信息，禁止在大风天气进行桥面板的吊装施工；检查施工现场是否设置有禁航标志等。

针对风险分析结果，开展了松浦大桥通航运行风险评估，根据专家调查统计情况，评估结果如表 12-14 所示。

表 12-14　　松浦大桥通航运行风险评估表

序号	风险源	典型风险事件	风险概率	风险损失	风险等级
1	下层桥面	桥面板施工震动影响下层交通	2	2	Ⅱ
		物体散落导致行人、非机动车伤害	4	4	Ⅳ
2	铁路运行	其他散落物掉落至铁道	4	3	Ⅲ
3	航道运行	船只搁浅损坏	1	2	Ⅰ
		浮吊倾覆、坠落或发生碰撞	2	4	Ⅲ
		施工坠物砸中行驶中船只	1	2	Ⅰ

2. 引桥顶升风险分析与评估

引桥顶升时面临的风险有控制系统故障、千斤顶顶升力不足导致梁体倾斜、顶升不同步导致的一系列不良后果，包括梁体坠落、结构变形或裂缝、梁体倾斜等。针对风险分析结果，开展了松浦大桥引桥顶升风险评估，根据专家调查统计情况，评估结果如表 12-15 所示。

表 12-15　　松浦大桥引桥顶升风险评估表

序号	风险源	典型风险事件	风险概率	风险损失	风险等级
4	引桥顶升	控制系统故障	1	2	Ⅰ
		千斤顶顶升力不足导致梁体倾斜	3	2	Ⅱ
		顶升不同步导致梁体坠落	2	3	Ⅱ
		顶升不同步导致结构变形或出现裂缝	2	2	Ⅱ
		顶升不同步导致梁体倾斜	2	2	Ⅱ

3. T 梁施工风险分析与评估

（1）T 梁安装风险：在 T 梁安装时，易出现 T 梁架设不稳、架桥机过孔时主梁纵坡与横坡超标、架设试验过程中触电等风险。

（2）T 梁拆除风险：在 T 梁拆除时，易出现吊装设备或构件失稳、吊装系统失稳、支腿不稳定导致起重机械失稳等风险。

针对风险分析结果，开展了松浦大桥 T 梁施工风险评估，根据专家调查统计情况，评估结果见表 12-16。

表 12-16　　松浦大桥 T 梁施工风险评估表

序号	风险源	典型风险事件	风险概率	风险损失	风险等级
5	T 梁安装	T 梁架设不稳、不竖直	3	3	Ⅲ
		架桥机过孔时主梁纵坡、横坡超标	2	1	Ⅰ
		架设试验过程中触电危险	1	3	Ⅱ
6	T 梁拆除	吊装设备或构件失稳	2	2	Ⅱ
		吊装系统失稳	2	2	Ⅱ
		支腿不稳定导致起重机械失稳	1	3	Ⅱ

4. 墩台施工风险分析与评估

(1) 墩身盖梁风险:墩台施工面临的风险有浇筑时模板倒塌、脚手架坍塌等。

(2) 钻孔灌注风险:钻孔灌注面临的风险有浇筑裂缝、桩与承台间连接长度不足、灌注水下混凝土时塌孔或导管进水、钢筋笼骨架变形或摆动碰撞孔壁。

针对风险分析结果,开展了松浦大桥墩台施工风险评估,根据专家调查统计情况,评估结果如表 12-17 所示。

表 12-17　　松浦大桥墩台施工风险评估表

序号	风险源	典型风险事件	风险概率	风险损失	风险等级
7	墩身盖梁	浇筑时模板倒塌	1	2	Ⅰ
		脚手架坍塌	2	3	Ⅱ
8	钻孔灌注	浇筑裂缝	2	1	Ⅰ
		桩与承台间连接长度不足	2	1	Ⅰ
		灌注水下混凝土时塌孔或导管进水	1	2	Ⅰ
		钢筋笼骨架变形或摆动碰撞孔壁	3	3	Ⅲ

5. 主桁施工风险分析与评估

主桁施工面临的风险有未搭建全封闭作业棚导致材料掉落影响下部结构、验收缺失或栓扭工期短导致高强螺栓施工质量不达标、钢板掉落、铆钉或螺栓等掉落。针对风险分析结果,开展了松浦大桥主桁施工风险评估,根据专家调查统计情况,评估结果见表 12-18。

表 12-18　　松浦大桥主桁施工风险评估表

序号	风险源	典型风险事件	风险概率	风险损失	风险等级
9	主桁施工	未搭建全封闭作业棚导致材料掉落影响下部结构	1	2	Ⅰ
		验收缺失或栓扭工期短导致高强螺栓施工质量不达标	2	2	Ⅱ

（续表）

序号	风险源	典型风险事件	风险概率	风险损失	风险等级
9	主桁施工	钢板掉落	1	3	Ⅱ
		铆钉、螺栓等掉落	1	1	Ⅰ

6. 桥面施工风险分析与评估

（1）上层桥面板安装风险：主桁施工面临的风险有护栏缝隙未封闭、吊具不合格、护栏未进行防腐涂装导致锈蚀、湿接缝混凝土养护周期与质量不达标、湿接缝钢模板倾覆或坠落、栓扭工期短导致高强螺栓连接不牢固、人非道板通行高空坠物、桥面板吊装提吊速度过快、主桥支座更换时顶升不同步。

（2）下层人非道桥面安装风险：主桁施工面临的风险有木桥面板发生火灾、吊装车工作区与管理缺失、定位焊有气孔或裂纹、桥面板提运过程中碰撞桥梁桁架、电动葫芦未同步运行、临时横撑连接处未搭设脚手架。

（3）主桥桥面拆除风险：主桁施工面临的风险有汽吊超重超载、汽吊限位保护器失灵、人非通道高空坠物、起吊部位不牢固导致板件坠落、桥面板切割不完全、高空动火作业导致火灾、吊装作业时构件掉落伤人。

针对风险分析结果，开展了松浦大桥桥面施工风险评估，根据专家调查统计情况，评估结果如表 12-19 所示。

表 12-19　　松浦大桥桥面施工风险评估表

序号	风险源	典型风险事件	风险概率	风险损失	风险等级
10	上层桥面板安装	护栏缝隙未封闭	1	2	Ⅰ
		吊具不合格	1	2	Ⅰ
		护栏未进行防腐涂装导致锈蚀	1	1	Ⅰ
		湿接缝混凝土养护周期、质量不达标	2	3	Ⅱ
		湿接缝钢模板倾覆、坠落	1	3	Ⅱ
		栓扭工期短导致高强螺栓连接不牢固	1	2	Ⅰ
		人非道板通行高空坠物	1	3	Ⅱ
		桥面板吊装提吊速度过快	2	2	Ⅱ
		主桥支座更换时顶升不同步	2	3	Ⅱ
11	下层人非道桥面安装	木桥面板发生火灾	1	4	Ⅱ
		吊装车工作区与管理缺失	1	1	Ⅰ
		定位焊有气孔或裂纹	2	2	Ⅱ
		桥面板提运过程中碰撞桥梁桁架	2	4	Ⅲ
		电动葫芦未同步运行	1	2	Ⅰ
		临时横撑连接处未搭设脚手架	1	2	Ⅰ

（续表）

序号	风险源	典型风险事件	风险概率	风险损失	风险等级
12	主桥桥面拆除	汽吊超重超载	2	1	Ⅰ
		汽吊限位保护器失灵	2	3	Ⅱ
		人非通道高空坠物	1	2	Ⅰ
		起吊部位不牢固导致板件坠落	1	2	Ⅰ
		桥面板切割不完全	2	2	Ⅱ
		高空动火作业导致火灾	1	2	Ⅰ
		吊装作业时构件掉落伤人	1	1	Ⅰ

12.4　松浦大桥改造风险防控

风险防控是在风险识别、分析与评估的基础上进行的，决定了最终的风险预防手段和应对策略。本部分简要介绍了松浦大桥改造工程的风险防控措施。

12.4.1　设计阶段风险防控

1. 建设条件风险应对措施

由风险估测表可见，松浦大桥建设条件中的气象灾害中的风致灾害、暴雨影响及冰雪影响风险属于Ⅱ级风险，地震损伤属于Ⅰ级风险。通过相关分析，针对建设条件风险采取的应对措施如下：

（1）地震损伤风险应对措施：进行50年内超越概率10%地震（中震）情况下结构的安全验算。

（2）风致灾害风险应对措施：在施工期间建立气象站风速与桥面风速之间的换算关系，按桥面风速标准建立相应的施工管理措施，按桥面风速标准进行施工机具安全性，以及施工期间结构安全的验算。桥面风速较高时应停工以保证安全，对于挂篮行走等危险性较高的工况，应建立更为严格的施工风速标准。

（3）暴雨影响风险应对措施：密切关注中国气象局气象资讯与预警共享发布平台的暴雨红色预警信息，相关部门按照职责做好防雨工作；暴雨时切断有危险的室外电源，暂停户外作业。

（4）冰雪影响风险应对措施：密切关注中国气象局气象资讯与预警共享发布平台的道路结冰红色预警信息，相关部门按照职责做好防护工作；在可能发生道路结冰情况之前做好道路清扫、撒盐准备工作；联系交通、公安等部门做好道路结冰应对准备工作；大桥管理处和有关单位配备相应的专业设备、器材以及车辆、通信、照明工具、防护装备等应急物资；加强对储备物资的管理。

2. 结构方案风险应对措施

(1) 桥面板开裂风险应对措施:桥面系施工采用反顶措施、桥面铺装防水,并且在伸缩缝部位铺装防水。

(2) 钢梁斜腹杆安全性风险应对措施:从提高结构受力性能、经济性、耐久性角度出发,大修方案对桥面系与主桁连接方式进行了优化,即桥面系与主桁固结,取消原挑臂结构,斜撑直接支撑在桥面结构上。

(3) 横桥向桥面倾覆风险应对措施:对比抗倾覆横向脚撑方案和抗倾覆拉索方案可知,横向脚撑结构体型较大,需增加额外工作量,且该方案经济性较差。而抗倾覆拉索方案可最大限度减小对主桁原有结构的影响,充分利用现有结构,降低造价,安装方便。综合上述对比,选择抗倾覆拉索方案进行设计。

(4) 主桁杆件稳定性风险应对措施:通过减小受压杆的计算长度以及增加截面面积两种措施对主桁杆件进行加固,为了减小受压杆的计算长度,措施可以利用支承检修桁车扁担梁的纵向双槽钢,同时在翼缘两端增加角钢。

(5) 主桁节点板强度安全性应对措施:主要是对受力不满足要求的节点板整体或者局部进行贴板加固,局部加固需要根据计算拆除部分铆钉,增加钢板后重新用铆钉将节点板与新增钢板进行铆合。

12.4.2 施工阶段风险防控

1. 通航运行风险防控

(1) 下层桥面通行风险防控措施:有影响的振源设备应错开使用,并选择动平衡性能好的设备,定期维修或更换。必要时在振源设备附近设置防震沟;监管施工操作顺序分段进行,使用机械拆除时,检查钢丝绳挂设牢固,并用卡扣卡牢。对防护网的搭设进行监管,确保稳定性。

(2) 铁路运行风险防控措施:加强自身的安全意识,严禁向铁道抛掷杂物;加强对施工人员相关安全意识的教育和宣传,定期巡查施工现场和防护网,发现危险及时提醒和制止。

(3) 航道运行风险防控措施:设置施工点禁航区,施工船舶与无关船只相隔离;严禁在恶劣天气下进行浮吊作业,浮吊作业时应按照要求开启警示灯;对施工船舶进行“安全准入—安全检查—教育培训—考核评估”的全程监管。对桥墩、码头设置安全警示标志,夜间施工配备足够的照明;主桥施工区域航道上方,安置夜间通行警示灯和具有夜间反光功能的警示设施,确保船舶的通行安全。

2. 引桥顶升风险防控

引桥顶升风险防控措施:在操作界面上设定专门的应急操作按钮,为主控电脑配置专用的UPS,提供不间断电源;所有千斤顶在顶升前均需保压,采用优质油管等元件,现场配备足够的备用液压设备;在千斤顶失效或不能提供足够的顶升力时,有随动千斤顶来临时支撑;当千斤顶发生内泄时，液压泵站供油将加快，此时顶升速度将下降，通过此方法可及时发现千斤顶内泄；根据现场实际情况，如有需要，监督施工人员采用限位措施。以顶升位移为主要控制指标，监督施工人员通过对顶升力合理控制完成桥梁顶升，同时使桥梁的附加内力最小。对各顶升点处梁体的竖向及纵、横向位移，各主梁端部横隔板顶、底及桥面板的应力，边跨T梁梁肋竖向裂缝病害及梁端附近斜裂缝的发展情况，伸缩缝、桥面铺装以及伸缩缝的伸缩变形情况进行监控。监督各顶升点必须进行局部加强并保持位移同步；液压系统应满足各液压缸压力自动调整，以适应上部荷载。

3. T梁施工风险防控

(1) T梁安装风险防控措施：安排专人在落梁过程中监督吊梁行车上的卷扬机、制动器的工况，前支腿处也应该有专人看护，确保下落梁体不得碰撞架桥机前支腿和已架设T梁；下落梁体必须保持相对水平，T梁就位前应调整好T梁纵横向的高差；架梁施工作业前，对桥梁各墩台、运梁便道进行复测，确保道路横坡、纵坡、曲线半径以及压实度满足运梁车重载运输条件，对于不符合要求的便道和墩台要求下部施工单位及时进行整改；注意检查各运动元件可靠性，特别是联动作业时，应可靠同步，否则，应立即停止作业；在试验过程中监督设备温度，一旦发生超标应立即示意操作人员，采取必要措施；严格按照操作程序及操作规程作业，架桥机过孔时，电工必须在现场监督电气控制操作过程。

(2) T梁拆除风险防控措施：对于细长、大面积设备或构件采用多吊点吊装；监督施工人员对于不同设备和结构的吊装采用不同的、适宜的吊装方案；制定周密的指挥和操作程序，达到指挥协调一致；放支腿前应当了解地面的承压能力，合理选择垫板的材料、面积及接地位置，防止作业时支腿沉陷；在起重机额定起重能力范围内起吊货物。

4. 墩台施工风险防控

(1) 墩身盖梁风险防控措施：严格按照设计要求进行模板搭设和安装，浇筑时应结合现场天气、场地等条件按照相关规定和要求进行浇筑；严格按照拆除方案拆除脚手架，严禁随意、不按顺序拆除脚手架。

(2) 钻孔灌注风险防控措施：严格按照设计、施工和养护等要求进行浇筑施工，发现裂缝应及时上报；应按照设计要求和施工要求连接桩和承台，如连接长度不足，应及时弥补；吊放钢筋笼的过程中必须安排专业人员监督骨架摆动情况，发现问题及时上报。

5. 主桁施工风险防控

禁止在全封闭作业棚搭设完成前进行钢结构涂装作业；铆接施工完成后及时上报，禁止在未验收通过时进入下道工序；按照施工要求进行施工，在指定工期内保质保量完成栓扭工作；加强安全意识，钢板吊装、安装过程中应按相关要求在指定区域取、放；加强施工人员安全教育，定期巡查施工现场；钢板存放均要符合相关规定要求，提吊运输时应在专人看管情况下进行。

6. 桥面施工风险防控

(1) 上层桥面板安装风险防控措施：在护栏施工过程中应注意缝隙，按相关要求进行封闭；

按照相关标准、规定使用合适、合格的吊具；应安排专业人员跟踪防腐涂装施工全过程，涂装完成后应现场检查，确保无漏涂；按照施工要求、设计要求进行混凝土浇筑和养护；按照施工要求架设钢模板；按照施工要求进行栓扭，配合业主、监理等管理人员检查；在防护棚内操作，严禁将工具、废料、杂物扔下人非通道。顶升时应动态关注顶升幅度和同步情况，如有偏差应及时纠正。若顶升装置失效时应立即停工，由专业人员排除故障；顶升前应安排专业人员对顶升设备进行调整，确保安全、可靠后方可顶升。

(2) 下层人非道桥面安装风险防控措施：施工区域、木桥面板存放区域严禁吸烟和使用明火；应安排专人负责管理吊装车的工作区域，禁止无关人员进入或操作；在焊接过程中保证焊接质量，发现气孔或裂纹应及时补焊、重焊；缓慢、匀速提运钢桥面板，保持操作机、桥面板与桥梁桁架的距离在安全范围内；四台电动葫芦共同工作时应安排安全专员负责监控其同步情况，发现不同步情况应及时提醒，若仍无法同步则应停止使用，应要求维修检查后方能继续使用；在使用电动葫芦时应按规范操作，发现跑出轨道的迹象应立即停工，维修、更换相关部件后方可继续使用；应核对相关施工方案，检查临时横撑位置处脚手架搭设情况，及时发现并要求施工人员搭设脚手架；梁上运输作业时应有指示灯、警示音提醒施工人员勿靠近。

(3) 主桥桥面拆除风险防控措施：在汽吊过程中应监控汽吊设备起吊重量是否超标，严禁超载行为；定期检查限位保护器；监督施工过程中有无板件、杂物落入下层人非通道；起吊前应检查吊装部位配件和吊带等材料的安全和牢固；在切割完成后逐个检查切割完整度；定期巡查施工现场，发现危险行为及时制止并处罚；在吊装作业前在现场划定警戒区域，全程监控起吊作业。

13　某地铁工程风险管理与保险方案

地铁工程是百年工程，在城市修建地铁，由于所处工程地质、水文条件等环境十分复杂，尤其是地下线修建难度大，易发生工程事故，并且地铁投资巨大，因此长期以来，地铁工程风险防控一直是相关专业人士研究的重点。某地铁工程项目从土建设备以及非技术性两个角度对工程风险进行了系统性分析论述，提出了一系列风险管理措施，希望能够为其他地铁工程提供借鉴。

13.1　某地铁工程项目概况

随着我国城市发展的不断推进，城市公共基础建设越来越完善，特别是发展速度较快的大中型城市，各方面建设质量水平较高，吸引着越来越多的外来人口涌入。如今大中型城市普遍人口数量庞大，地面人流量、车流量逐年递增，造成城市地上交通异常拥堵，这是大中型城市发展中遇到的通病，也使得城市地面道路常年承受着很大的交通压力，却一直很难解决。受城市面积及城市发展规划限制，地面交通发展空间有限，通过在地面道路上寻求突破来改善城市交通压力已经走到了瓶颈，为了方便人们安全出行，且最大限度地缓解城市地面交通拥挤现状，大力建设地下轨道交通系统无疑是未来城市交通发展的重要方向。

13.1.1　项目概况

某地铁工程全长 14.6 km，含 13 个车站，预计在 5 年内施工完成，其施工质量标准要求达到当时国际地铁工程的水平。某地铁工程系统工程基本数据如表 13-1 所示。

表 13-1　　某地铁工程系统工程基本数据表

序号	工程名称	工程概要
1	车辆工程	列车由 6 辆编组，4 动 2 拖，可载客(定员)1 860 人，平均旅行速度 35 km/h，每小时单向运送量为 5.55 万人，满足 2023 年的预测客流量
2	电力工程	两座主交变电所，全线分设 8 个牵引变电所
3	信号系统	采用列车自动控制系统(ATO 系统)
4	通信系统	(1) 专用通信系统：与行车指挥密切有关； (2) 公务通信系统：地铁内部工作人员的一般业务联络； (3) 监控和信息采集网络(SCADA 系统)

（续表）

序号	工程名称	工程概要
5	环境控制系统	(1) 车站的环境控制系统：采用空调； (2) 区间隧道的排热系统； (3) 设声屏障、树障以防噪声
6	给排水系统	(1) 提供生产、生活用水； (2) 排除废水
7	车站提升设备	(1) 自动客运扶梯； (2) 电梯
8	防灾系统	防灾报警及电控系统：防火、防水、排烟、抗震
9	隧道工程	线路采用 80 kg/m 的钢轨和无缝线路结构，整体道床
10	车辆段	(1) 列车的停放、清洁、检查和保修； (2) 综合维修中心； (3) 材料总岸； (4) 培训中心

13.1.2 建设特点分析

1. 组织特点分析

与某地铁工程有关的组织机构多达十余家。其中有些是项目的领导机构，负责重大决策与重要内外事务的组织与协调；有些是提供项目资金的机构；有些是组织项目实施和直接参与项目建设或与项目建设有关的机构。

某地铁工程是一个大系统工程，其直接参与或间接有关的组织机构众多，各组织机构的责任、权利和应承担的任务应十分明确，这些有的通过行政命令明确，有的则必须通过合同条款明确；各组织机构的指令关系、合同关系、信息关系也应十分明确，这是组织之间关系的一个方面。其另一个方面是工作流程组织，它包括项目实施（设计施工、安装、试运行等）的工作流程组织和项目管理（投资控制、进度控制、质量控制、合同管理、信息管理和组织协调）的工作流程组织，如图 13-1 所示。

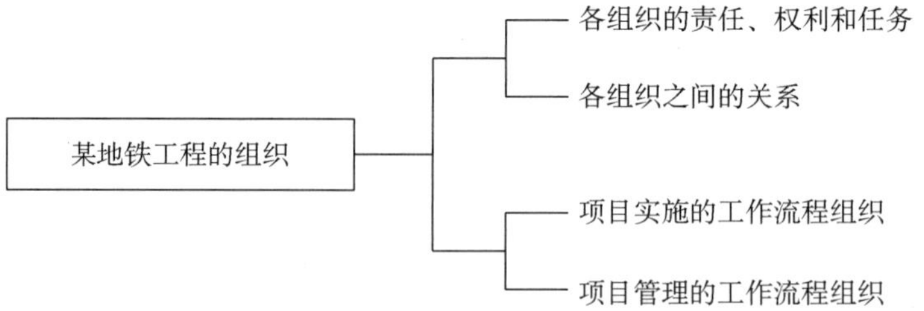

图 13-1 某地铁工程的组织

据组织论的基本原理，项目的目标决定了项目的组织，而项目的组织是项目的目标能否实现的决定性因素，因此，该地下铁道建设指挥部与地下铁道筹建处高度重视并明确了组织关系。

但就该项目开展时的组织现状进行分析，它还存在着一些问题，如：

(1) 地下铁道指挥部的办事机构（办公室）尚未建立，指挥部的工作程序也尚不十分明确；

(2) 地下铁道筹建处内部的部门设置、各部门的任务及管理职能分工尚不明确；

(3) 地铁工程的监理模式尚未确定。

在该项目开展风险防控时，其设计工作已开始，机电设备系统的技术洽谈工作在进行，试验段也将施工，技术性工作一项项在落实、推行，而组织系统尚未健全，它无疑将影响项目目标的控制，会导致各种风险的出现。

2. 技术特点分析

项目实施的技术条件包括：

(1) 组织项目实施和参与项目实施人员的数量、技术能力。

(2) 项目实施的技术方案和方法。

(3) 项目实施的物资条件，包括施工设备、建筑材料和机电设备的质量等。

地下铁道筹建处的任务是组织地铁项目的实施，即：组织各单位在预定的投资范围内，在预定的建设周期内，在满足预定的质量标准和要求条件下完成该地铁工程的建设任务。因此，它需配备一定数量、符合一定要求的技术、经济、管理和法律、合同方面的专业人才。

某地铁工程的实施拟采用“小业主班子”“大监理班子”的委托监理的模式，因此社会监理班子的人员的数量和质量对项目实施成功与否将起着相当关键的作用。在当时的社会发展形势下，国内的监理单位的人员中既有地铁建设经验，又有相当高的项目管理水平的人才非常缺乏，几乎较难找到。因此，应对参与该项目监理工作人员进行资格预审，并进行上岗前的强化培训，若条件许可，则聘请国外有真才实学、有经验的专家当监理班子的顾问，这些措施的实施，会减少因监理工作的失误而致使业主损失的风险。

某地铁工程拟采用国内外地铁使用过的，经实践证明有效、成熟、可靠的技术和物资设备，因此，技术方案、方法、物资设备的技术风险易于控制。按项目管理的理论，任何建设项目都是一次性的，即不存在两个完全相同的项目，即使同样的设计，由于施工地点、条件、时间、人员等不同，其项目管理的组织、方法和手段也不尽相同。因此，不应忽视成熟、可靠的技术方案、方法和物资设备，由于其使用的地点、条件人员的不同，而可能发生的风险。

3. 环境特点分析

对一个建设项目的环境条件分析时应考虑：①项目实施过程对环境的影响；②环境条件（外部条件）对项目实施的影响。

地铁工程是一个线性工程，该地铁工程线路长达 14.6 km，加上车辆段联络线 2.05 km，其总长为 16.65 km。在其施工期间对沿线建筑物、地面交通、商业设施、绿化设施等都会有不同程度的影响。地铁工程不同于一个居住区或一个工厂的建设，后者可在相对封闭的地域内进行，而地铁工程是开放性的。地铁工程不但是线性工程，它又是地下工程，其施工会影响地下各种现有管线。因此，在考虑风险分析及工程保险时，应特别注意第三者责任。反之，外部环境因素对地铁工程的实施会有各种干扰，会引起投资增加、工程受阻等，因此，在编制投资规划、进度规划时应充分考虑各种干扰的影响。

4. 经济特点分析

某地铁工程总投资为54亿元人民币左右(考虑5年施工期规划)。据悉其资金来源于国内资金(政府拨款、社会集资、土地开发、物业开发)约28.7亿元，国外贷款5亿美元。某地铁工程实施的前提条件不仅是总投资资金需落实，而且每年度所需的资金也必须尽早落实，否则将影响项目总进度规划的编制以及项目总进度目标的实现。在总投资中还应包括工程监理费和风险资金费——工程保险费和风险自留资金。

5. 合同和法规特点分析

该地铁工程实施涉及的合同类型如表13-2所示，几乎包括了各类经济合同。

表13-2　　某地铁工程合同类型

序号	合同类型	备注
1	购销合同	
2	建设工程承包合同	包括勘察、设计合同
3	加工承揽合同	
4	货物运输合同	
5	供用电合同	
6	仓储保管合同	
7	财产租赁合同	
8	借款合同	
9	保险合同	
10	科技协作合同	包括社会监理合同

表13-2所示合同还包括许多涉外合同。该项目涉及的合同不但类型多，且数量也相当多，因此很有必要进行合同结构设计、各类通用合同格式设计，以及确定合同管理工作流程。

6. 由项目特点分析提出的建议

某地铁工程是该市有史以来规模最大、涉及面最广、参加单位最多、难度最高的建设项目。既然目标已定，应为之创造一切条件克服种种困难，利用一切可能利用的力量。据对该项目特点的分析，为了减少项目实施过程中可能出现的各种风险，为实现某地铁工程的目标，建议深入研究并处理好以下几个关系：

(1) 在管理与技术的关系中，应充分重视管理的作用。

(2) 在管理的组织、方法与手段的关系中，应特别注意组织的重要性。

(3) 在内部组织与外部组织的关系中，应首先理顺内部的组织。

（4）在人与物的关系中，应着重研究所需人才的结构与资质。

（5）在单项技术与综合技术的关系中，应注意提高综合技术的水平。

13.2　某地铁工程初步风险分析

13.2.1　土建及设备工程风险

1. 设计和施工

1）方案

为使风险减到最小，所设计的地铁必须是现代化的、实用的，其各个组成部分必须在与预计的地铁相同的条件下经过试验和测试且具有很好的相容性。设计的地铁寿命期应该为75～100年。

2）地质

某市的地质条件和中国香港、新加坡相似，一般应考虑：①人工填料；②淤泥和软性黏土；③不同强度的黏土形成的可溶性岩土；④岩石。因此，地基设计时，应当满足这些条件以及保证已挖隧道的稳固性。

3）隧道

除了要考虑这种地基条件下隧道的稳固性之外，隧洞衬砌设计、螺栓和防水性也是很重要的因素。地面水的水质也需明确，因为它有可能呈酸性而影响衬砌。此外，混凝土的厚度和施工在这种情形下也应考虑。

4）明挖法施工

三条线路中的最深的一条低于地面80 m，因此，打桩时必须小心，支撑墙的施工也应慎重，使得开挖时不致发生坍塌。支撑墙可采用板桩、套桩、主桩和螺旋桩等。

5）对邻近结构的影响程度和地表沉陷的估计

地铁沿线有许多无基础或基础很小的三层旧房，因此，在车站明挖法施工时，应该非常小心，以控制地表沉陷。但是，在受影响的区域里，开裂或者较小的损害仍有可能发生。根据以往的施工经验，开挖后表面的固结有可能使地表沉陷达到10 cm，因此某市地下铁道筹建处希望将地表沉陷控制在2～8 cm内。所以，由专业顾问对施工的影响作出评估是很重要的，有必要将其分成四阶段。

第一阶段：审阅初步设计，并提出潜在的风险。

第二阶段：审阅设计人员的详细设计方案、地表沉陷报告和保护方案，并对设计和施工中哪些方法会对邻近结构带来风险进行辨识。

第三阶段：审阅招投标阶段承包商提出的方案并提出修改建议和监督方案。

第四阶段：施工检查。

6）紧急事件情况下车厢中乘客的疏散

紧急事件情况下，车厢中乘客将通过车辆的尾部疏散，因而不需在旁边设一条人行通道。

7）隧道排水系统

在隧道中的最低点应设排水泵，为防止隧道成为排水沟，水的设计流速不能太高。

2. 设备工程风险

1）供电和三相高架电缆输电——漏电保护措施

地铁轨道将被用作车辆的供电回路，如不考虑绝缘问题，漏电将导致电流通入隧道的结构和地层中，引起对钢筋的损害。因而必须采用适当的保护措施，或者将隧道分隔为小的相关绝缘的区段，或者焊接一个连通的线路以提供一个供电回路。必须采用监控电压变化的措施。

2）复式供电

供电设计应当实现当一条线路发生故障时，能用第二馈电线解决，至少要保证机车能驶入最近的一个车站使乘客离车。

3）自动车辆操作系统

利用自动车辆控制和自动车辆保护的自动车辆操作系统在以下方面优于手动系统：①操作更为有效；②提高载客量；③节约能源。

设计一个良好的系统是关键，否则一旦设备故障会引起如下后果，以致无捷径可寻：①自动防止故障装置作用而使列车停驶；②大量技术人员花费时间检修。虽然这种故障纯属意外（因为有自动防止故障装置），但需注意，在高温且湿度大的夏季，隧道中满载的列车对于乘客的健康和安全来说本身就是不小的风险。

4）环境控制系统

同某市地铁一样，估计该地铁每天要运送乘客多于200万人次，因此首要的是通风、排气的控制。同时，考虑到火灾有可能发生在隧道里的列车上，环境控制系统还必须满足火灾控制的要求。

5）火灾报警

应该根据恰当的防火等级指定使用材料，这一点很关键，因为地下车站发生火灾或列车一旦发生火灾将蔓延很快，英国伦敦国王十字车站发生的灾难就是一例。因此，良好的设计、合适的材料、有效的报警和灭火措施都是很重要的。

13.2.2 非技术性风险

1. 政治/经济风险

政治经济风险包括罢工、风波等引起的财产损失和工期延误，还包括关键设备和材料供应商所在国的出口限制，设备和材料的运输由于其供应国的政治因素而引起的延误，在设备供应国或运输经过国家内发生战争等而影响到某市地铁。

某市地铁筹建处难以或不能施加影响的国际性经济因素如贸易禁运及限制可能引起地铁施工关键材料的短缺，而通货膨胀会导致项目投资的增加，特别是当发生工期延误时。如果承包商以固定合同价承包工程，则通货膨胀损失由承包商负担，但是，承包商在标书中必须对此预先有所安排。

2. 融资/贷款风险

工程施工中，业主必须完全负责筹集足够的项目资金。如果贷款协议中利率可变，则利率的风险可能导致项目生命周期中的费用追加。外汇贷款可能因汇率波动而遇到资金的风险。另外，某地铁项目的筹资可能因贷款方取消贷款而受到严重影响，特别是因贷款协议中的“条件改变不良后果条文”的实施而使贷款方可预先取消一项或几项资金项目的优惠条件。

在固定合同价条件下，费用增加的风险一般都转移到承包商头上，而承包商则往往试图在标书中把这部分风险费用包括在内。在难以精确估算费用的情况下，使用固定总价合同可能会引起合同双方的争执，而这种争执会导致工期延误，使业主方花费一笔可观且不必要的费用。当合同执行过程中的不确定性因素太大而难以合理估算费用时，承包商会试图要求签订费用补偿合同；然而，业主方并不情愿认可这部分费用逐步增加的风险。

3. 合同风险

合同风险与承包商的风险承受能力及某市地铁筹建处的风险分担政策密切相关。某市地铁筹建处及承包商之间的协议的工程风险分担会显著影响到业主方支付的总的工程费用。在合同文件中应详细描述风险的分担并将其列在显著的地位。对此类合同条款的审阅应成为风险管理工作程序的一个重要组成部分。

传统上，一些公共工程项目及企业投资的工程项目往往在规划方、设计方、咨询人员及工程承包商承受巨大风险的情况下进行规划、设计和施工。对于大型地下工程，由于缺乏现场地质资料或者不可预见的地质条件，这些风险会特别大，其后果不仅会损害设计者的声誉，也将影响承包商的偿付能力。

对于合同条款规定应承担的风险，许多项目参加者往往没有准备相对于风险量大小的足够资金，他们采取如下防御性的策略：

(1) 收取不可预见费用(或明确提出，或采取虚的单价)以预防工程风险，例如不可预见的地质条件以及十分难以控制的材料价格上涨。因而，那些想最大程度转嫁风险给承包商的业主很可能造成项目成本增高。

(2) 设计和施工方法采取保守的方法。

(3) 由于存在潜在的增加成本或失败的可能性而拒绝在设计中采用新技术。

(4) 不论是否有必要，所有争议都诉诸诉讼或仲裁。

另外，业主要通过合同将风险转移给承包商及设计方，从而能确保最终成本和项目实施标准不变。某些风险，如设计的错误或较低的工作效率，若能将其责任在合同中明确，将有利于促进设计者和承包商高效地工作，最终将减少投资。

“隐含条件”“不可知的客观条件”以及“不同的现场条件”等合同条款，可通过更改由业主和承包商双方来分担。

理想的情况是，以最小的不可预见费承受风险，以在某市地铁筹建处和承包商及设计方之间寻求风险分配的平衡，从而激励各方承受风险。

4. 劳动力供应

劳动力的供应、培训和劳动效率的风险通常由承包商承担。考虑中国在该项目开展的时间内尚不存在劳动力的短缺，因此国外人员的投入估计仅局限于咨询、顾问，或许可能包括一些现场施工监督人员。

5. 道德风险

雇员或承包商的不负责任或欺骗行为会造成业主直接的经济损失，通常表现在资金、设备或原料等方面。资金方面的这种风险可能是偷窃或者虚报实物和账目等行径。重新购置被盗的或被雇员和承包商侵吞的专用工具和材料既费时又费钱。如果缺少这些工具和材料，可能导致整个工期拖延。

6. 财产风险

许多意外事故的发生都会导致财产损失。常见的意外事故，如火灾、闪电、风暴、烟雾、冰雹、飞机、车辆、爆炸、坍塌、蓄意破坏、地震、水灾等，此外，还存在着被盗的风险（系无关人员所为，区别于道德风险中受信任的雇员所做的偷窃行为）。

土建项目毫无疑问存在大量工程风险，通常分为五个组。每组都有爆炸、坍塌、机电故障等危险，这五组是锅炉和压力容器、能源设施、电器设施、起重机械以及其他设施。

在某地铁工程中，土建施工期间的临时性和永久性结构或施工现场的有关设备、工具和临时建筑（如现场办公室、车间和仓库等）都面临第一当事人的财产风险。

7. 计算机风险

电子数据处理设备，包括硬件和软件，都存在很大的风险。由于计算机设备一般来说比较脆弱，它的许多风险很可能导致大量的数据丢失。除了许多直接造成的数据丢失的危险外，还会导致财务损失，最常见的是为重建数据或重编程序花费额外费用。

8. 中断和偶然中断的风险

建设期间发生危险会导致物质性损害或造成中断性损失，包括收入性损失（由于系统的运行和盈利被拖延）和额外费用支出，在特定情况下，较小的物质性损害索赔会带来与财产损失大小不相称的大量中断损失。

建设期间，当某种危险不是某市地铁筹建处的，而是与之有关的单位的财产遭受损失时，便可能有偶然中断损失，例如发电厂的爆炸造成电流中断和施工中断。这种损失不只发生在公共设施方面，也可发生在设备和材料供应商的财产方面。再比如，火灾会使制造商无法按合同供货，造成交货延期和额外费用支出。

9. 环境风险

环境风险通常在建设期间突然或偶然或者在一段较长的时间内逐渐显现出来。这些风险包括人身伤害、财产受损，以及承包商或业主为清理环境而负债等。

13.3　某地铁工程风险防控

城市地铁工程受周边环境限制与工程、水文地质条件影响，存在大量的工程建设安全风险。在目前地铁工程建设高速发展的背景下，安全风险控制形势日趋严峻。依托国内外地铁工程建设经验，紧密结合某地铁工程实际需要，通过经验总结与分析，确定了风险管理工作流程、风险管理分析与实施、灾难与应急事件编制，形成了系统的地铁工程建设安全风险控制体系。

13.3.1　风险管理工作流程

地铁工程项目风险管理是指依据工程特点、所处环境和设定的目标，通过暴露问题的风险的识别、风险分析、风险控制和风险的资金安排等，将工程建设中潜在的各类风险降低到可接受水平，保证工程项目预期目标顺利实现。具体的风险管理工作流程内容如图 13-2 所示。

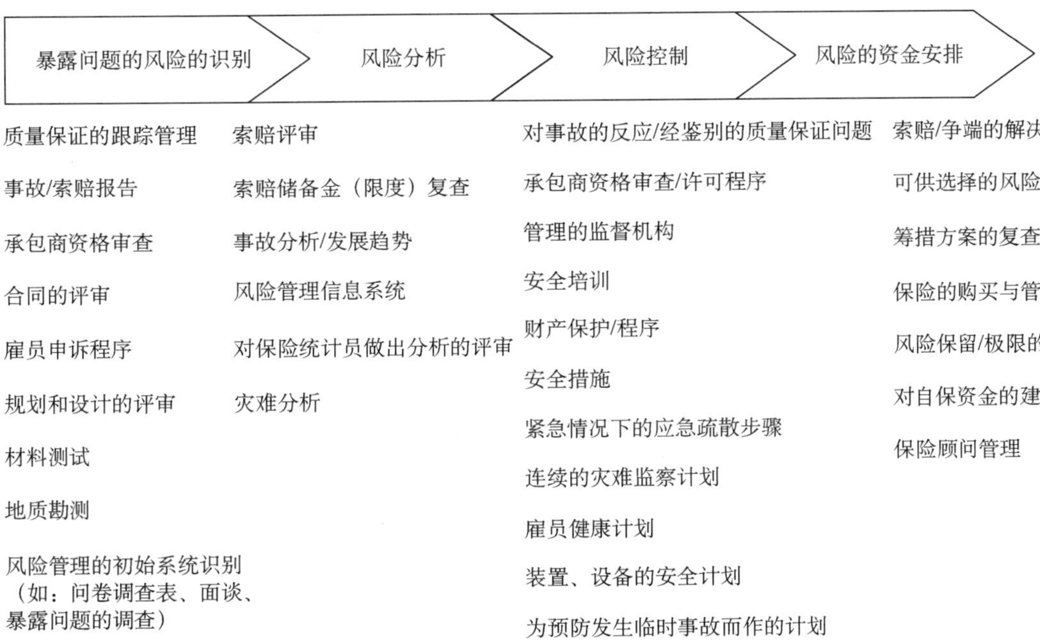

图 13-2　风险管理工作流程图

13.3.2　风险管理分析与实施

1. 安全计划和灾难风险分析

下面所举例介绍的风险，是那些可以通过安全计划和风险分析鉴别的关于地铁施工期间和运营期间的风险。而安全计划和风险分析应能：

（1）鉴别每一个主要的灾难性风险。

(2) 对灾难性风险进行分级:高、中、低。

(3) 确定每一个灾难的起因。

(4) 修正或防止风险发生的措施。

(5) 决定哪些风险是可以投保的。

(6) 经修正后将风险按下述情况分为三种级别:

Ⅰ级:严重风险——能导致灾祸,最严重的后果是人员死亡、严重受伤以及/或对设备或财产造成重大损失。

Ⅱ级:中等风险——能导致灾祸,最严重的后果是人员和资产受到轻度的伤害或损失。

Ⅲ级:轻微风险——其造成的最严重的后果仍小于人员或资产受到的轻度伤害和损失。

具体的风险分析工作流程图如图 13-3 所示。

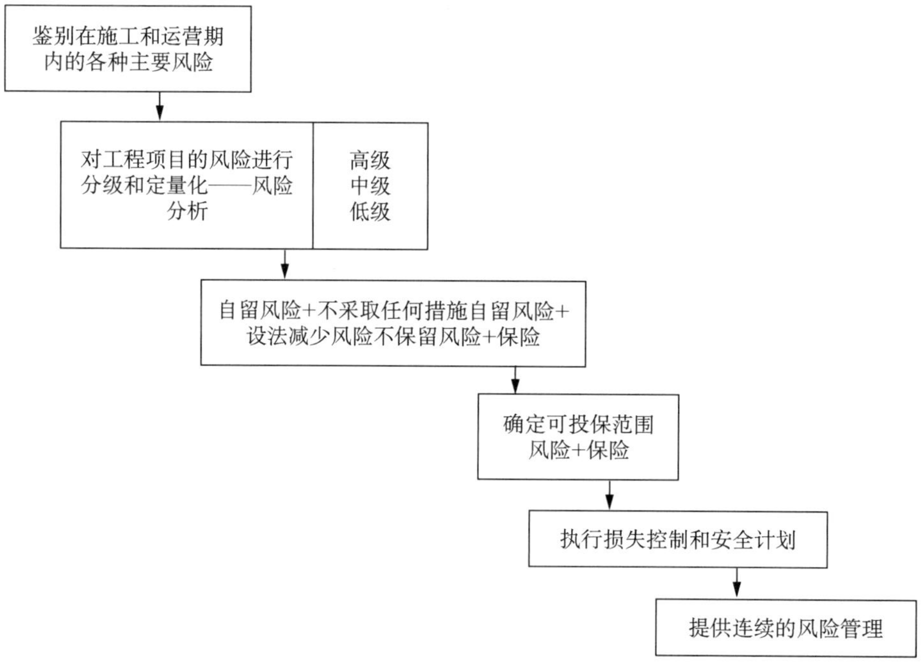

图 13-3 某地铁工程风险分析工作流程图

2. 风险管理计划实施前的准备工作

风险管理计划实施之前应对下述内容进行反复仔细的思考:

(1) 给投标单位提供的信息——工程设想。

(2) 合同的通用条件,使承包商了解其应负的责任。

(3) 通用的技术规格说明——设计;材料和工艺(土建工程);执行的技术规格说明(机电设备工程)。

(4) 总布置图:建筑的安排图和完工图。

(5) 地铁线位置图:受影响的公用事业设施图、附近建筑物布置图。

（6）车站土建施工方法：临时性工厂，车站布置，旅客输送，电和机械设施。

（7）隧道设计和压缩空气隧道作业。对地面建筑物的影响，地基处理。

（8）土建和电气、机械设备安装，地铁车辆。

3. 挖掘和隧道施工过程中的风险管理

在进行隧道施工和/或土方挖掘时，不可避免地发生地表的移动，地表垂直移动一般比水平移动严重。在最坏的情况下，地表移动可导致附近建筑物崩塌。所以，任何工程在设计阶段，就必须对可能发生的地表移动进行预测。

在发生地表沉陷时，可以从地表看到土地移动的形状在地下隧道施工和明挖法施工条件下是不同的。其他因素，如抽水，也会有重大影响。

地表沉陷的最大深度和最大宽度，取决于隧道或开挖的深度，隧道比较浅，则地表沉陷宽度比较深的隧道要窄一点，但其最大的沉陷深度则大一些。

隧道地表附近建筑物的外形对地表沉陷是有影响的，它决定了建筑物偏移的程度。地面建筑物的各种移动，一般是比较关键的，地面均匀沉陷和与沉陷有关的建筑物的位置是非常重要的，由于土层和建筑物结构的相互影响，一般建筑物的移动比地面土层的移动要小。如果建筑物发生移动的可能性比较大，或者发生各种移动的可能性比较大，就必须采取相应保护措施或改变开挖地点（表 13-3）。在极端严重的情况下，最好把建筑物拆除。

表 13-3　　建筑物风险级别

风险级别	建筑物最大倾斜量	建筑物最大沉陷/mm	风险描述
1	小于 1/500	<10	可忽略，不会发生轻微损害
2	1/500～1/200	10～50	轻微，可能有轻微损害发生，但可能不会对建筑物结构有影响
3	1/200～1/50	50～75	中等，预计有轻微损害，还可能对建筑物的结构有些影响，有关的管道也可能受损
4	>1/50	>75	高损害，预计对建筑物结构有损害，估计管道会受损害，其他管道也受损

常规的做法是，设计人员先对土地移动做出估算，然后由资产所有人检查，有时他也自己单独计算。承包商也应做出估计，因为他关心将来采用的施工方法。地面的实际移动在施工时也可检查核实，若需要，则对预测的移动量进行修正。各种移动范围，包括最严重的情况必须作出预测，以便制订相应意外事件发生的防御措施。

对该地铁而言，有三种一体化的方案可供选择，究竟选用哪一种方案则取决于费用。明挖方案（深度小于 10 m）通常比隧道施工法便宜。

设想设计人员会根据过去的经验数据，对可能发生的沉陷进行预测估算，然后由风险管理顾问检查，看看是否正确，并评估损害附近建筑物的风险，换句话说，风险顾问能估算地表沉陷和风险大小。这种评估应包括长期的和短期的地表移动。

附近建筑物的风险，取决于建筑物的地基类型和建筑质量。所以必须对每一建筑物进行具体考察，当然也可作一些初步的大致判断。

4. 对项目的隧道施工方案所提供风险管理服务的范围

1）总则

（1）所提供的服务包括在地铁施工期间可能受影响的所有资产。

（2）提供的服务分成四个阶段，每一阶段的期限由双方商定。

（3）在第二、三、四阶段提供服务的程度依据业主方的需要而定。

2）第一阶段——初步设计

（1）风险顾问要了解某市地铁全线情况，沿线及周围地区的建筑物和资产情况。

（2）风险顾问要检查早期报告和初步设计建议。

（3）对检查的结果，风险顾问应提出中间报告。其内容包括对资产可能造成的风险和风险的相对等级，并略述或推荐应采取哪种措施使风险最小。

（4）如果某市地铁筹建处对风险顾问的第一阶段服务表示满意并提供一份内容包括上述各中间报告内容的完整报告，则第一阶段服务即告结束。

3）第二阶段——详细评审

（1）在这一阶段一开始，风险顾问应提供一份预估的费用预算表以及在这一阶段准备提供的服务项目。预算表应根据下述每一项任务所提供的与合同相关联的服务项目确定所需人日数。

（2）第二阶段的服务项目包括下列各项：

① 风险顾问应按顺序对详细的设计构思、地表沉陷报告以及设计人员提出的每种保护措施方案进行评审并提出报告。

a. 尽早做出鉴定并提交报告是应该的，也是可能的，因为从风险顾问的报告中可以看到，设计或施工会对附近建筑物造成不可接受的风险；

b. 规定制订的各种设计方案、地表沉陷报告和施工方法，都必须得到全部此类资料的技术支持，因为这很容易从各种记录中得到，或风险顾问可能推荐的各种研究结果的支持，以便确定它们对附近建筑物的安全性的影响；

c. 讨论和评审各种可供选择的方案，并做出推荐，使每种风险都被降到可接受的水平。

② 风险顾问应评审合同条款中的有关部分，并对任何可能造成不可接受的巨大风险的条款提出修改建议。

③ 风险顾问应参与审查和批准所制订的附近建筑物“受损情况明细表调查报告”，调查工作应在每一受影响地区的施工工作开始前进行。

④ 风险顾问应每月提出一份报告，内容包括对风险顾问和设计单位所取得的进展的评述，以及对任何所关心的事件的鉴别。

（3）第二阶段服务，在标的所有投标人都被邀请时即告结束。

4）第三阶段——评审投标书

（1）第三阶段服务内容包括如下几项：

① 风险顾问应审阅工程承包商的投标书内容，包括施工方法、设计方案选择、任何可能对附近建筑物造成不可接受的风险的事件。顾问应提出必需的修改建议，并参加讨论，尽可能在工程决定发包给哪个承包商之前，完成其全部评审工作。

② 风险顾问应评审各种监督方案，并考虑调查报告可能提出的各种要求，提出在施工期间可能会要求的各种额外监督方案的建议。

（2）在上面各项工作完成后，或者当所有有关的工程合同中的最后者的施工开始后，第三阶段的服务即告结束。

5）第四阶段——施工检查

（1）第四阶段的服务应包括下列各项：

① 评审由承包商制订的施工方法报告，并鉴别任何可能对附近建筑物造成不可接受风险的事件，提出必要的修改并参与讨论。

② 评审承包商关于临时设施和地面处理的方案，考虑对附近建筑物的安全是否合适。

③ 风险顾问在施工期间应定期检查施工情况，目的在于检查施工是否符合规定的施工方法，对周围建筑物是否有不利影响，并应马上向工程技术人员报告所发现的任何隐患。

④ 风险顾问应评审工程合同的任何变动，以便估计任何附加的风险，或原来影响附近建筑物的风险的变化。

⑤ 风险顾问应定期评审由其他人员执行的监督工作的范围及其结果。

（2）当施工可能影响附近建筑物时，风险顾问应在整个施工期间定时提交月度报告。

（3）月度报告应说明一切应关心的问题，列出为保护附近建筑物而正在采取的措施。

（4）第四阶段服务在风险顾问认为正在施工的工程对周围建筑物不会再有风险时即可结束。根据工程合同的进展情况，第四阶段服务也可延长或缩短，但不论延长或缩短都应由工程技术人员决定。

6）与各方面的关系

（1）在执行风险服务时，风险顾问应和各有关单位，包括设计单位和其他专家保持密切联系；

（2）这种联系包括定期参加会议，如必要，风险顾问应主动召集这种会议；

（3）风险顾问应主动而不是被动地保持联系，他应尽一切努力确保他的审阅工作进展顺利并取得效果。

7）风险管理不包含的服务

（1）地质调查钻探或试验；

（2）控制测量、地貌或地下地貌测绘。

5. 风险自留和风险转移政策的确定

在完成了某市地铁工程风险评估以后,有必要进行评审并制定政策以确定某市地铁风险自留水平、对这些风险造成的损失的资金准备以及哪些风险应转移给第三者,如保险公司等。总体上,风险造成的损失可分为可预见损失和不可预见损失两大类。这些损失可能是由高频/轻度风险或重大/低频风险造成的:可预见损失是那些风险分析表明即使采取风险控制措施仍不可避免要发生的损失。例如因隧道施工造成地表沉陷引起的地铁沿线房屋受损等是可以预见到的,其修复费用将由地铁筹建处支付。

一般地,这些高频轻度风险导致的损失在一段时期内是可以预见的,因此它可以作为固定费列入预算。这些损失因为可以预见或者缺乏保险公司承保时必须考虑的偶然性,通常不会被保。即使保险公司给予保险,所收保费也会和总计的损失、管理费以及附加费之和大致相当。因此,最好由地下铁道筹建处自己承担这些可能发生的损失,避免与保险公司打交道陷入"钱钱交易"。

一般地,低频重大风险应尽可能通过保险方式转移出去,但是保险公司可能不保这些风险导致的可预见性损失,因为这毫无疑问是重大损失。例如施工时造成的古老历史性建筑损害的修复费用。

由低频重大风险造成的不可预见损失应尽量转移给保险公司,这些风险易于识别。例如,火灾、水灾和地震都有可能导致重大损失,如果保险不包括由这些风险造成的损失,项目的财务状况将会很困难。商业保险市场习惯于提供对这些风险的保险,因此,这种风险转移方式是常用的和规范的。

在保险合同中,受保人几乎无例外地自己负担第一部分损失,这即是熟知的保单中的保险免赔部分或自留部分,其资金由某市地下铁道筹建处准备。保险商将首先给受保人规定保险免赔部分作为受保人必须支付的最低限度的损失费用,但在某些情况下,如果受保人情愿承受较高水平的保险免赔部分额,保险商将奖励性地大幅度降低保费,业主和保险顾问从保险市场得到各种不同保险免赔部分或自保水平的报价单,然后决定哪一个在经济上是可以接受的。

可以看到,由于许多风险可以通过保险或其他途径进行转移。风险管理顾问不仅协助地下铁道筹建处估算风险的频率和严重程度,而且协助决定地下铁道筹建处可接受的总风险量,这包括可预见的高频/轻度损失、可预见的低频/重大损失、所有保单中的保险免赔部分或自保部分。一旦这些数据计算出来后,就可决定采用适当的方式来解决这些损失费用的资金筹措、资金安排及预算。

13.3.3 灾难与应急计划编制

1. 编制灾难和应急计划的理由

有效的预先制订的计划可以减轻不可预测事件对业务的不利影响,并使之尽快恢复正常。尽管风险管理领域的行家们一致认为预先计划是综合损失控制规划中不可缺少的组成部分,但对于从事这方面工作的人们而言，能得到的实践信息却很少。这可能是由于每一项业务都各不相同，因而受到来自不同方面的各不相同的威胁。不过仍可以给出一些综合性的指导。

1）灾难计划和应急计划的定义

灾难计划或称紧急行动计划是一组事先编制的、目的明确的程序，为现场工作人员提供一套清晰的行动指南，以便处理各种紧急情况，从而减少人员伤亡和财产、经济损失。应急计划或称业务恢复计划，是一组事先编制的、目的明确的程序，为管理部门提供一套清晰的行动指南，以便在事故发生后，以最少的资金代价和效益损失使业务恢复正常。

总之，灾难计划用于处理紧急事件，应急计划用于处理紧急事件对业务所产生的后果。灾难计划和应急计划既密切相关又彼此独立。二者联系紧密，但应分别对待。对大多数业务而言，首先是编制灾难计划，再考虑应急计划的编制。对于某市地铁来说，其灾难计划和应急计划应针对地铁建设期和运营期进行编制。

2）编制灾难计划和应急计划的目标

如前所述，编制灾难计划和应急计划的总目标是：

（1）减轻灾难，从而减少由此而引起的人员伤亡和财产、经济损失；

（2）以最小的代价使业务恢复正常。

3）编制灾难计划和应急计划的要点

（1）首先，灾难计划和应急计划的编制不是一个人所能完成的，需要与所有有关部门、单位商讨，为此，建议组建该计划编制的委员会。

（2）应先编制灾难计划。

（3）应急计划放在第二阶段。

（4）计划编制的委员会应包括下列人员：①灾难计划：总经理、火警/安全人员、执行主任、人事经理、医疗顾问。②应急计划：总经理、执行主任、财务主任、财务会计。

（5）灾难计划和应急计划应尽可能包括下述内容：列出所有可能影响业务的事件，明确各类人员的责任。

（6）在制定计划时，应作如下考虑：若某事件发生，则会产生什么后果？对于该事件能采取的措施有哪些？在该事件发生时，应由谁负责处理？

（7）对人员的适当培训不可忽视。

（8）灾难计划应包括定期的实际演习。

（9）应尽早设立紧急救援服务中心。

（10）记录全部有关人员的姓名、地址、电话号码。

（11）主要负责人应持有计划的副本。

（12）主要负责人应掌握计划。

（13）建议经常不断地检查人员变动，或者一个季度进行一次。

（14）应轮流检查建筑、路线、铁路运营、仓储安排、行动计划、人员以及其他有关事项。

2. 灾难计划和应急计划的内容

1）灾难计划

灾难计划目的在于在紧急意外事件发生后，能充分利用事故发生现场的地铁线路及其他外部服务措施，以便实现：安全撤空系统、处理事故、救援及处理伤亡人员、最大限度地减少资产和环境损害、牵制及控制事故、为新闻界提供真实信息、保证受影响区域的安全恢复正常、保留有关记录。

一般来讲，当旅客、第三方、人员、财产受到或即将受到伤害，而此类伤害业主方员工又不能有把握解决时，应执行灾难计划。举例而言，灾难计划应包括以下内容：①紧急事件报警；②紧急事件控制小组；③各种人员和部门责任；④紧急事件控制中心；⑤人员疏散撤空步骤；⑥进入路线；⑦断电；⑧断水；⑨急救设备/人员；⑩切断方式；⑪通信；⑫有关数据。

2）应急计划

应急计划的宗旨是使因意外事故而中断的地铁运营全面恢复，并使其对地铁运营业务的影响减至最小。尽管应急计划不可避免地把重点放在地铁系统上，但仍应考虑并制定相应的规定，以应付其他可能会使地铁运营中断的外围事件。应急计划应包括如下内容：

（1）识别影响地铁运营的重大损失事件。

（2）拟定对上述事件可能采取的措施，并制订相应文件。

（3）确定服务部门，供应部门及乘客的相互依赖程度。

（4）提供其他可选择的服务及供应部门，并制订相应的文件。

（5）提供内部及外部通信手段，并制订相应文件。

（6）确定可采取的援助方案。

（7）确定最高保险索赔的费用，以便向保险公司提出索赔。

确定了主要风险范围，潜在的风险及可能采取的措施之后，应将有关人员的姓名、地址及电话记录在案，包括：①保险顾问（保险转移服务有限公司）；②保险公司指定的损失理赔商；③废品处理公司；④物料、劳动力供应商（长期/临时）；⑤建筑、修建公司；⑥机器供应/出租商；⑦原材料供应商。

以上工作完成后，应给管理小组的人员分别规定他们与上述有关部门保持必要联系。应急计划的内容不必太多、太复杂，只需将在将来可能发生的紧急情况下所采取的有效措施列出即可。

3）小结

灾难计划及应急计划是风险管理计划的关键组成部分。上面给出了计划制定的要点，提供了一些实际指导原则以帮助管理部门指定一套精确的措施，来解决将来可能发生的风险。成功制定计划的关键是让所有有关团体都参与讨论，这样才能使计划清晰、准确且简明。定期的修正，循环传阅也不容忽视。本方案中，我们不能也不打算面面俱到地讲述灾难计划和应急计划的每个方面，仅希望为业主方提供一些为制订一份有效计划所需的参考准则。

13.4　某地铁工程总体保险方案

在我国工程市场中，保险是占主导地位的风险管理模式，工程保险制度在我国建设管理体制，尤其是市场保障体系的建设过程中，发挥着不可替代的作用。工程保险是针对工程项目在建过程中可能出现的自然灾害和意外事故而造成的物质损失和依法应对第三者的人身伤亡和财产损失承担的经济赔偿责任提供保障的一种综合性保险，是集财产和责任保险为一体的综合性保险。目前，工程保险已经在地铁工程建设过程中得到了比较广泛的运用，保险通过合同的形式实现风险在财务上的转移，已经被实践证明是十分有效的风险管理方法之一。

13.4.1　工程项目总体保险范围

风险管理分析的结果应指出哪些风险应列入投保范围之内，某地铁工程保险单要求的投保范围应包括下列内容：

(1) 覆盖某市地下铁道筹建处施工现场的资产，它包括：①已完和未完工程、设备，材料，工程机械和设备以及临时性工程；②属于某市地下铁道筹建处或承包商的施工设备和其他设备(应把承包商的资产也列在工程项目保险单内，否则承包商要自己找保险公司投保)；③现场住宿和临时建筑，包括其中的所有资产。

(2) 第三者责任保险，即就人员伤亡、资产受损、妨害等向某市地下铁道筹建处提出的法律责任索赔保险(第三者是指那些与地铁工程无直接关系，但在地铁施工时他们遭受损害的单位)。这是地铁工程总保单的一项关键部分。还要指出，外国承包商应当保证他们的外国工人享受保险，以满足外籍工人或当地工人赔偿或雇员保险责任的法令。只要涉及有关合同条件时，某市地下铁道筹建处就应当注意这一点。

(3) 由于按上面所述(1)投保的资产受损失或损害而导致工期推迟而额外支出的费用和收益的损失。由于工程延期使地铁公司减少地铁车票收入，这可能会导致一大笔预期收入的损失。还可能发生一些额外的费用支出，如因工期延长造成的借款利息的增加。

为了确保因任何施工地段发生的损失或损害而导致的工期延误都能得到保险，保单的内容应包括资产在运输到工地过程中的损失。如果认为需要，还应包括供应商的房产设施以及临时在工地外的仓库设施。

(4) 关于从国外采购的设备和材料的海运和陆运风险保单，应包括供应商在把这些设备和材料运输到某市地铁施工现场过程中的损失和损害。

在国内运输到施工场地的供应商保单应包括从货物离开供应商厂房到在施工现场交货的整个过程的保险。上面介绍的各种保单将为业主(某市地下铁道筹建处)和中外承包商的利益提供保障。

13.4.2 获得保险所需采取的步骤

1. 风险分析

为对工程项目作出风险评估，风险分析是必须的。风险分析应考虑风险发生造成损失的严重程度及其出现的概率。待风险分析完成后，可以把它作为正式报告提交给保险市场。

2. 向保险市场提出报告

在寻找保险商对某地铁工程这样一项大工程承保时，重要的是必须准备一份全面的专业报告，递交给可能的保险公司，以便他们能对风险进行适当的评估。一般来说，报告水平越高，则保险公司愿意承保的可能性就越大，而收取的保费也就越低。这份报告内容必须包括：关于投保工程的性质、设计、预期的施工方法、施工计划以及如何处理自然灾难事件等所有投保所需的资料信息。此外，还要给保险公司提供有关地基条件资料。

某市地铁还存在隧道沿线和车站附近的第三者资产损害的风险。建议可以在施工开始前拆除某些建筑物，否则地面结构受损的风险可能很大，这需要仔细估算。保险公司肯定需要这些调查评估的详细资料。

3. 提交建议

在递交给保险市场报告后，保险顾问应该编写另一份报告，把保险市场关于费率水平、扣除等级和可得到的保单范围等情况呈报给某市地下铁道筹建处，这份报告还应提出保险顾问认为可行的建议。还应对某市地下铁道筹建处购买的保单承保范围和自保的保险范围，进行分析比较。

4. 选择保险公司

在选择保险公司承保某市地铁风险时，应考虑下列几条准则：

(1) 所选择的一家或几家保险公司，都应在处理工程风险方面很有经验和能力，并被公认为是保险领域的权威。

(2) 财务情况良好，这一点是非常重要的。

(3) 有能力为本地区提供高效快速、令人满意的索赔服务，保险费的收取必须是合理可以接受的，而且在整个工程建设期间不变。

(4) 必须愿意接受某市地下铁道筹建处要求的保险范围，而不是坚持通用的保单。

(5) 有能力提供世界范围的服务，因为许多海运保单的索赔问题可能需要在国外进行调整和解决。所以，保险公司在世界各地设有分公司，而能在当地提供服务，是很重要的。

在选择保险公司时，还应考虑许多因素，其中有些因素和一家或几家保险公司喜欢承保某类风险有关。例如有些保险公司虽然符合上面提到的选择要求准则，但他们只对承保建筑施工风险有兴趣，而被保人有时会选择把这类风险自留，无法与保险公司达成一致。

附录　关于本市推进商品住宅和保障性住宅工程质量潜在缺陷保险的实施意见

第一条(目的和依据)

为建立完善建设工程的风险保障机制,提升工程的质量水平,切实维护工程所有权人的合法权益,根据《中华人民共和国建筑法》《中华人民共和国保险法》《上海市建设工程质量和安全管理条例》《上海市建筑市场管理条例》等法律、法规,制定本实施意见。

第二条(定义)

本实施意见所称建设工程质量潜在缺陷保险(以下简称"工程质量潜在缺陷保险"),是指由住宅工程的建设单位投保的,保险公司根据保险条款约定,对在保险范围和保险期限内出现的由于工程质量潜在缺陷所导致的投保建筑物损坏,履行赔偿义务的保险。

前款住宅工程,包括商品住宅和保障性住宅工程在同一物业管理区域内其他建筑物。

本实施意见所称工程质量潜在缺陷,是指因设计、材料和施工等原因造成的工程质量不符合工程建设强制性标准以及合同的约定,并在使用过程中暴露出的质量缺陷。

本实施意见所称被保险人,是指建设单位。

本实施意见所称业主,是指住宅或者其他建设工程所有权人,为保险合同的受益人和索赔权益人。

第三条(适用范围)

本市在保障性住宅工程和商品住宅工程中推行工程质量潜在缺陷保险。前述范围的住宅工程在土地出让合同中,应当将投保工程质量潜在缺陷保险列为土地出让条件。

第四条(承保范围和期限)

住宅工程质量潜在缺陷保险的基本承保范围为:

(一) 地基基础工程和主体结构工程:

1. 整体或局部倒塌;

2. 地基产生超出设计规范允许的不均匀沉降;

3. 阳台、雨篷、挑檐等悬挑构件和外墙面坍塌(含脱落)或出现影响使用安全的裂缝、破损、断裂;

4. 主体承重结构部位出现影响结构安全的裂缝、变形、破损、断裂;

5. 国家和本市法律、法规、规章和工程建设强制性标准规定的其他情形。

（二）保温和防水工程：

1. 围护结构的保温工程；

2. 屋面防水工程；

3. 有防水要求的卫生间、房间和门窗、外墙面防渗漏处理工程。

前款第(一)项保险期限为十年，第(二)项为五年。

保险期限从该工程质量潜在缺陷保险承保的建筑竣工备案两年后开始起算。建设工程在竣工备案后两年内出现质量缺陷的，由施工承包单位负责维修。

保险公司对以下项目以附加险的方式为建设单位提供保险服务：

（一）装修工程(包括全装修和非全装修，墙面、顶棚抹灰层工程等其他分项工程)；

（二）电气管线、给排水管道、设备安装；

（三）供热与供冷系统工程。

以上(一)至(三)项的保险期限为两年，保险期限从该工程质量潜在缺陷保险承保的建筑竣工备案两年后开始计算。

保险期限届满后交房的，建设单位应当在交房前 15 日通知保险公司、业主共同验收，若存在质量缺陷，由建设单位承担赔偿责任。业主应当在交房之日起六个月内，对承保范围内的建筑质量进行自查，若存在质量缺陷，由保险公司承担赔偿责任。

第五条(保险除外责任)

因业主责任或者第三方造成的质量问题，或者不可抗力造成的质量问题，不属于本实施意见规定的保险责任。

第六条(保费计算)

工程质量潜在缺陷保险的保险费计算基数为建设工程的建筑安装总造价。投保建设工程质量缺陷保险的建设单位应当在建设工程概预算组成中列明该保险费。

工程质量潜在缺陷保险的具体承保费率，应当根据建设工程风险程度和参建主体资质、诚信情况、风险管理要求，结合再保险市场状况，在保险合同中具体约定。对资质等级高和诚信记录优良的，保险公司可以给予费率优惠。

第七条(保险条款及费率核准)

保险条款及费率应当经保险监管部门核准。保险条款还应当征得市住房城乡建设监管部门同意。

保障性住房保险费率由市住房城乡建设监管部门结合投保项目的质量、保险、理赔等情况进行测算，并会同有关部门、保险公司确定。

在本意见有效期内起保的工程质量潜在缺陷保险免赔额为零。

第八条(投保模式)

投保建设工程潜在缺陷保险的建设单位应当在承发包合同中予以明确。

鼓励施工单位投保建设工程施工责任险。

施工单位投保建设工程施工责任险，并且保险责任涵盖竣工验收备案后两年保修义务的，建设单位不再设立施工单位的建设工程质量保证金。

第九条（承保模式）

工程质量潜在缺陷保险的承保采取共保模式。

共保牵头的保险公司必须符合下列条件：

（一）保险公司的注册资本金应当达到50亿；

（二）近三年偿付能力充足率不低于150%；

（三）风险管理能力强、机构健全、承保理赔服务优质；

（四）应当具有建设工程质量潜在缺陷保险承保经验。

共保应当遵守统一保险条款、统一费率、统一理赔服务、统一信息平台的共保要求。

参加共保的保险公司由市住房城乡建设管理委、市地方金融监管局通过公开招标方式确定。

第十条（保险合同）

投保工程质量潜在缺陷保险的建设单位应当在办理施工许可手续时间节点前，与保险公司签订工程质量潜在缺陷保险合同，并一次性支付合同约定的保险费（含不高于30%的风险管理费用）。

一个工程项目作为一个保险标的，出具一份保险单，保险合同涵盖的范围应当包括投保的住宅和同一物业管理区域内的其他建筑，保险公司在该保单项下承担的最大赔偿限额为保单记载的保险金额。

第十一条（风险管理）

工程质量潜在缺陷保险合同签订之后，保险公司应当聘请建设工程质量安全风险管理机构（以下简称“风险管理机构”）及符合资格要求的工程技术专业人员对保险责任内容实施风险管理。施工单位和监理单位应当配合提供便利条件，不得妨碍风险管理工作。

风险管理机构及工程技术专业人员应当根据保险责任内容实施检查。每次检查应当形成检查报告，检查报告内容包括检查发现的质量缺陷问题、处理意见和建议。

风险管理机构及工程技术专业人员应当在工程完工后，形成最终检查报告，最终检查报告应当明确发现的质量缺陷问题及整改情况，并给出保险责任内容的风险评价。

风险管理机构及工程技术专业人员的检查报告和最终检查报告应当提供给保险公司和建设单位。

建设单位接到检查报告和最终检查报告后，应当责成施工单位及时整改质量缺陷问题。

监理单位应当督促施工单位开展质量缺陷整改，施工单位拒不整改或者整改不力的，监理单位应当报告建设单位。在施工单位完成整改前，监理单位不得同意通过相关验收。

设计、施工单位与风险管理机构就工程质量缺陷的认定发生争议的，可委托双方共同认可的工程质量鉴定机构进行鉴定。

第十二条(保险合同解除)

保障性住房工程、商品住宅工程投保建设工程质量潜在缺陷保险的,依约不得解除保险合同。

保险公司在最终检查报告中指出建设项目存在严重质量缺陷,且在竣工时没有得到实质性整改的,建设单位不得通过竣工验收。

第十三条(权益转让)

在保险期限内住宅或者其他建设工程所有权转让的,保险标的的受让人承继被保险人本保单下的权益。

第十四条(入户告知)

保险公司应当编制《住宅工程质量潜在缺陷保险告知书》,其中应列明保险责任、范围、期限及理赔申请流程。

在业主办理入户手续时,建设单位应当将《住宅工程质量潜在缺陷保险告知书》,随同《新建住宅质量保证书》《新建住宅使用说明书》一起送交业主。

第十五条(索赔申请)

业主在工程质量潜在缺陷保险期内认为住宅工程存在质量缺陷的,可以向保险公司或者保险公司委托的物业服务企业等专业服务机构提出索赔申请。

第十六条(理赔流程)

保险公司应当建立便捷的理赔流程,受理业主的理赔申请,组织现场勘查和维修。

保险公司可以委托物业服务企业等专业服务机构统一受理业主的理赔申请、现场勘查和组织维修。

第十七条(核定赔偿)

保险公司或保险公司委托的物业服务企业等专业服务机构收到索赔申请后,应当在二日内派员现场勘查。保险公司或保险公司委托的物业服务企业等专业服务机构应当在收到业主索赔申请后的七日内做出核定;情形复杂的应当在三十日内做出核定,并将核定结果通知业主。

对属于保险责任的,保险公司应当自与被保险人达成赔偿协议之日起七日内履行赔偿义务。

对不属于保险责任的,保险公司应当自做出核定之日起三日内向业主发出不予赔偿通知书,并说明理由。

保险公司应当制定充分保护被保险人权益的理赔操作规程,并向保险监管部门报告。

第十八条(争议鉴定)

业主对是否属于保险责任存有异议的,可以与保险公司共同委托有资质的第三方鉴定机构进行鉴定。

鉴定结果属于保险责任的,鉴定费用由保险公司承担;鉴定结果不属于保险责任的,鉴定费用由申请方承担。

第十九条(应急维修)

对于影响基本生活且属于保险责任范围内的索赔申请,保险公司或保险公司委托的物业服务企业等专业服务机构应当在收到索赔申请后的约定时限内先行组织维修,同时完成现场勘查。

第二十条(代位追偿)

因法律法规或合同约定应由设计单位、施工单位、设备材料供应商等责任方承担的法律责任,并不因建设单位投保工程质量潜在缺陷保险而免责。

建设单位应当通过与保险公司签订协议的方式,约定彼此之间的权利义务。

保险公司对工程质量潜在缺陷保险约定的质量缺陷损失负有赔偿义务,保险公司有权依法对质量缺陷的责任单位实施代位追偿,被保险人与相关责任方应予以配合。

第二十一条(信息平台)

保险公司应当建立工程质量潜在缺陷保险信息平台,所有承保工程质量潜在缺陷保险的保险公司应将承保信息、风险管理信息和理赔信息等录入该信息平台,并对风险管理、出险理赔情况进行统计分析,定期向住房城乡建设监管部门、保险监管部门报告。

第二十二条(中介机构)

建设工程相关行业协会等社会中介机构在实施住宅工程质量潜在缺陷保险和其他建设工程保险过程中,应当发挥作用。

第二十三条(其他)

其他建设工程投保建设工程质量潜在缺陷保险的,可以参照本实施意见执行。

鼓励工程质量潜在缺陷保险与建筑安装工程一切险、参建方责任险等工程类保险综合实施,全面降低工程质量风险。

第二十四条(施行日期)

本实施意见自印发之日起施行,有效期至 2024 年 1 月 31 日。

上海市住房和城乡建设管理委员会
上海市地方金融监督管理局
中国银行保险监督管理委员会上海监管局
2019 年 2 月 26 日

参考文献

[1] 谢非.风险管理原理与方法[M].重庆:重庆大学出版社,2013.

[2] 刘新立.风险管理[M].2版.北京:北京大学出版社,2014.

[3] 杨宝君.国际油气勘探开发项目的风险管理研究[D].哈尔滨:哈尔滨工程大学,2003.

[4] 赵平.建设工程项目总承包风险管理研究[D].西安:西北工业大学,2006.

[5] 曹丽.我国资源型地区新型城镇化风险管理研究[D].徐州:中国矿业大学,2016.

[6] 封宗兴.城市轨道交通工程项目设计风险控制体系的研究[D].北京:北京交通大学,2012.

[7] 王冬.浅析城市地下空间整体开发项目的设计风险管理[J].建设监理,2015(9):57-61.

[8] 许敏.我国地方政府在公私合作(PPP)项目中的风险管理研究[D].昆明:云南大学,2010.

[9] 张雪芹,任宏.论监理企业的风险管理[J].建筑经济,2006(4):81-83.

[10] 田杰芳,俞艳.监理单位的风险管理[J].河北理工学院学报(社会科学版),2002(4):78-84.

[11] 俞孔坚,李迪华,袁弘,等."海绵城市"理论与实践[J].城市规划,2015,39(6):26-36.

[12] 许庆瑞,吴志岩,陈力田.智慧城市的愿景与架构[J].管理工程学报,2012,26(4):1-7.

[13] 周荣义,龚日朝.我国城市灾害风险应对现状及对策研究[J].中国安全科学学报,2009,19(11):139-145.

[14] 周健,王亚飞,池永,等.现代城市建设工程风险与保险[M].北京:人民交通出版社,2005.

[15] 谭纵波.城市规划[M].北京:清华大学出版社,2005.

[16] 陈津生.建设工程保险实务与风险管理[M].北京:中国建材工业出版社,2008.

[17] 国际咨询工程师联合会与中国咨询工程协会.职业责任保险入门[M].北京:中国计划出版社,2001.

[18] 赵金先,孙境韩,范轲,等.房屋建筑工程质量潜在缺陷保险费率厘定研究[J].工程管理学报,2016(4):24-28.

[19] 刘俊颖,刘欣,曹威.工程潜在缺陷保险研究[J].国际经济合作,2006(9):43-45.

[20] 葛清伟.地铁建筑工程一切险的风险管理方案研究——保险经纪人视角[D].天津:天津理工大学,2014.

[21] 丁士昭.工程项目管理[M].2版.北京:中国建筑工业出版社,2014.

[22] 成虎.工程全寿命期管理[M].北京:中国建筑工业出版社,2011.

名词索引